Stone art

STEINE BEMALEN

DAS GROSSE HANDBUCH

Farbenfrohe Techniken und Projekte

SAMANTHA SARLES

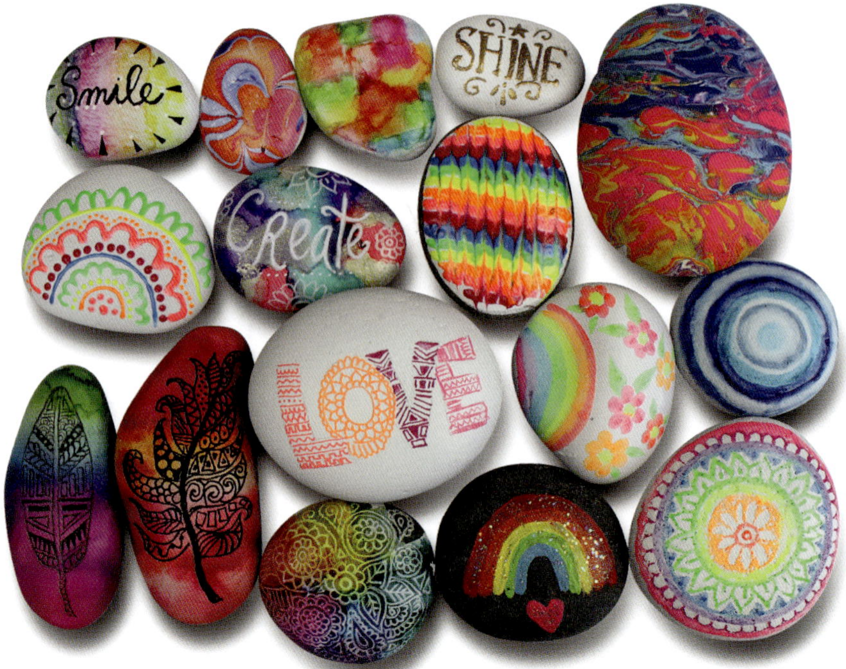

Titel der Originalausgabe:
Rock Art Handbook

Fotos: Samantha Sarles
Übersetzung: Wiebke Krabbe, Damlos
Redaktion und Satz: Lesezeichen Verlagsdienste, Köln
Covergestaltung: Sandra Preinl
Produktmanagement: Hannelore Irmer-Romeo
Druck: BALTO print, Litauen

produktsicherheit@frechverlag.de
5. Auflage 2026

ISBN 978-3-7724-4745-7
Best.-Nr. 4745

Stone art

STEINE BEMALEN
DAS GROSSE HANDBUCH

Farbenfrohe Techniken und Projekte

SAMANTHA SARLES

INHALT

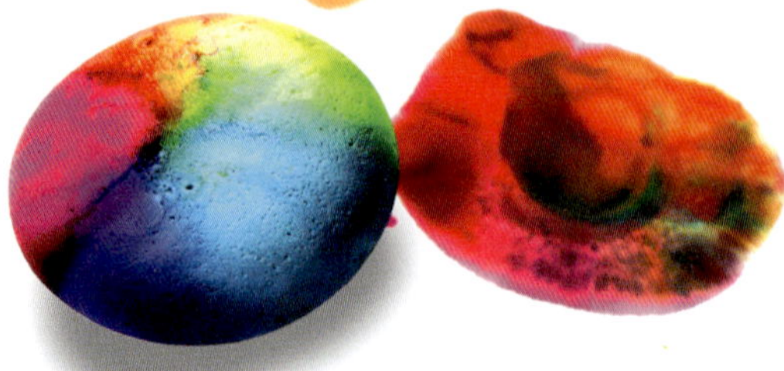

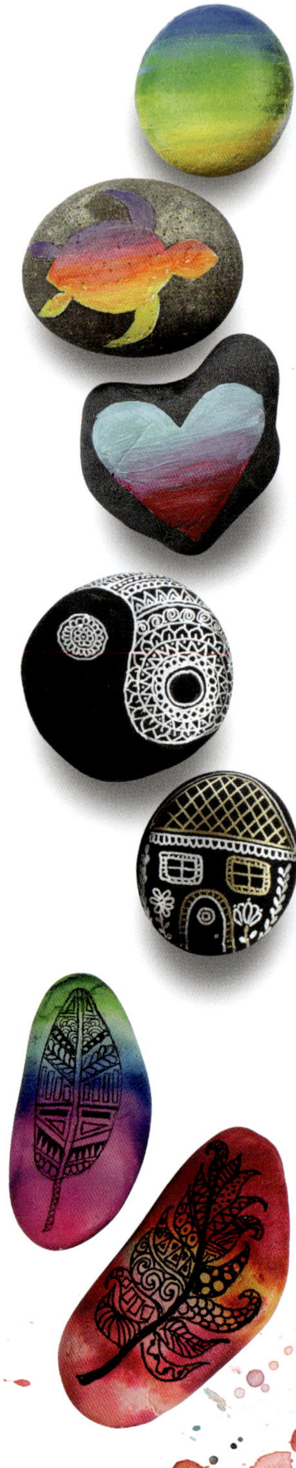

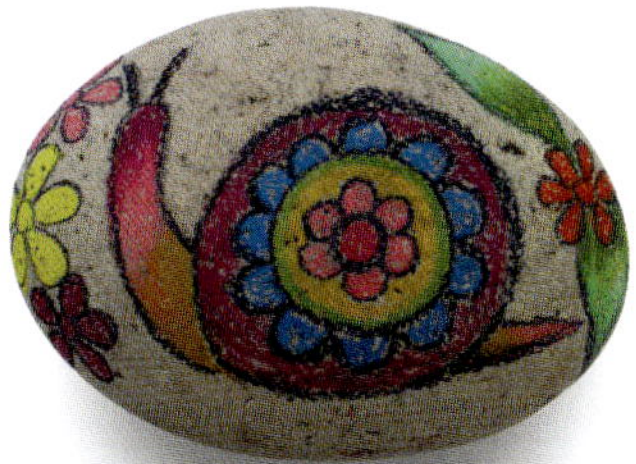

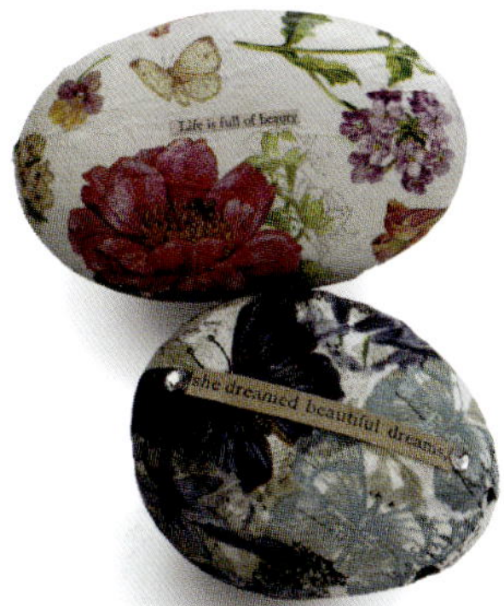

she dreamed beautiful dreams

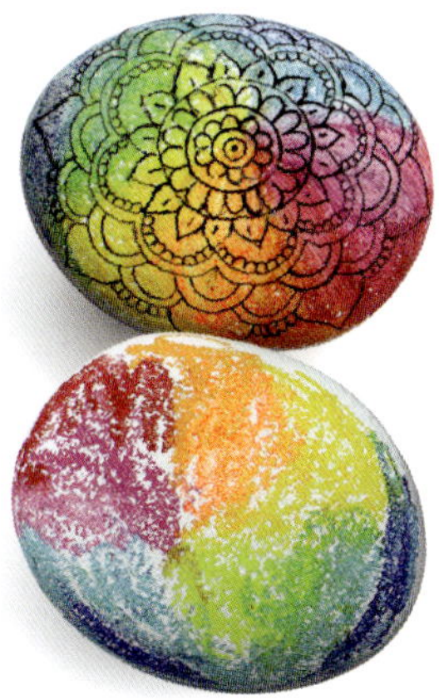

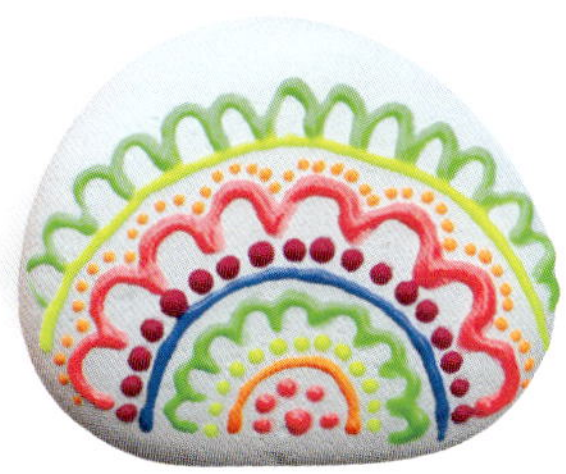

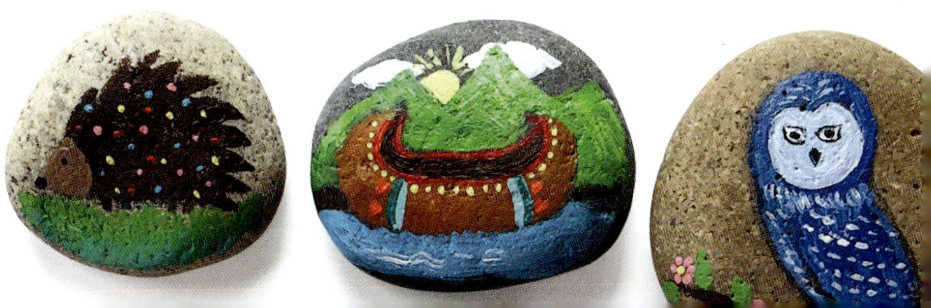

Vorwort

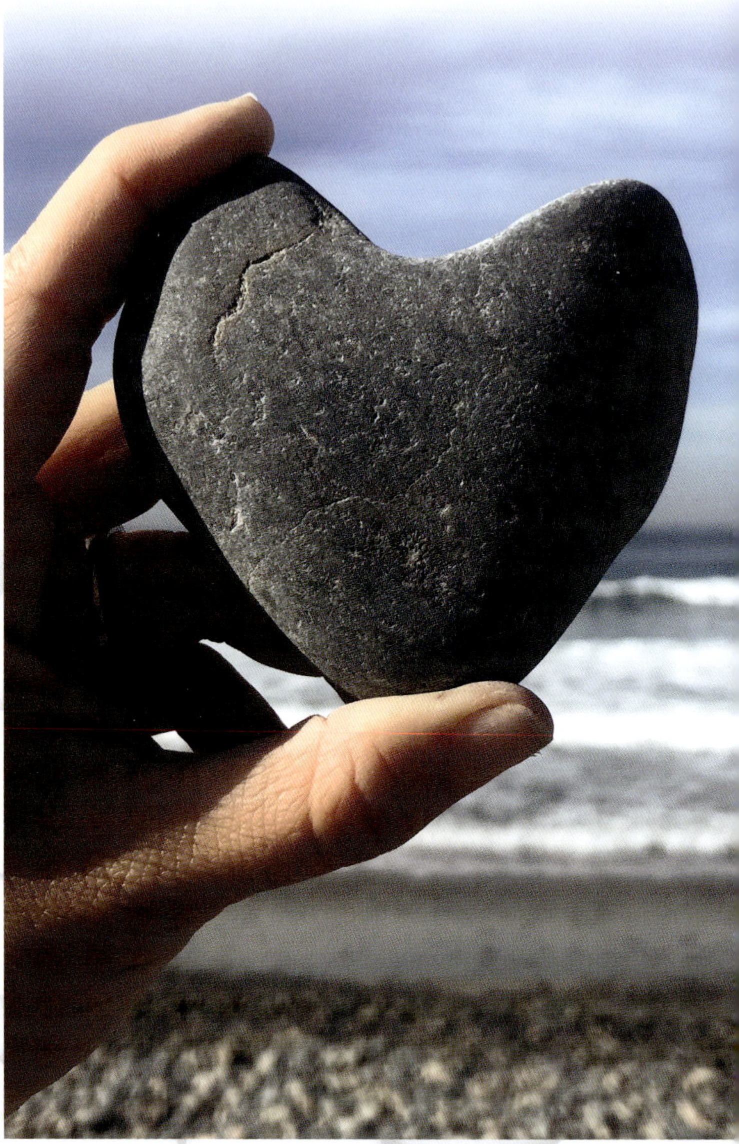

Steine können kleine Kunstwerke werden. Die meisten Menschen denken dabei zuerst an Pinsel und Farbe, tatsächlich kann man aber mit fast allen Medien, mit denen man auf Papier oder Leinwand arbeiten kann, auch Steine bemalen. In diesem Buch lernst du mehr als 30 verschiedene Techniken zum Verschönern von Steinen kennen.

Das Beste daran ist, dass Steine so natürlich und bescheiden sind. Eine große leere Leinwand oder ein weißes Blatt Papier können einschüchtern, und zwar in einem Maß, dass manche Hobbykünstler sich nicht zutrauen, darauf ein Bild zu gestalten. Das sieht bei Steinen ganz anders aus.

Steine kann wirklich jeder verzieren. Dabei ist die Malerei auf Steinen nicht neu. Im Gegenteil: Die ältesten bekannten künstlerischen Darstellungen stammen aus der Steinzeit. Überall auf der Welt haben verschiedenste Kulturen sich mit Text und Bild auf Steinen verewigt. Und heute bemalen sogar Menschen, die sich nie für künstlerisch begabt gehalten haben, Steine. Erwachsene und Kinder, Eltern, Großeltern und Lehrer haben Freude an dieser schönen, kreativen Beschäftigung. Sie eignet sich wirklich für Menschen aller Generationen und kann zwischen ihnen Brücken schlagen. Woran liegt das?

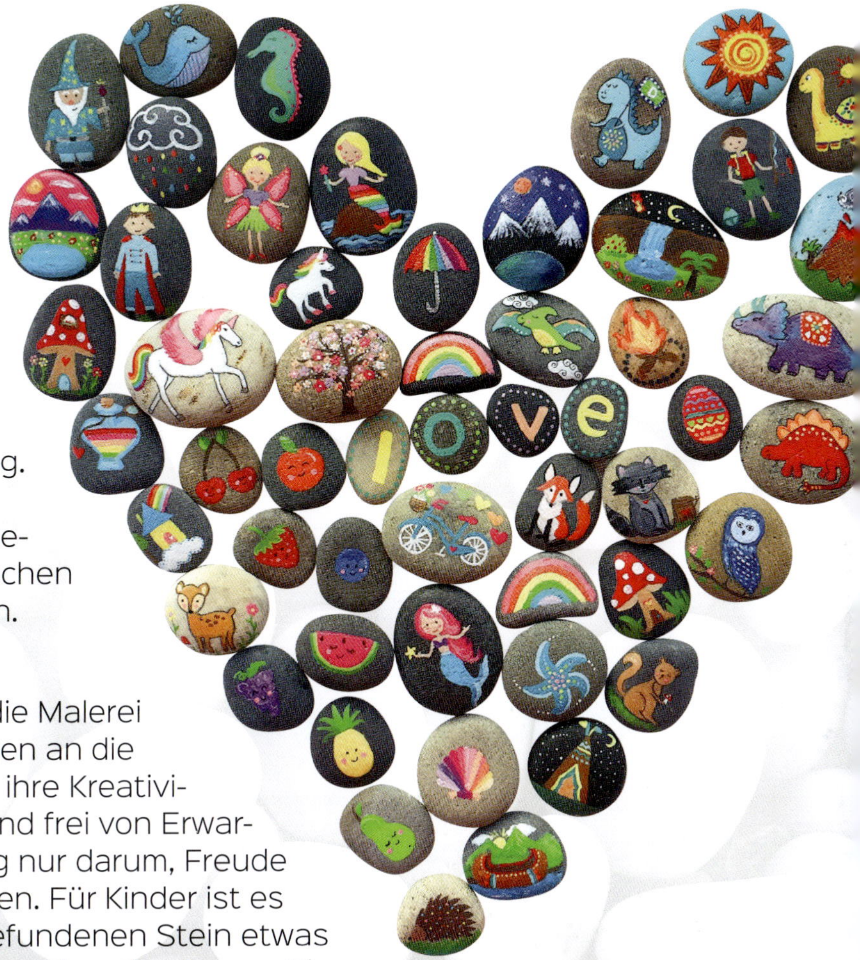

Für Erwachsene kann die Malerei auf Steinen Erinnerungen an die Kindheit wecken, in der ihre Kreativität noch ungehemmt und frei von Erwartungsdruck war. Es ging nur darum, Freude an der Tätigkeit zu haben. Für Kinder ist es großartig, aus einem gefundenen Stein etwas zu schaffen, auf das sie stolz sein können. Ein Stein und etwas Zeit – das bringt Menschen zum Strahlen.

Ob du alt oder jung bist, künstlerisches Talent hast oder gerade einmal ein Strichmännchen zeichnen kannst: Dieses Buch bietet für jeden etwas. Wirf einfach alle Erwartungen über Bord und genieße die kreative Beschäftigung. Sie wird dir Freude machen.

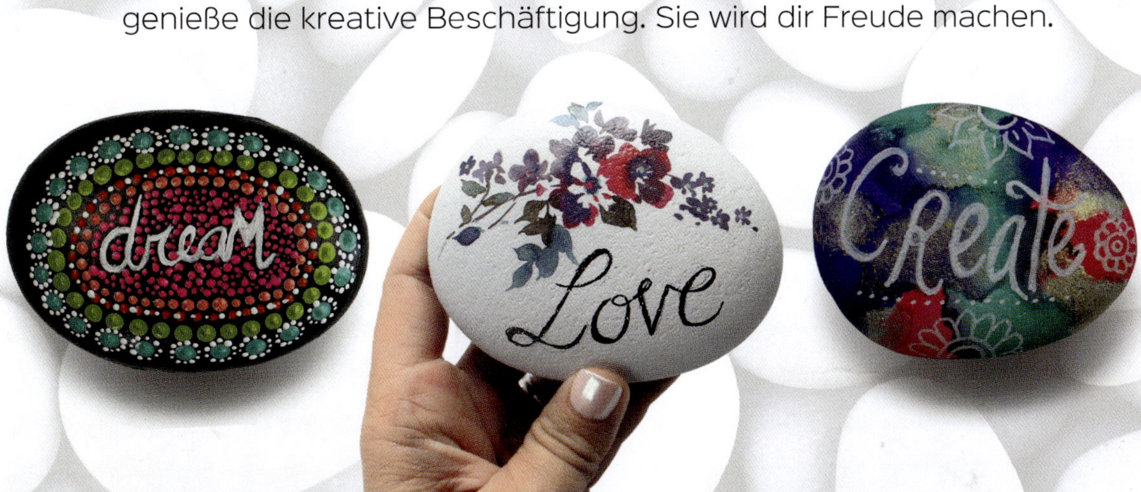

KAPITEL 1

STEINE FINDEN UND VORBEREITEN

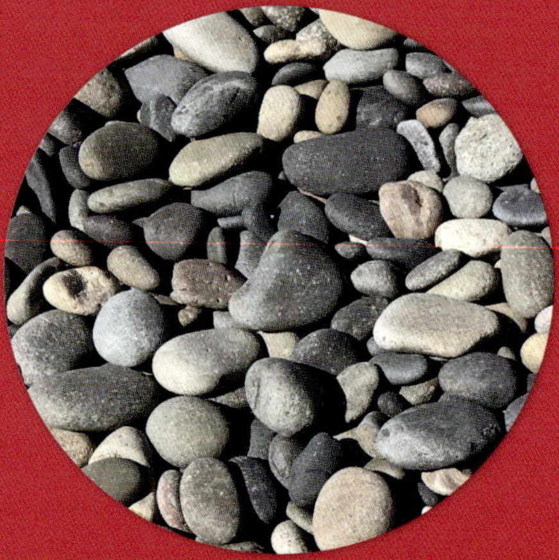

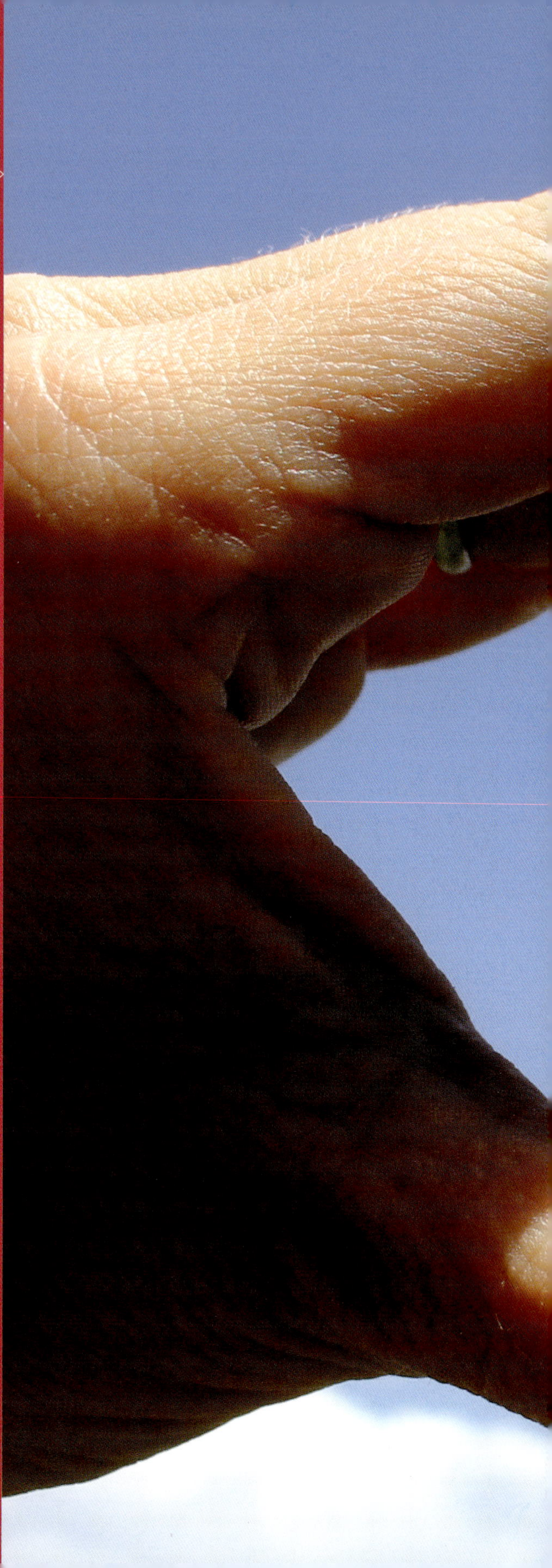

Ab und zu findet man einen Stein, der perfekt aussieht – aber perfekt wofür eigentlich? Jeder Stein lässt sich für einen bestimmten Zweck verwenden. Natürlich ist eine glatte, symmetrische Oberfläche schön, aber unbedingt notwendig ist sie für ein attraktives Kunstwerk nicht. Gerade unregelmäßige, unvollkommene Steine fordern und fördern die Kreativität.

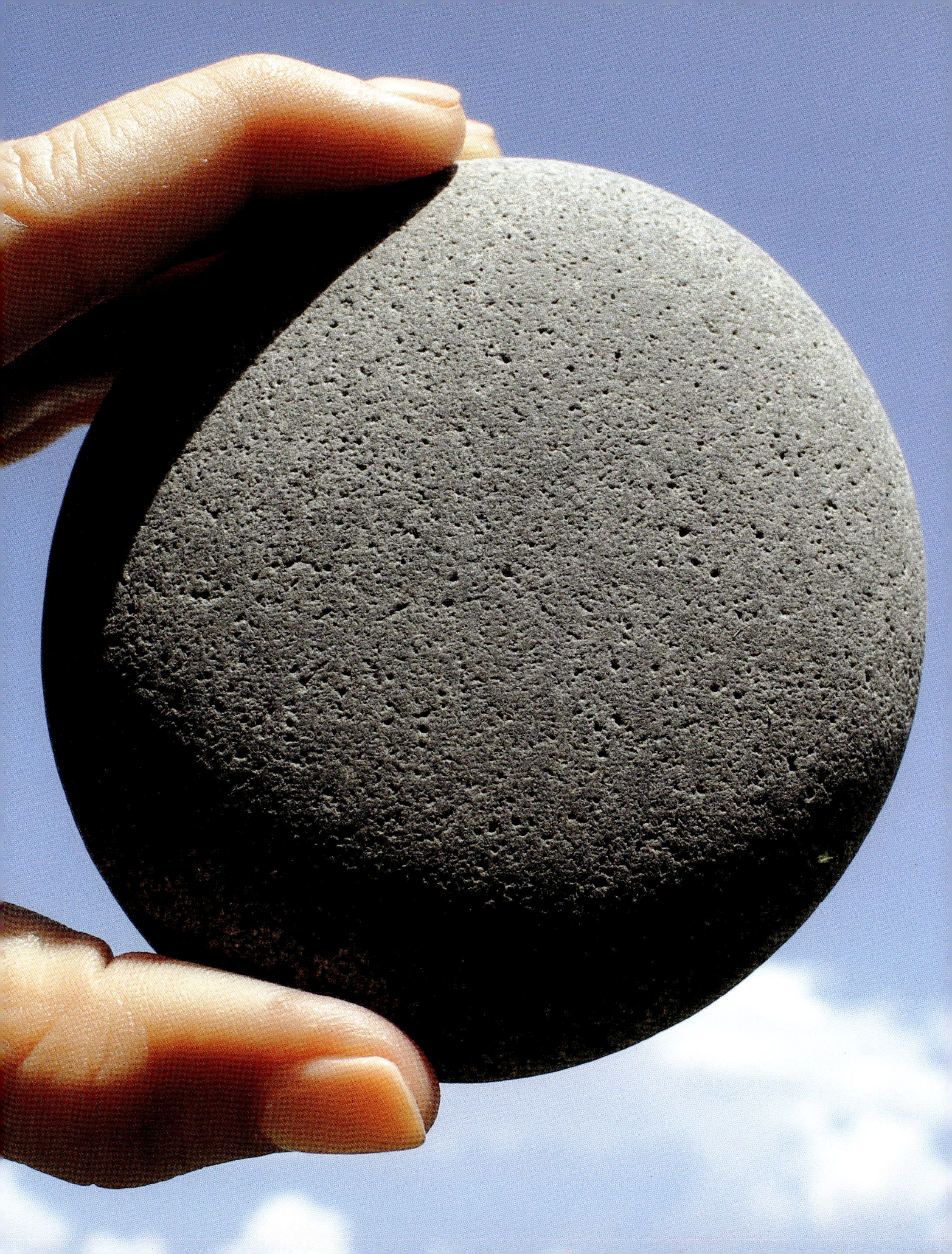

Wo finde ich Steine?

IM FREIEN

Es liegt nahe, draußen nach Steinen zu schauen. Egal, wo du lebst: Schau genau hin, und du wirst staunen, wie viele Steine du findest. Das ist ein guter Grund, dir einmal wieder Bewegung an der frischen Luft zu verschaffen. Du kannst beispielsweise Spazierwege in deiner Umgebung ansteuern oder – wenn du Kinder hast – einen vergnüglichen Familienausflug mit »Schatzsuche« unternehmen. Erkundige dich vorher, ob es Gegenden gibt, in denen das Mitnehmen von Steinen verboten ist.

BASTELGESCHÄFTE

In manchen Bastelgeschäften kann man kleine Steine beutelweise kaufen.

GARTEN- UND LANDSCHAFTSBETRIEBE ODER BAUSTOFFHÄNDLER

Manche Gartenbaubetriebe und Baustoffhändler verkaufen Steine für die Grundstücksgestaltung in größeren Mengen. Schön sind beispielsweise glatte Strand- oder Flusskiesel.

GARTENCENTER

Auch Gartencenter und Baumärkte bieten meist eine Auswahl verschiedener Steine in kleineren Säcken an.

> **Tipp**
>
> *Wer Steine kauft, sollte darauf achten, dass sie nicht mit einer wachsartigen Schicht überzogen sind. Diese Schicht bewirkt, dass Farbe schlecht auf der Oberfläche haftet.*

ONLINE

Heutzutage kann man buchstäblich alles online bestellen. Mit einem Suchbegriff wie »Flusskiesel kaufen« findest du viele Treffer, auch polierte Steine sind erhältlich.

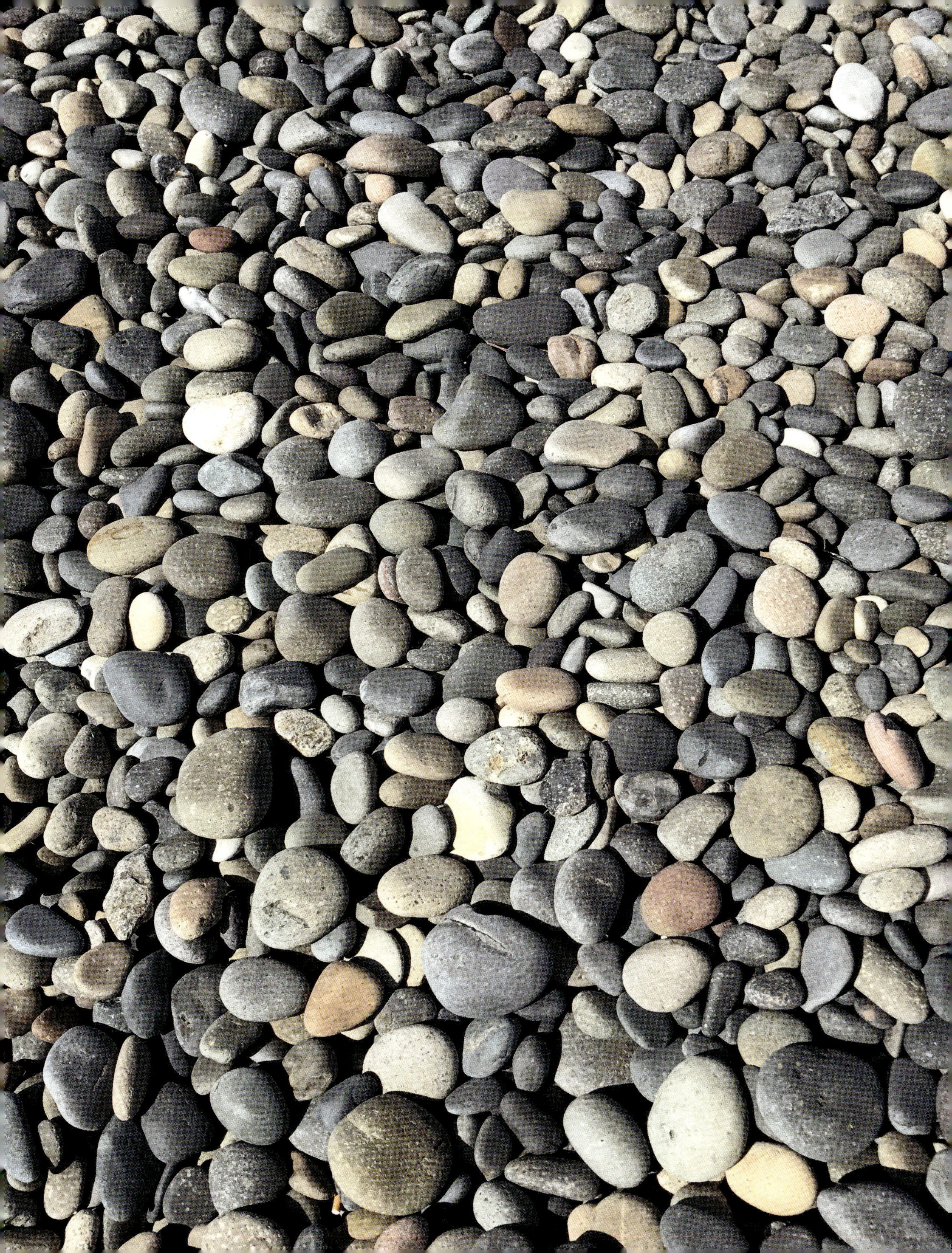

Die Vorbereitung

STEINE SÄUBERN

Es gibt verschiedene Möglichkeiten, Steine zu reinigen. Manche Menschen verwenden Wasser und Seife. Aber es geht noch einfacher. Ich lege die Steine einfach im Freien auf den Boden und spritze sie mit einem Schlauch mit einem harten Wasserstrahl ab. Danach lasse ich sie in der Sonne trocknen oder trockne sie mit einem Tuch ab und trage sie in einem sauberen Korb ins Haus. Diese Methode hat sich seit Jahren bewährt.

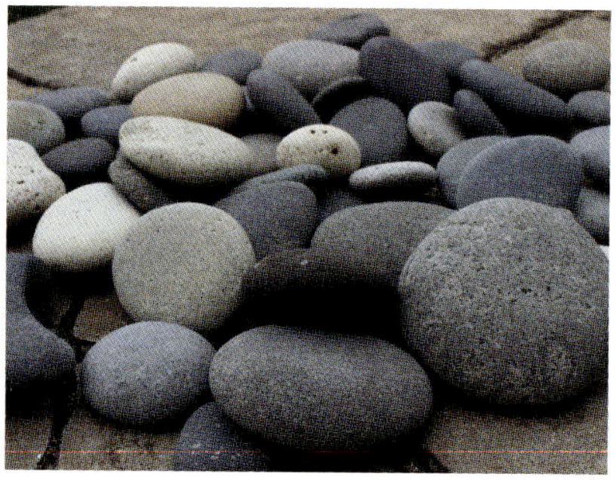

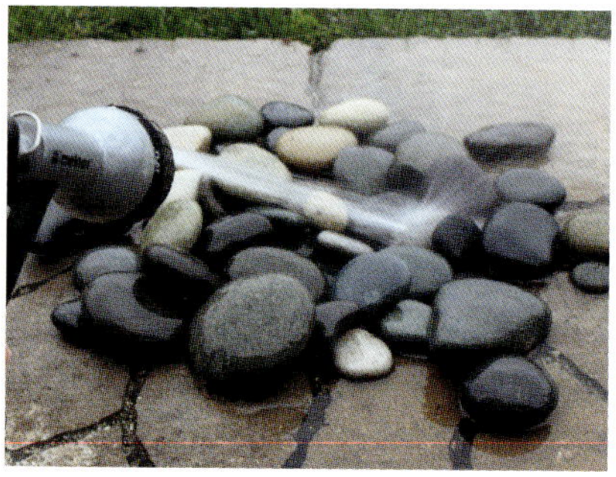

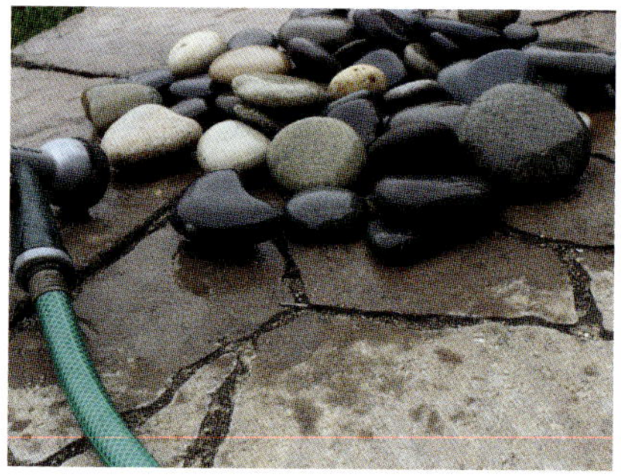

Tipp

Steine nicht in der Spülmaschine oder der Spüle säubern. Der Schmutz könnte das Gerät schädigen oder den Abfluss verstopfen.

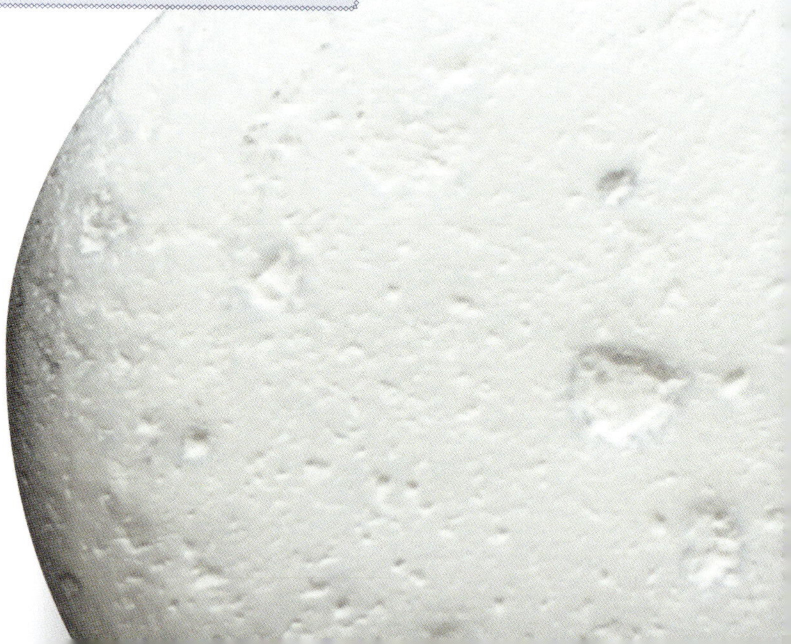

STEINE GRUNDIEREN

Meistens grundiere ich Steine zuerst mit Schwarz oder Weiß, damit die anschließend verwendeten Farben gut haften und eine bessere Leuchtkraft bekommen. In manchen Fällen kann auf das Grundieren aber auch verzichtet werden.

SO BEREITEST DU DEINE STEINE FÜR DIE MALEREI VOR:

1. Schwarze oder weiße Grundierung aus der Sprühdose

- Mit dieser Technik lassen sich gleich mehrere Steine auf einmal schnell und einfach grundieren. Grundierungen zum Sprühen kosten nicht viel. Meistens verwende ich matte schwarze oder weiße Grundierung von Krylon (COLORmaxx Sprühfarbe).

- Gesprüht wird im Freien oder in einem gut belüfteten Raum. Die Steine einfach auf einem Stück Pappe oder Zeitung ausbreiten. Die Sprühdose dabei in einem Abstand von etwa 30 cm halten. Ich empfehle, eine Schutzmaske zu tragen, weil das Einatmen der Farbdämpfe gesundheitsschädlich sein kann.

2. Schwarze oder weiße Acrylfarbe mit einem Pinsel auftragen

- Diese Technik ist sinnvoll, wenn nur wenige Steine grundiert werden sollen.

- Mit einem nicht zu kleinen Pinsel zwei oder drei Schichten Farbe auftragen. Jede Farbschicht komplett trocknen lassen, bevor die nächste folgt.

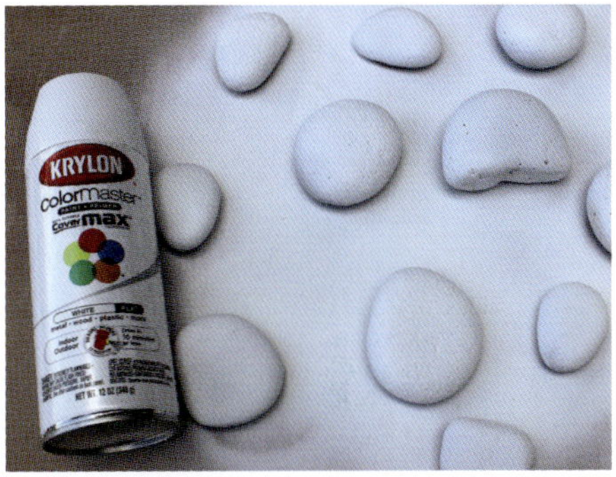

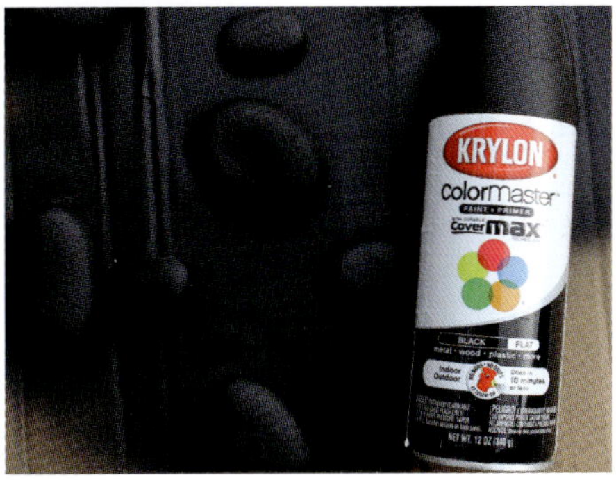

- Am besten gelingt die Grundierung mit einem Flachpinsel (mehr zu Acrylfarben auf Seite 26).

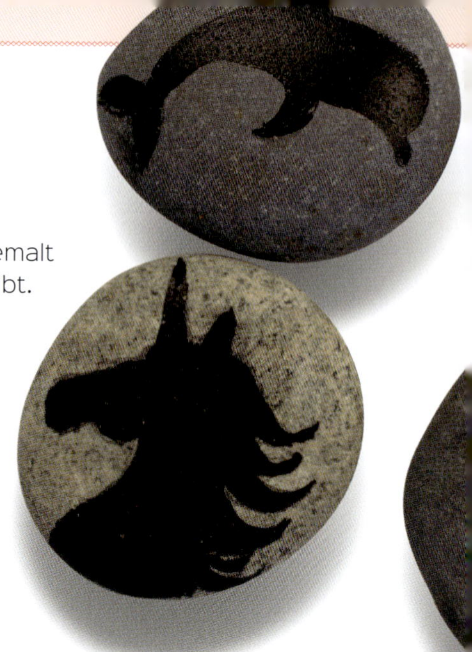

3. Silhouette mit schwarzer oder weißer Acrylfarbe

- Silhouetten sind eine gute Technik für Steine, die nur teilweise bemalt werden sollen, damit die natürliche Gesteinsstruktur sichtbar bleibt.
  - Den Umriss aus freier Hand mit Bleistift auf Zeichen- oder Druckerpapier vorzeichnen. Ausschneiden.
  - Die Form auf den Stein legen und den Umriss mit Bleistift auf den Stein übertragen.
  - Alternativ eine Schablone aus Zeichenkarton herstellen, diese auf den Stein legen und den Ausschnitt mit Farbe ausfüllen. Am besten eignet sich zum Schablonieren ein Stupfpinsel.
  - Alternativ ein Motiv ausdrucken, ausschneiden und den Umriss übertragen.
  - Oder eine Form mit einem Motivlocher aus Zeichenkarton stanzen und als Schablone benutzen.

4. Gesso mit dem Pinsel auftragen

- Ich arbeite selten mit dieser traditionellen Leinwandgrundierung, aber viele Künstler schätzen es.

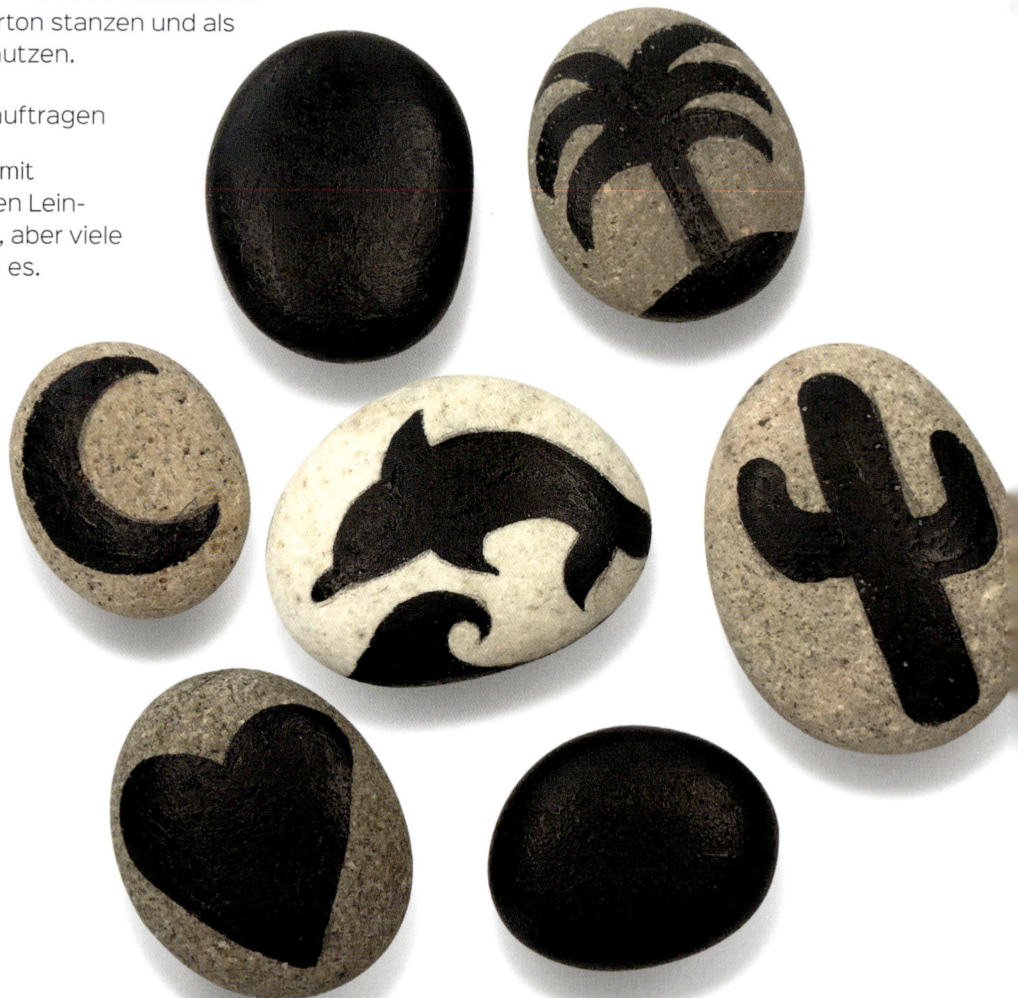

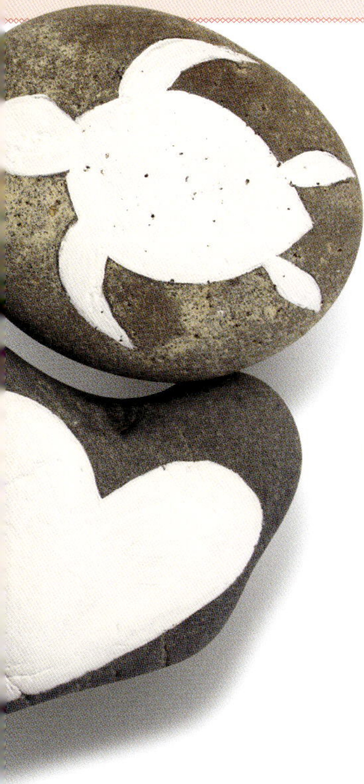

Nachdem die Steine vorbereitet sind, kommt der vergnügliche Teil: das kreative Bemalen. Mit diesem Buch möchte ich vor allem zeigen, dass es dafür VIELE Methoden gibt. Es ist eine kleine Enzyklopädie der Steinmalerei. Fast alle Techniken, die auf Papier möglich sind, lassen sich auch auf Steinen umsetzen. Lass dich von den folgenden Vorschlägen anregen. Du kannst auch mehrere Medien oder Techniken kombinieren, um eigene Ideen und Entwürfe zu verwirklichen.

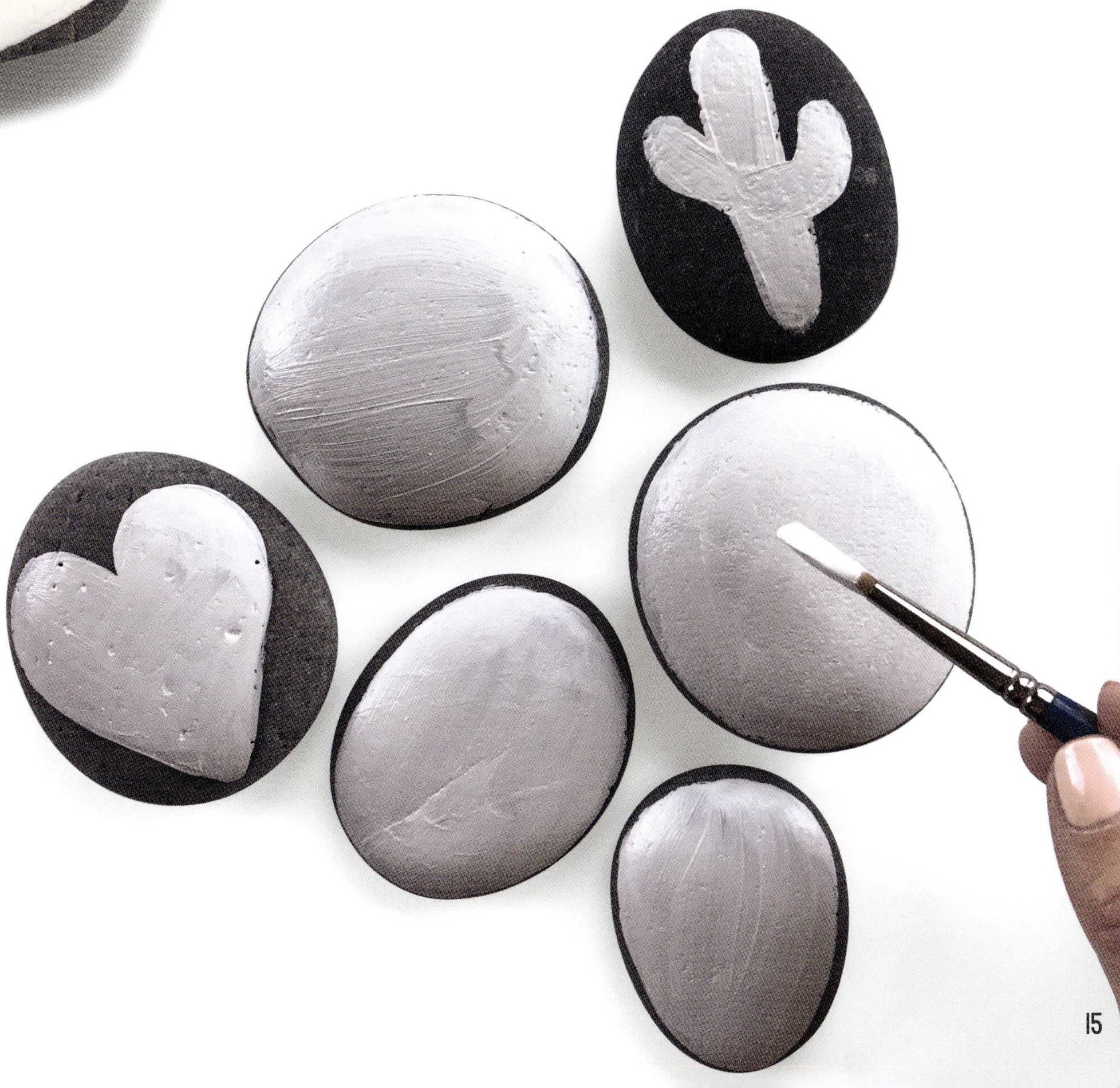

Die Farben

Bei der Wahl der Farben für die Steinmalerei sind der Kreativität keine Grenzen gesetzt. Falsche Farben gibt es meiner Meinung nach nicht. Die Farbenlehre erklärt die Beziehungen zwischen den Primär-, Sekundär- und Tertiärfarben, aber du musst kein Expertenwissen haben, um etwas zu malen, das dir gefällt. Es gibt eine gute Möglichkeit, um sich mit Farben und Farbkombinationen vertraut zu machen: Male einen Farbkreis auf einen Stein. Wenn man die Gesamtheit der Farben sieht, ist es einfacher, sie in Gruppen einzuordnen und Kombinationen zu finden, die gut miteinander harmonieren. Außerdem sieht der Stein mit dem Farbkreis schön aus.

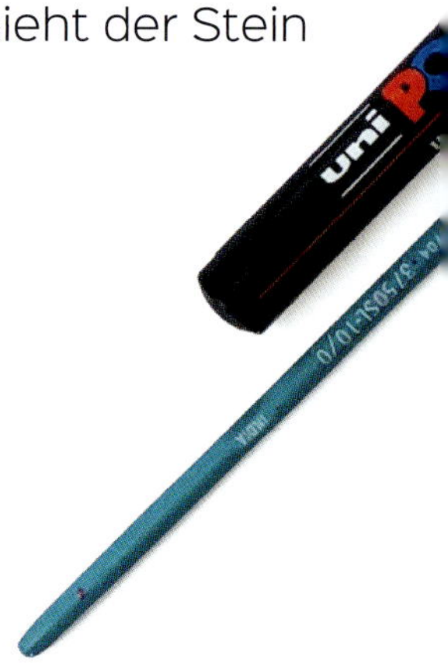

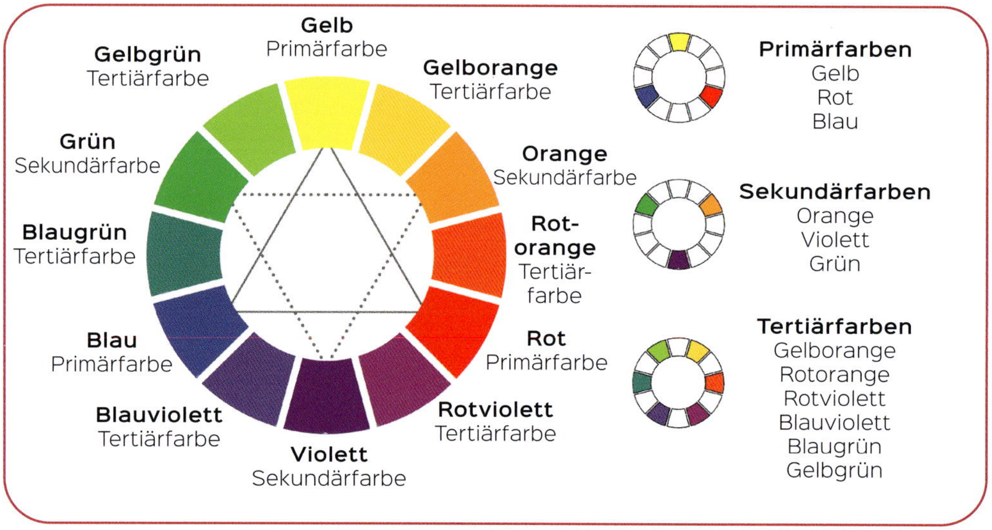

Stein mit Farbkreis Anleitung

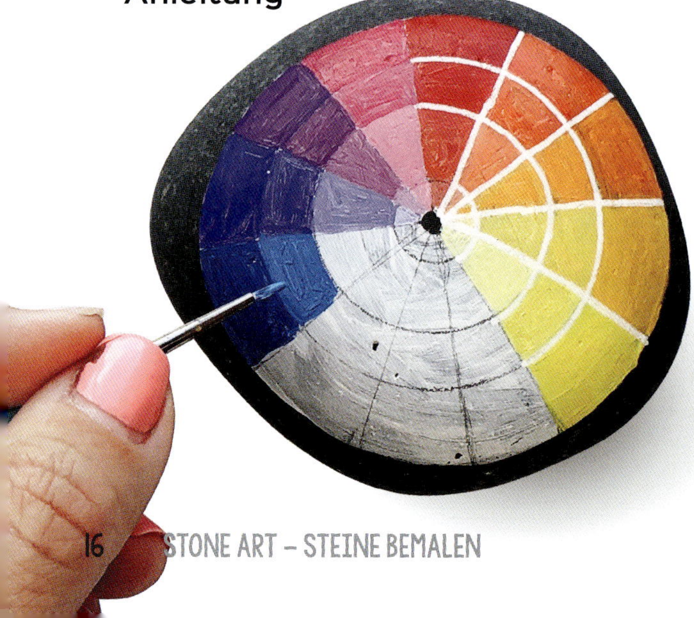

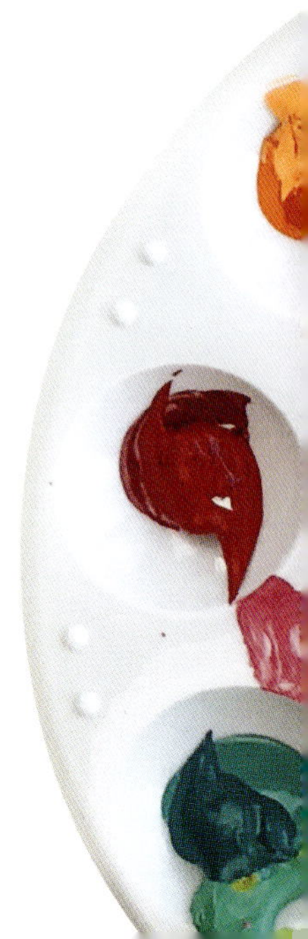

1. Mit Bleistift einen Kreis auf den Stein zeichnen. Wenn er perfekt rund werden soll, kannst du einen Zirkel benutzen.

2. Die Kreisfläche weiß grundieren, nur in der Mitte einen winzigen Kreis unbemalt lassen.

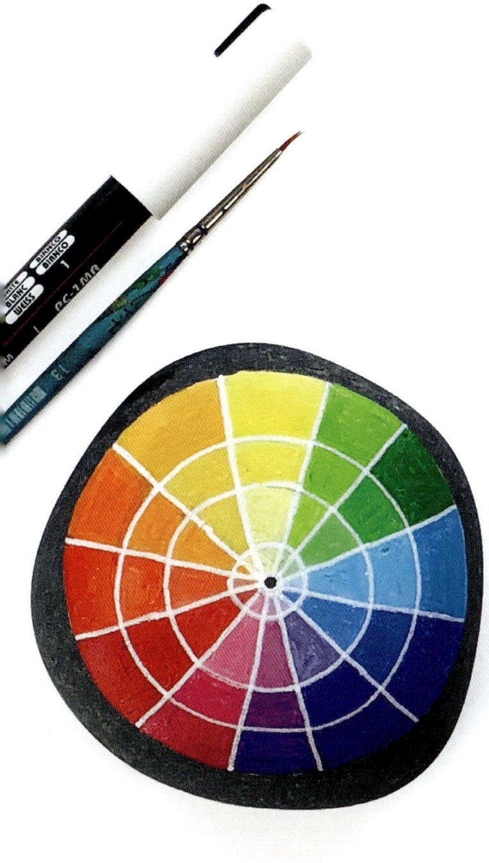

3. In den großen Kreis drei kleinere Kreise zeichnen.

4. Die Fläche in zwölf Tortenstücke unterteilen: Zuerst die Fläche mit zwei Linien (Mitte frei lassen) in Viertel teilen, dann jedes Viertel in Drittel teilen.

5. Mit den Primärfarben Rot, Blau und Gelb beginnen. Dazwischen müssen jeweils drei Segmente frei bleiben. Von außen nach innen immer hellere Versionen der jeweiligen Farbe verwenden. Dafür die Farben mit mehr Weiß mischen.

6. Dann folgen die Sekundärfarben Grün, Orange und Violett. Du kannst diese Farben aus den Primärfarben selbst mischen oder fertige Farben verwenden. Wieder die Farben von außen nach innen mit Weiß zunehmend aufhellen.

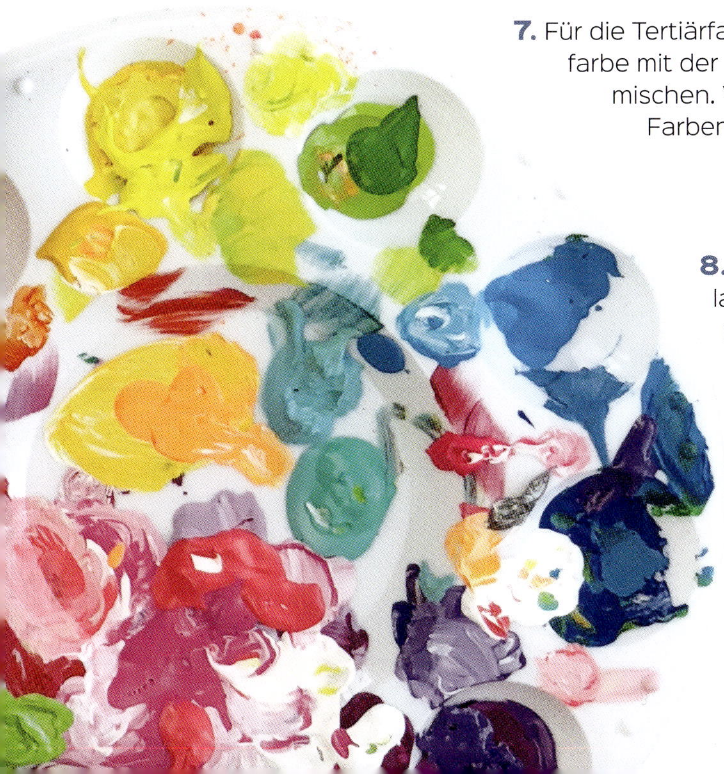

7. Für die Tertiärfarben jeweils eine Primärfarbe mit der benachbarten Sekundärfarbe mischen. Von außen nach innen die Farben mit Weiß aufhellen.

8. Die Farben ganz trocknen lassen. Danach die Grenzlinien zwischen den einzelnen Farben mit einem weißen Marker nachzeichnen.

KAPITEL 2

VERSIEGELN

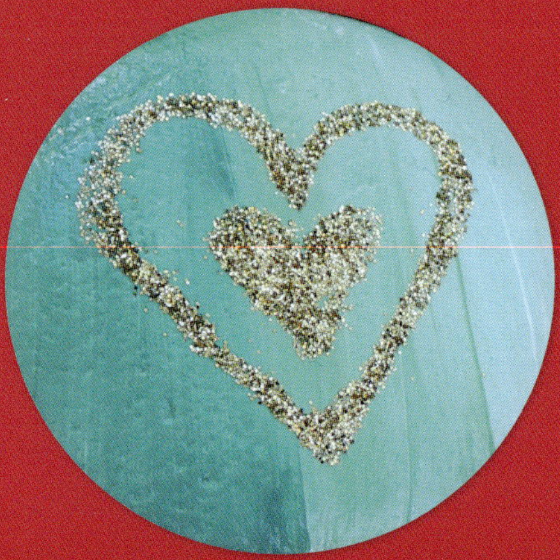

Wenn man sich mit der Malerei auf Steinen viel Mühe gegeben hat, möchte man das fertige Werk selbstverständlich auch schützen. Es wäre schade, wenn die Farbe verblasst oder abblättert. Es gibt viele verschiedene Mittel zum Versiegeln der Malerei, aber keines, das sich für alle Zwecke gleich gut eignet.

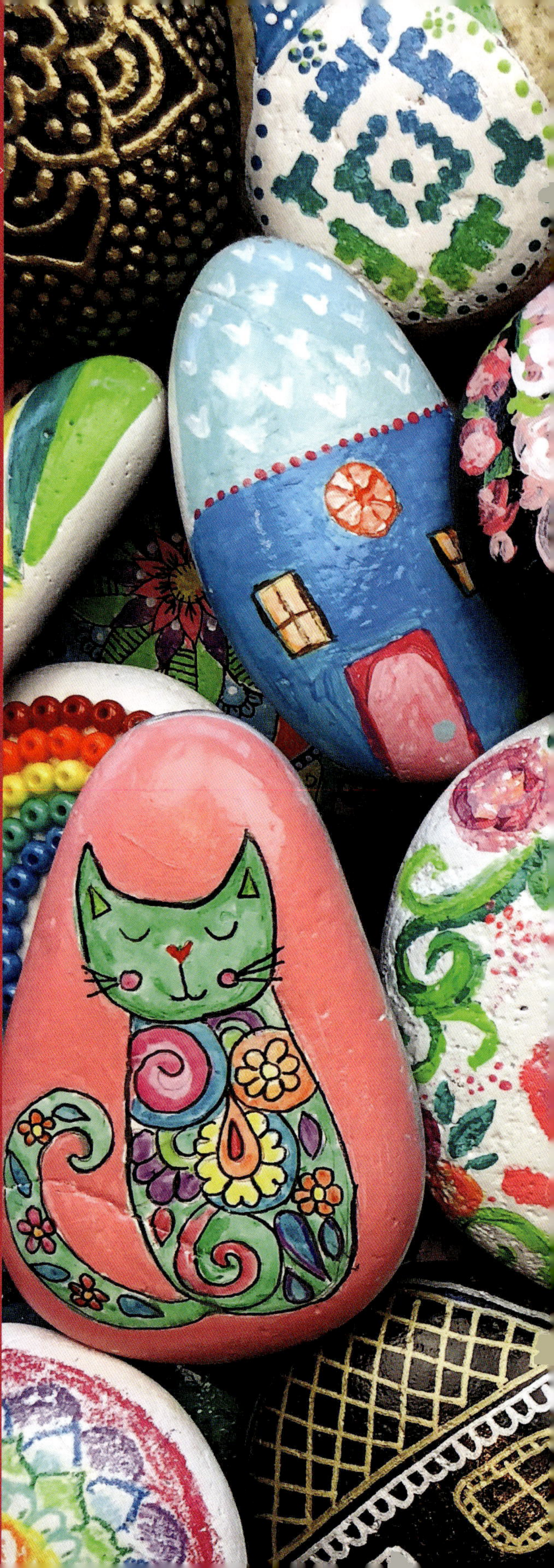

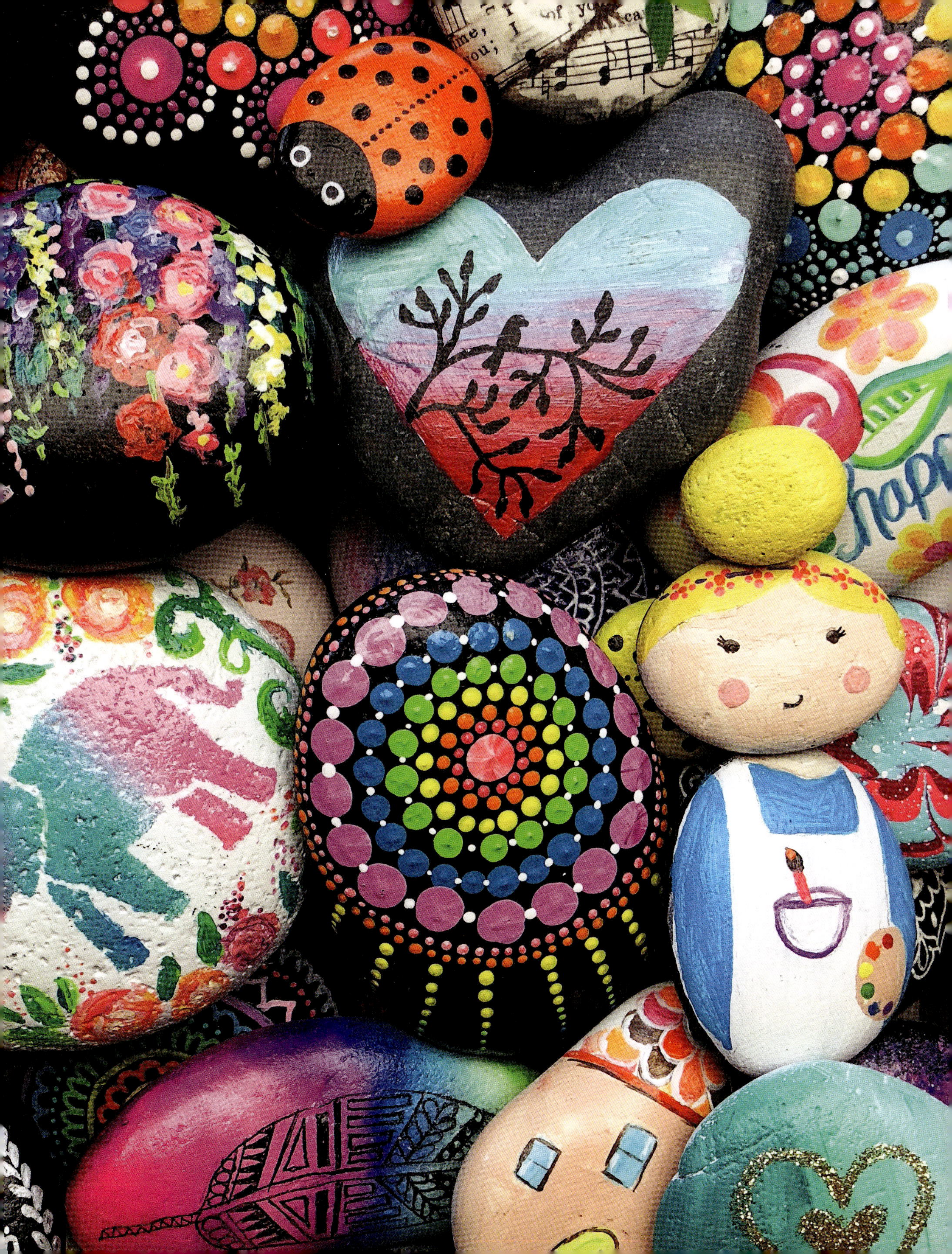

Wissenswertes

Die Versiegelung soll die Malerei auf den Steinen zuverlässig und lange schützen. Das solltest du dabei bedenken:

1. Sollen die Steine matt aussehen oder glänzen? Der Glanzgrad des Lacks ist auf dem Etikett angegeben.

2. Überlege dir, ob die Steine drinnen oder draußen liegen sollen. (Für den Gebrauch im Haus kann eine Versiegelung für den Außenbereich verwendet werden – aber nicht umgekehrt.)

3. Für den Außenbereich muss die Versiegelung außerdem UV-beständig sein, damit die Farben nicht ausbleichen.

Tipp

Steine im Freien lassen sich nicht vollständig vor Witterungseinflüssen schützen. Acrylfarben und einige andere Medien widerstehen den Elementen aber relativ gut. Andere Medien, beispielsweise Découpage, sind für die Präsentation im Freien weniger gut geeignet.

AUSPROBIEREN

Mein wichtigster Rat zum Thema Versiegelung lautet: Testen, testen, testen! Egal, ob ich ein neues Malmedium oder eine neue Versiegelung verwende, ich male immer zuerst einen Probestein. Die Versiegelung darf die Malerei keinesfalls ruinieren. Auf dem Teststein lässt sich schnell feststellen, ob die Versiegelung beispielsweise die dekorative Malerei anlöst oder stumpf aussehen lässt.

KLARLACK SPRÜHEN

Beim Einsprühen mit Klarlack darf nur eine dünne Schicht aufgetragen werden. Sonst besteht die Gefahr, dass die dekorative Malerei angelöst wird oder dass der Lack Tropfnasen bildet. Die Dose in etwa 30 cm Abstand zum Stein halten und den Stein nur einnebeln. Gut trocknen lassen, dann bei Bedarf noch eine oder zwei weitere dünne Lackschichten ebenso auftragen.

Arbeite mit Sprühfarben nur draußen oder in gut belüfteten Räumen und trage eine Maske, um die gesundheitsschädlichen Dämpfe nicht einzuatmen. Lies die Hinweise auf dem Produkt sorgfältig durch und beachte alle Vorsichtsmaßnahmen.

MEINE FAVORITEN

Die folgenden Klarlacke verwende ich besonders gern, die Auswahl ist also recht persönlich. Es gibt im Fachhandel noch viele andere Produkte, die sich zum Versiegeln ebenso gut eignen. Auf der vorderen Umschlagsklappe findest du alternative Hersteller. Probiere ruhig verschiedene aus!

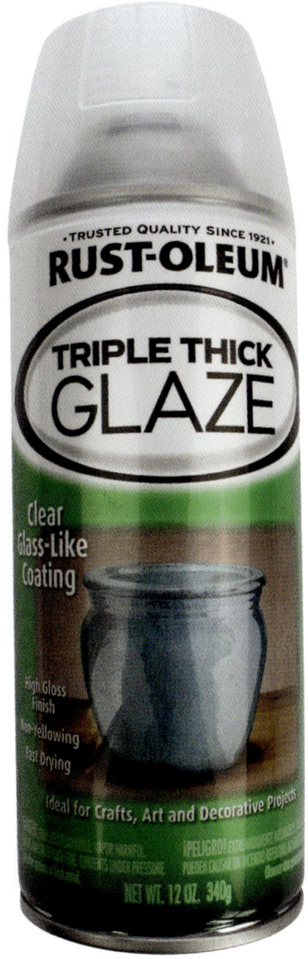

Rust-Oleum Triple Thick Glaze (hochglänzend)

Die Oberfläche dieses Lacks glänzt wie Glas. Besonders schön für zartere Malmedien wie Aquarellfarben oder Farbstifte. Ähnliches Spray gibt es von DecoArt, Wilckens, Renovo und anderen.

Für den Innen- und Außenbereich geeignet

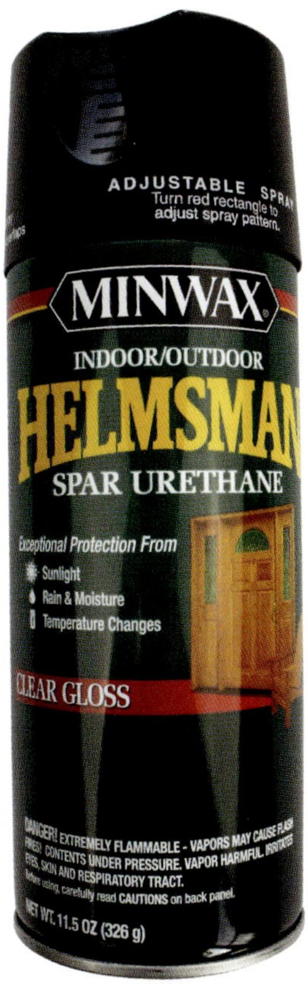

Miniwax Indoor/Outdoor Helmsman Spar Urethane (glänzend)

Eigentlich ist dies ein Holzlack, aber er eignet sich auch sehr gut für Steine im Außenbereich. Mit der Zeit kann die Malerei aber trotz Versiegelung durch Witterungseinflüsse angegriffen werden. Klarlackspray gibt es auch von Dupli-Color, Nigrin, siehe auch im Autozubehör.

Für den Innen- und Außenbereich geeignet

Kamar Varnish (seidenglänzend)

Ich kenne keinen anderen Klarlack, der sich mit Tusche auf Alkoholbasis verträgt (siehe auch Seite 112). Das gilt auch für Dekorationstechniken, bei denen Alkohol zum Einsatz kommt (siehe Seite 116). Er kann aber auch zum Versiegeln von anderen Medien verwendet werden. Kannst du Krylon nicht bekommen, versuch es mit Artidec oder Wilckens oder lass dich im Bastelgeschäft beraten.

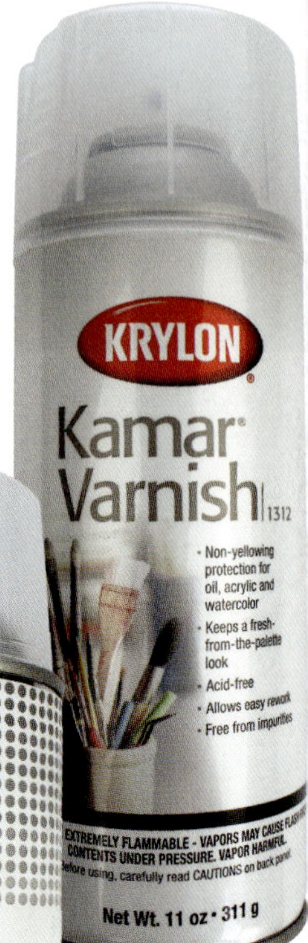

Für den Innenbereich

Design Master Clear Finish Matte (matt)

Diesen Lack verwende ich seit Jahren. Er eignet sich ausgezeichnet für Steine, die ein natürliches Aussehen haben sollen und im Innenbereich präsentiert werden. Kannst du Design Master nicht bekommen, versuch es mit Rayher oder lass dich im Bastelgeschäft beraten.

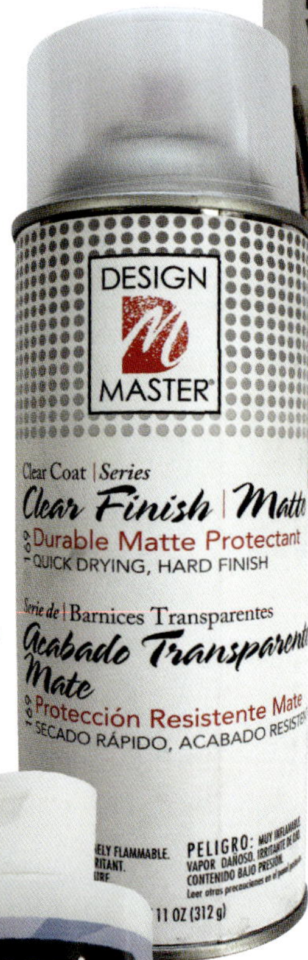

Für den Innenbereich

DecoArt DuraClear Varnish (matt oder glänzend)

Ein Lack für den Innenbereich, der mit dem Pinsel aufgetragen wird. Vor allem in den Wintermonaten ist es praktisch, diesen Lack im Haus zu haben. Zum Versiegeln von Malerei mit Gelstiften eignet er sich NICHT, denn er kann (im Gegensatz zu Sprühlack) bewirken, dass die Striche verwischen. Für alle anderen Medien ist er geeignet. Er wird einfach mit einem Flachpinsel aufgetragen.

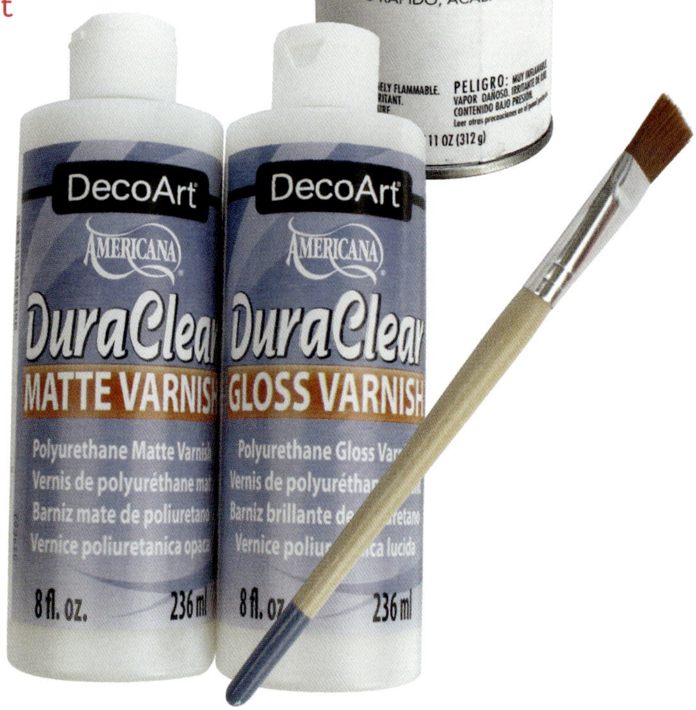

Für den Innenbereich.

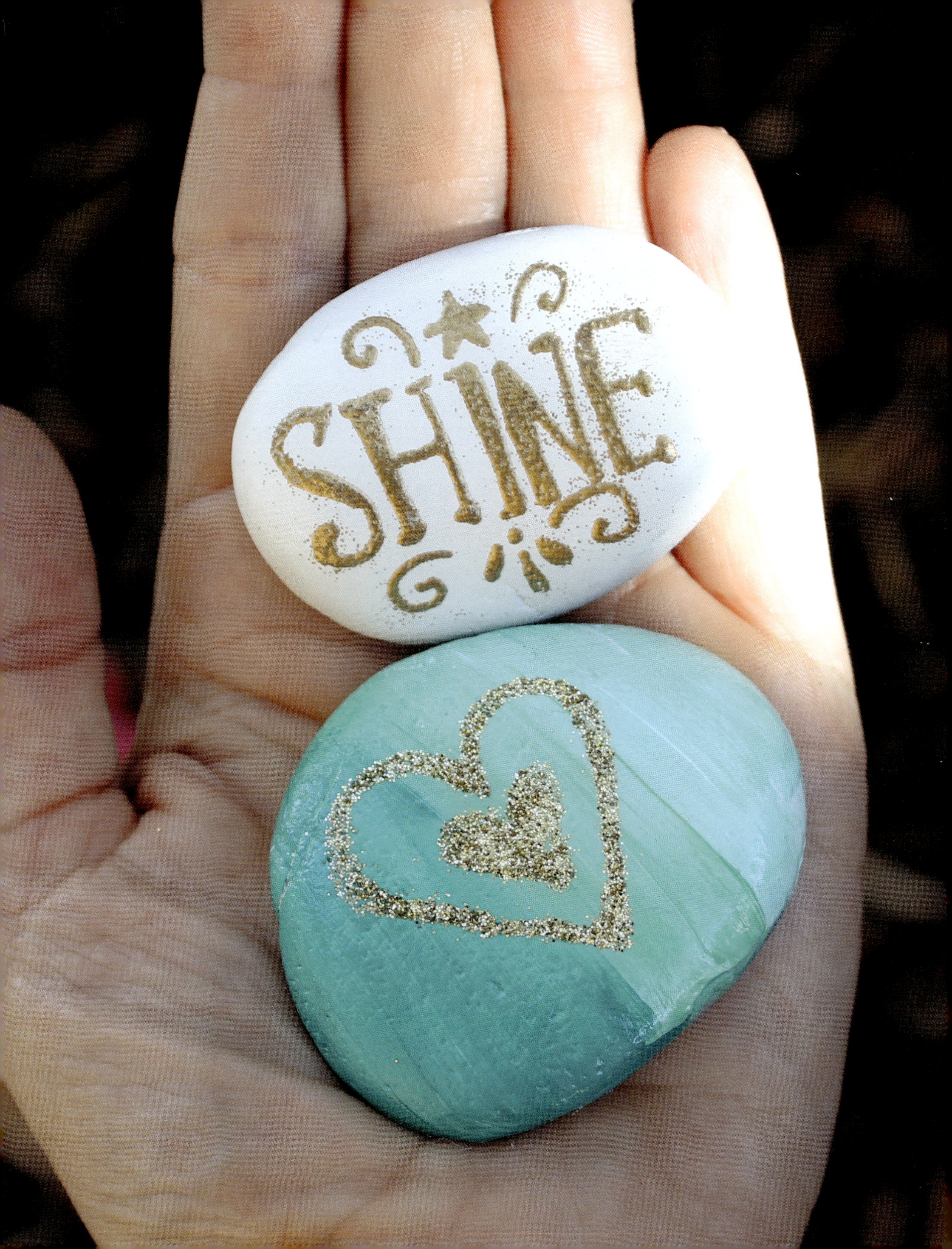
SHINE

KAPITEL 3

ACRYL-FARBEN

Acrylfarben zählen zu den beliebtesten Medien für die Steinmalerei. Der Stein wird zur Minileinwand, und der Kreativität sind keine Grenzen gesetzt. Das heißt aber nicht, dass Entwürfe kompliziert sein müssen. Auch ganz einfache Designs können ausgesprochen effektvoll aussehen.

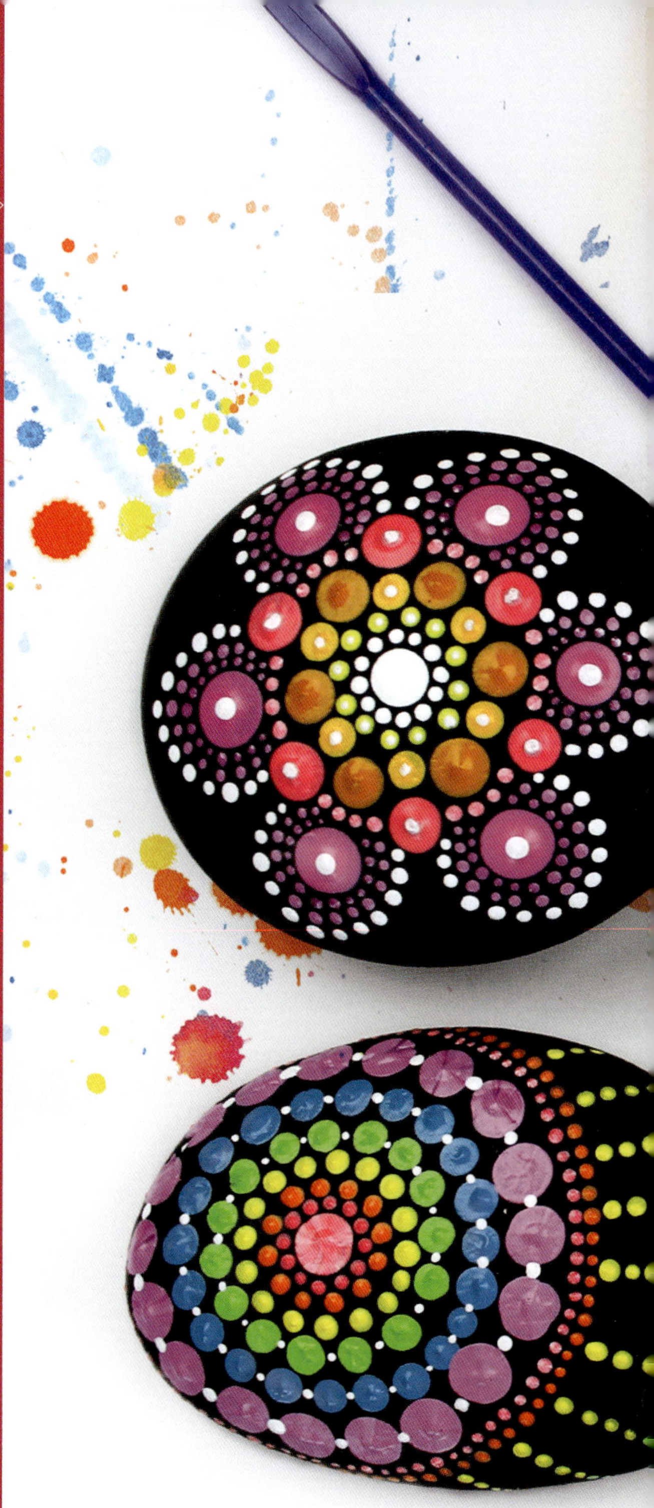

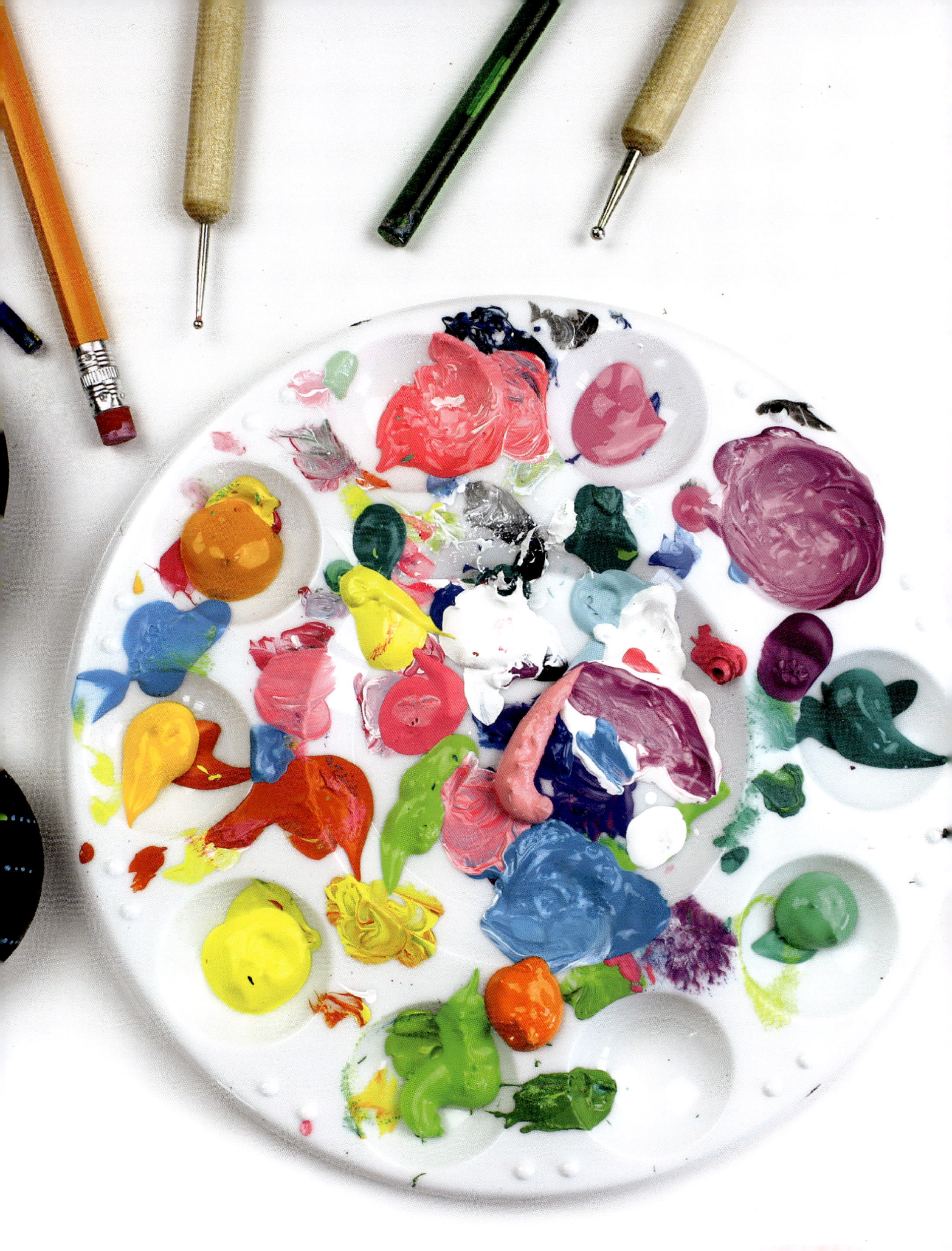

Die Ausstattung

FARBEN

Man kann nie zu viele Farben haben. Ernsthaft ... lass dich im Fachgeschäft ruhig in Versuchung führen, denn du wirst alle Farben verwenden, die du besitzt. Es muss übrigens nicht gleich die teure Künstlerqualität sein. Preiswerte Bastelfarben genügen völlig. Hier stelle ich einige Produkte vor, die ich gern verwende.

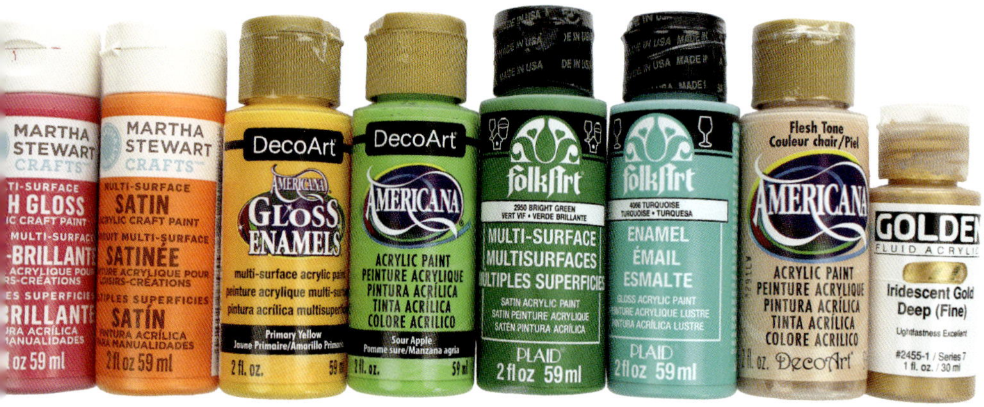

Pastose Acrylfarben eignen sich besonders gut für detaillierte Malereien und poröse Untergründe. Glänzende Farben verwende ich am liebsten für Punktmalerei (siehe Seite 29), aber auch für andere Techniken. Bei Metallicfarben greife ich tatsächlich zur teureren Künstlerqualität, weil sie auf dem Steinuntergrund besonders schön schimmern. Für den Anfang kannst du aber ruhig mit preiswerteren Metallicfarben arbeiten. Bei vielen meiner Projekte kombiniere ich Farben verschiedener Hersteller. Manchmal kaufe ich ein Produkt, weil mir der Farbton besonders gut gefällt oder weil es ein besonders schöner Hautton ist. Probiere verschiedene Hersteller aus, dann wirst du bald deine eigenen Vorlieben entwickeln. Auf der vorderen Umschlagsklappe findest du alternative Hersteller.

PINSEL

Pinsel mag ich fast so gern wie Farben. Für weniger detaillierte Malerei kaufe ich meist preiswerte Pinsel. Soll die Malerei filigran und exakt werden, leiste ich mir hochwertige Aquarellpinsel (ja, man kann Aquarellpinsel auch für Acrylfarben verwenden). Bei Aquarellpinseln bevorzuge ich die Stärken 000, 00 und 0. Für Konturen und feinste Details ist ein superdünner Pinsel enorm nützlich.

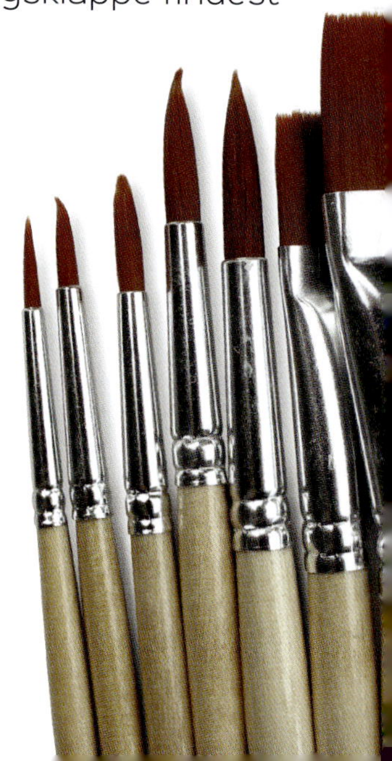

Praktisch sind außerdem runde Schaumstoff-Stupfpinsel in verschiedenen Größen. Sie eignen sich besonders gut für die Arbeit mit Schablonen (siehe Seite 36) oder für Galaxie-Effekte (siehe Seite 38).

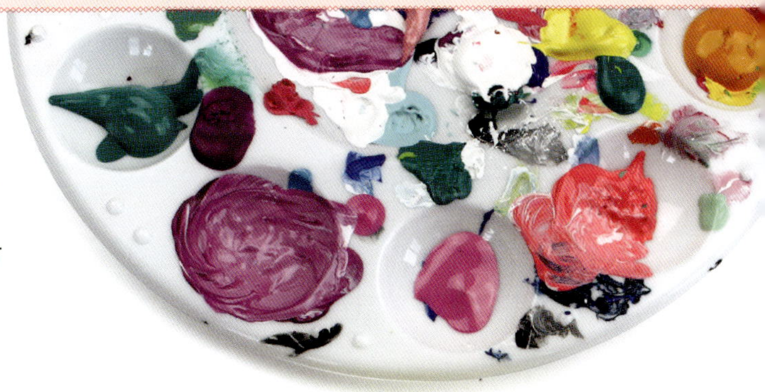

PALETTEN

Auf der Palette (Foto oben rechts) wird die Farbe während der Arbeit gemischt. Ein Stück Pappe oder ein Pappteller kosten wenig und sind fast immer zur Hand, aber ich arbeite lieber auf einer Kunststoffpalette mit mehreren Vertiefungen. Solche Paletten gibt es im Fachhandel in verschiedenen Größen. Ich habe angefangen, gebrauchte Paletten zu sammeln, die mit Farbresten von Malprojekten verkrustet sind. Sie sehen so interessant aus, dass ich sie irgendwann in meinem Atelier an die Wand hängen möchte.

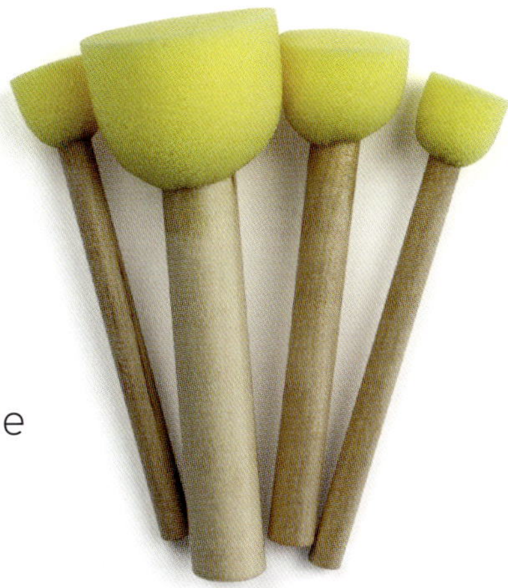

WASSERBEHÄLTER

Ohne Wasser kann man nicht malen. Eine gute Wahl sind leere Schraubgläser, weil man sie gut reinigen kann. Außerdem sind sie schwer und kippen nicht so leicht um. Ersatzweise kann auch ein Plastikbehälter verwendet werden. Wenn das Wasser beim Malen mit der Zeit schmuddelig wird, muss es gewechselt werden. Es macht wirklich einen Unterschied, wenn man neue Farben mit sauberen Pinseln aufnimmt.

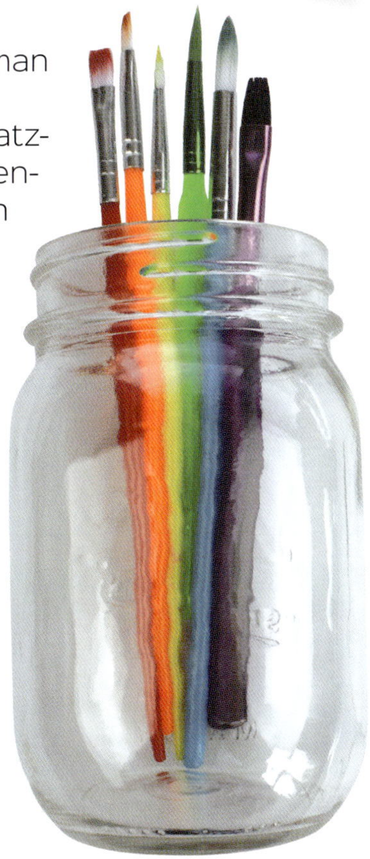

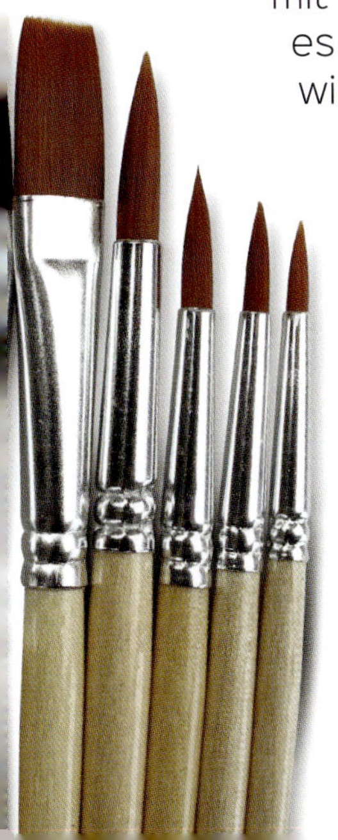

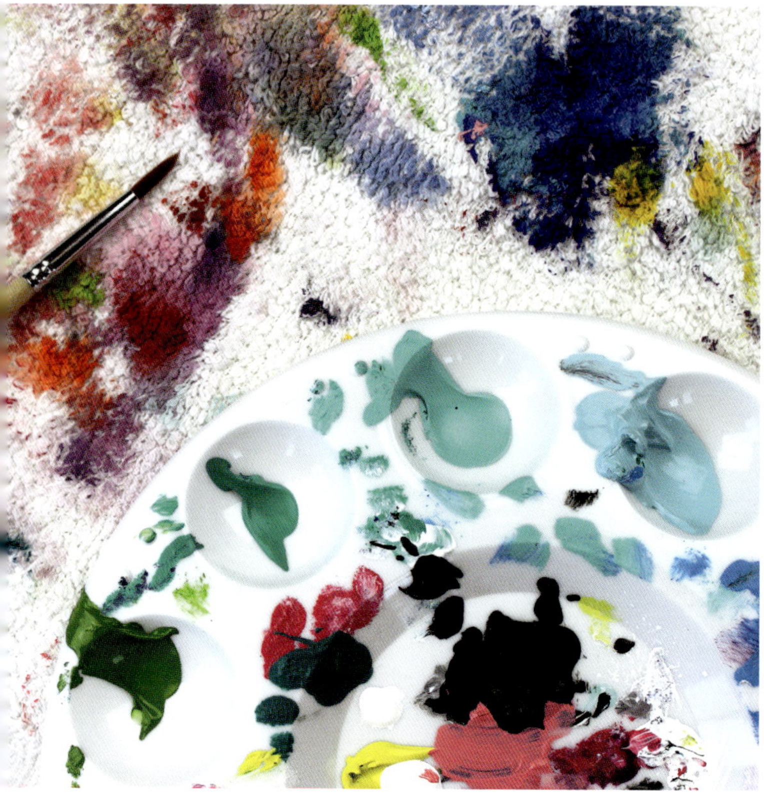

TUCH

Bei jedem Farbwechsel sollten die Pinsel ausgespült und abgetrocknet werden. Dafür eignen sich kleine Lappen am besten. Man kann Putzlappen kaufen oder alte Geschirrtücher, Handtücher und ausrangierte Kleidungsstücke (T-Shirts sind super) zerschneiden.

MALERKREPP

Wenn nur ein Teil des Steins bemalt werden soll, oder wenn du für ein Motiv saubere, gerade Linien brauchst, verwende Malerkrepp, das sich nach dem Trocknen der Farbe spurlos abziehen lässt. Du kannst auch Reste von Washi-Tape benutzen.

BLEISTIFTE

Eins der Werkzeuge, die ich für die Steinmalerei besonders oft benutze, ist ein Bleistift mittlerer Härte oder ein Druckbleistift. Damit zeichne ich meine Motive auf den Steinen vor. Die Striche müssen so dunkel sein, dass man sie gut sieht – und andererseits dünn genug, dass man sie ausradieren oder übermalen kann.

SKIZZENBUCH

Um Ideen festzuhalten, solltest du dir ein Skizzenbuch anschaffen. Darin kannst du auch Entwürfe für neue Motive und Kompositionen skizzieren. Wenn du das Skizzenbuch immer bei dir hast, kannst du auch unterwegs Einfälle zeichnen. Es wäre doch schade, eine gute Idee zu vergessen.

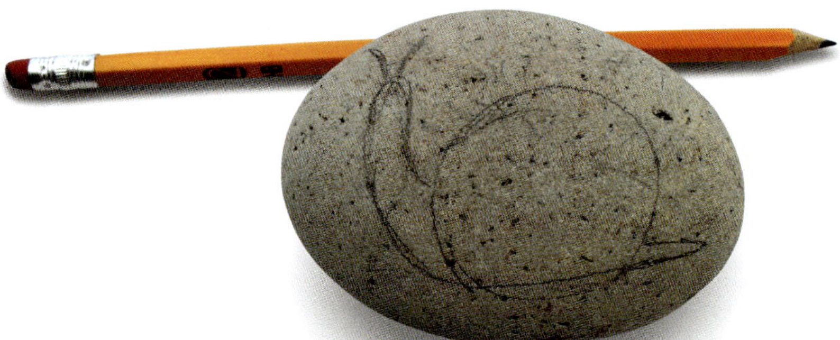

Punktmalerei

Ein einzelner Punkt ist nicht mehr als ein Punkt, aber durch die Kombination vieler Punkte können raffinierte Kunstwerke entstehen. Damit die Punkte schön rund und gleichmäßig ausfallen, müssen die richtigen Werkzeuge verwendet werden. Dabei gibt es verschiedene Möglichkeiten. Manche hast du wahrscheinlich schon im Haus.

PUNKTMALEREI – WERKZEUGE

1. Werkzeuge mit Kugelkopf

- Modellierwerkzeuge – Wer gelegentlich töpfert, besitzt solche Werkzeuge wahrscheinlich. Das kugelförmige Ende eignet sich gut, um Punkte zu malen. Abgebildet sind die 4-in-1 Tinsky Wooden Polymer Clay Modeling Tools, alle anderen eigenen sich aber ebenso gut. In gut sortierten Bastelgeschäften kann man solche Werkzeuge kaufen.

- Werkzeug für Nail Art – Vielleicht hast du diese Werkzeuge schon einmal im Nagelstudio gesehen. Meist haben sie an beiden Enden Kugeln in verschiedenen Größen. Kaufen kann man sie online und im Fachhandel. Der Zahnarzt benutzt auch so etwas. Wer einen Zahnarzt gut kennt, kann fragen, wann er so einen sogenannten Kugelstopfer aussortiert.

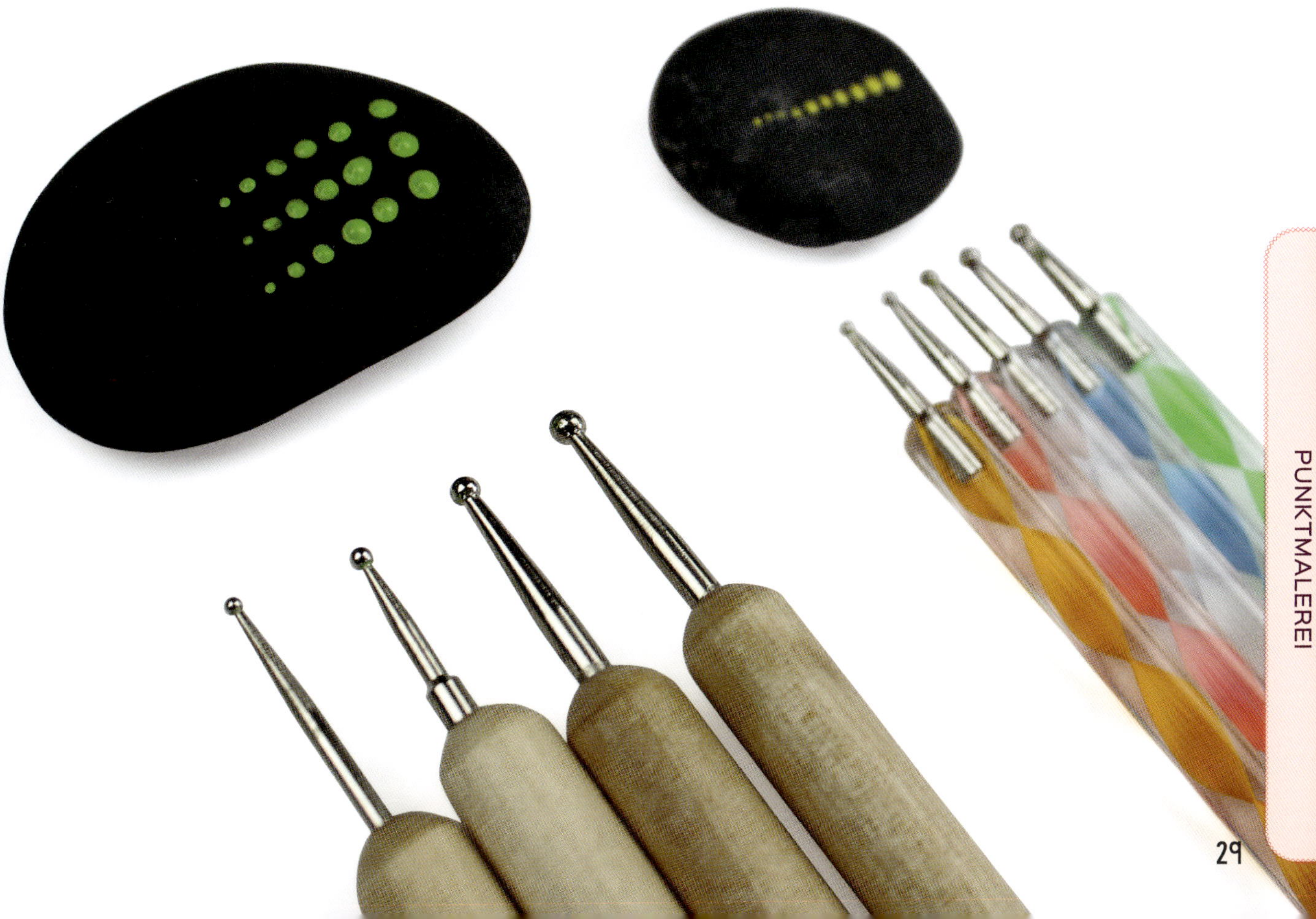

2. Andere Werkzeuge

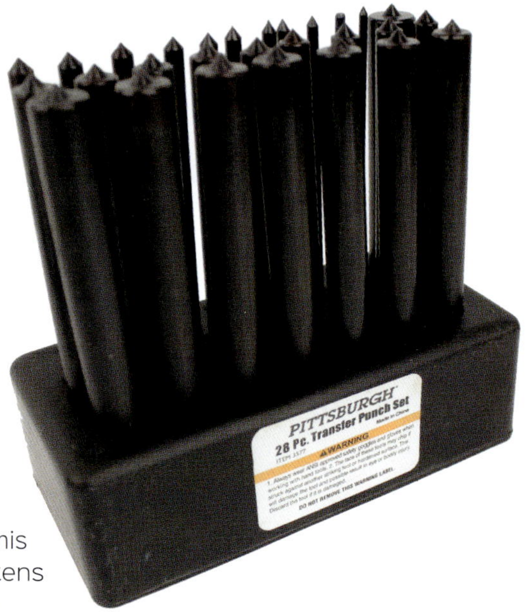

- Körner im Set – Wenn du nicht im Metallbau tätig bist, weißt du vielleicht nicht, wofür man einen Körner normalerweise verwendet. Das ist für die Steinmalerei zum Glück auch gar nicht nötig. Ein Set enthält meist etwa 20 Körner in verschiedenen Größen. Ein Ende ist flach, eins hat eine Spitze. Zum Malen von Punkten kann man, je nach gewünschter Größe, das flache Ende oder die Spitze benutzen. Abgebildet ist ein Set mit 28 Körnern von Pittsburgh. Es gibt auch kleinere Sets, die preisgünstiger sind.
- Nagelköpfe – Nägel in verschiedenen Größen hast du sicherlich im Haus. Die flachen Köpfe eignen sich auch zum Malen von dicken Punkten beziehungsweise kleinen Kreisen.
- Bleistift mit Radiergummi – Die kleinen, flachen Radiergummis am Ende von Bleistiften sind zum Tupfen von Punkten bestens geeignet. Ich habe immer normale Bleistifte mittlerer Härte griffbereit, und außerdem dickere für kleine Kinderhände.
- Holzdübel – Auch sie gibt es in verschiedenen Durchmessern, praktisch für Punkte unterschiedlicher Größe.
- Häkelnadeln – Mit dem flachen Ende gelingen Punkte in verschiedenen Größen. Unten abgebildet ist das Susan Bates Red Heart Crystallites Acrylic Crochet Hook Set, aber jede andere Häkelnadel ist gleichermaßen geeignet.

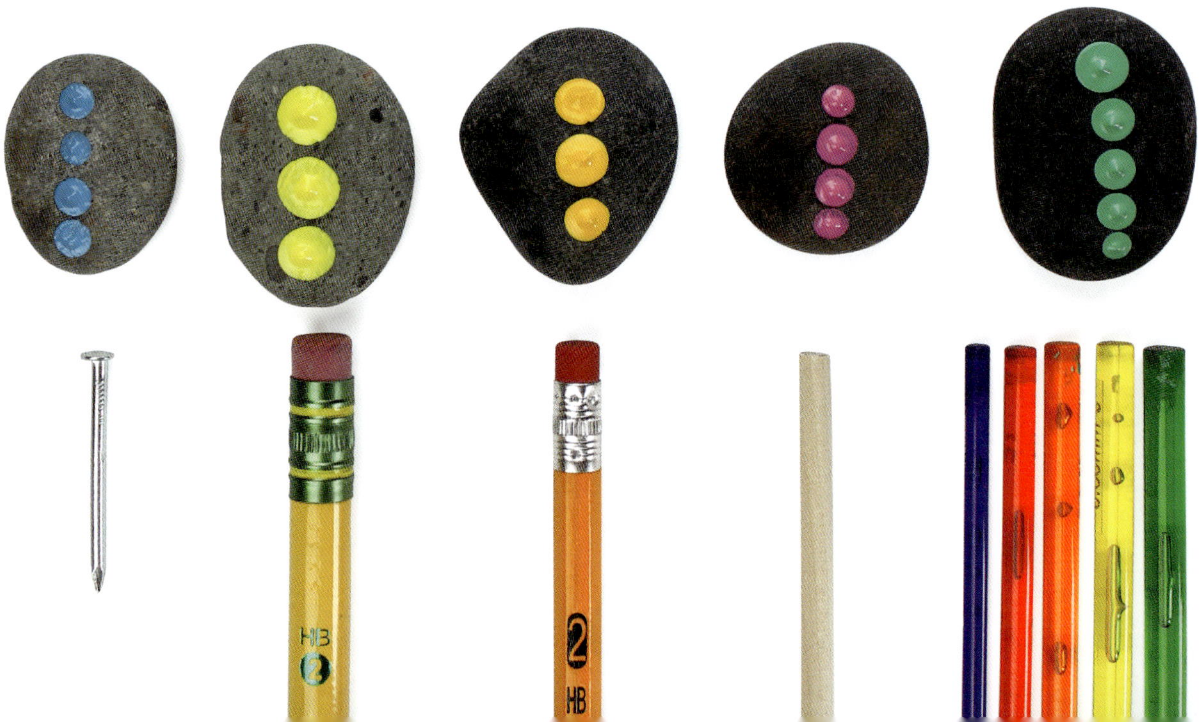

TIPPS FÜR DIE PUNKTEMALEREI

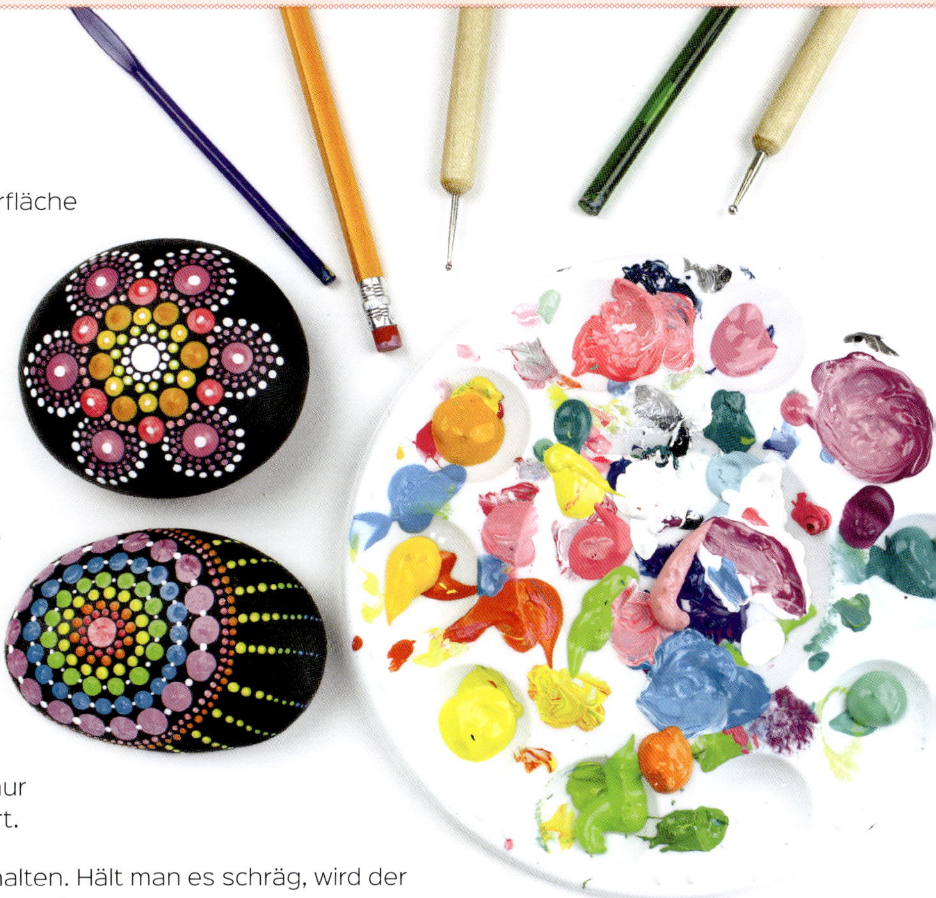

- Nur Steine mit glatter Oberfläche verwenden.
- Den Stein schwarz, weiß oder farbig grundieren.
- Für die Punkte muss die Farbe etwas flüssig sein. Sehr pastose Farben mit wenig Wasser verdünnen.
- Das Werkzeug in die Farbe tauchen, aber nicht zu viel Farbe aufnehmen.
- Nicht das Werkzeug auf den Stein tupfen. Das Werkzeug locker in der Hand halten und einen Abstand wahren, sodass nur die Farbe den Stein berührt.
- Das Werkzeug senkrecht halten. Hält man es schräg, wird der Punkt wahrscheinlich nicht rund.
- Damit die Farbintensität der Punkte gleichmäßig ausfällt, das Werkzeug regelmäßig wieder in die Farbe tauchen.
- Lass dir Zeit. Geduld ist bei dieser Technik wichtig!
- Missglückte Punkte sofort mit Wattestäbchen abwischen.
- Fehler, die sich nicht wegwischen lassen, trocknen lassen und später übermalen.
- Wenn die Punkte trocken sind, können auf ihnen noch kleinere Punkte in anderen Farben aufgetragen werden.
- Es ist nicht schlimm, wenn die Punkte anfangs nicht exakt ausfallen. Diese Technik erfordert etwas Übung.

MANDALAS AUS PUNKTEN

Wer einmal anfängt, Punkt-Mandalas zu malen, möchte nicht mehr aufhören. Für die Anordnung des Musters gibt es nur eine einzige Regel: Sie sollte symmetrisch sein, auch wenn der Stein selbst asymmetrisch ist.

Hier siehst du ein Muster, das als Anregung dienen soll. Es gibt viele, viele Möglichkeiten, Mandalas aufzubauen. Experimentiere mit verschiedenen Anordnungen, Farben und Mustern.

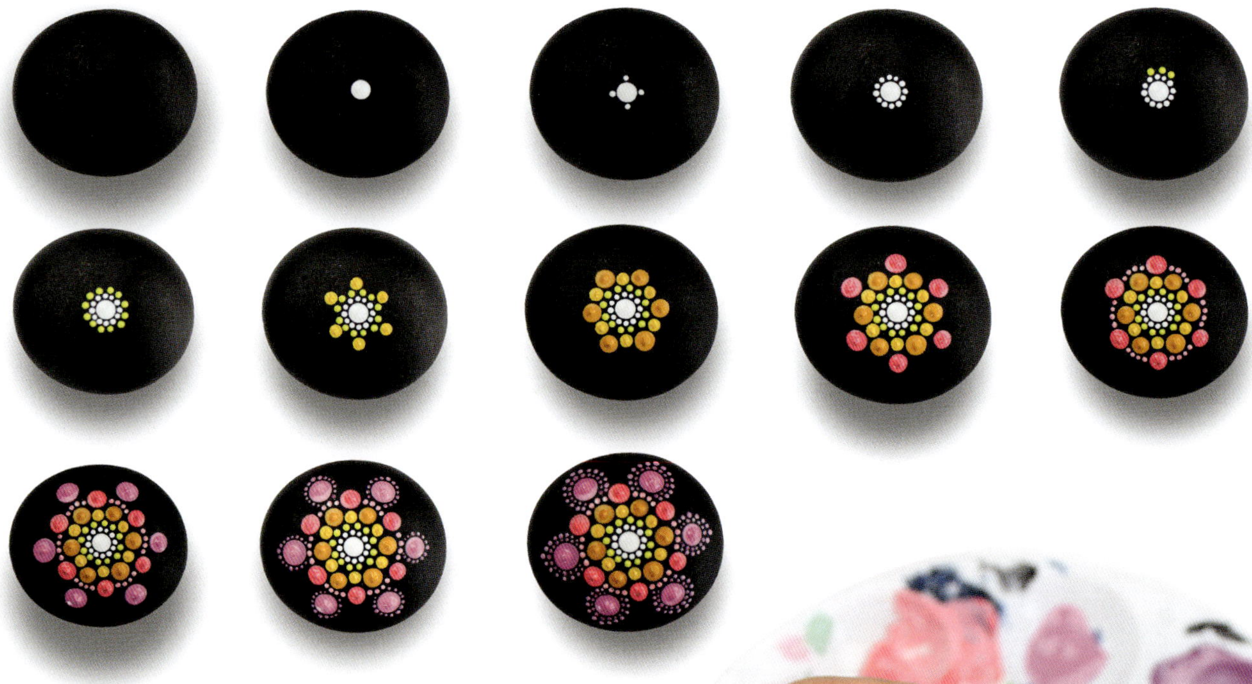

Beim Gestalten eines Mandalas musst du nicht unbedingt in der Mitte des Steins beginnen. Probiere ruhig verschiedene Varianten aus. Abwechslungsreicher wird das Muster, wenn du Kränze aus größeren Punkten mit kleinen Punkten verbindest.

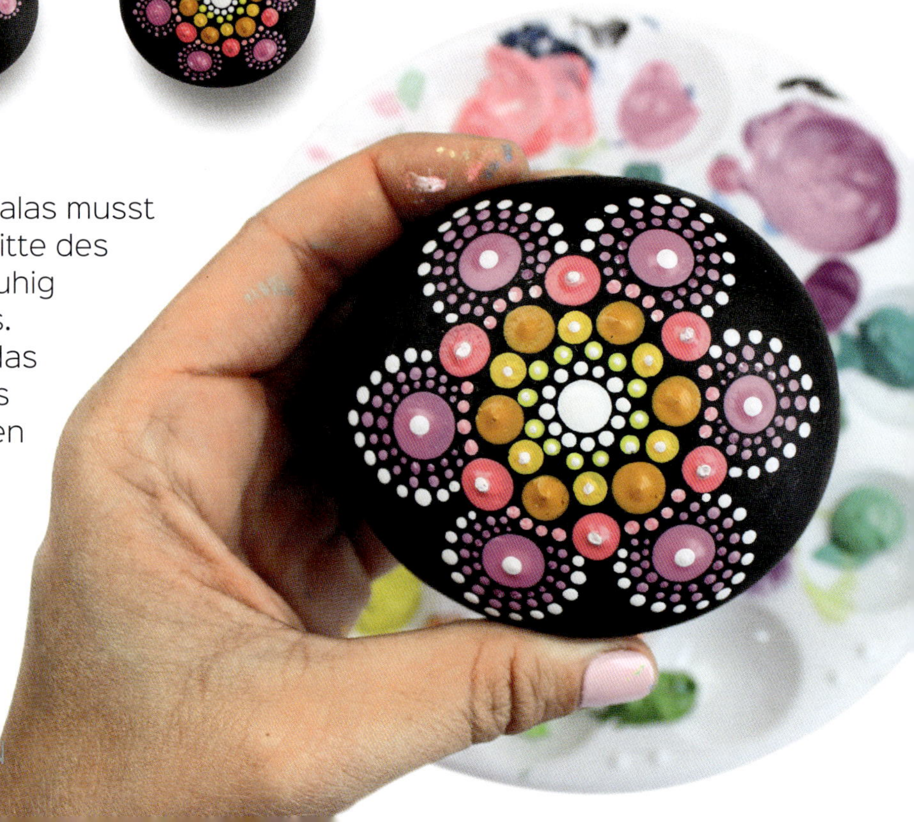

PUNKTE INNERHALB VON SILHOUETTEN

Sehr interessant kann es aussehen, wenn man aus Punkten Mini-Mandalas oder andere Muster innerhalb einer anderen Form gestaltet, zum Beispiel in einer schwarzen Silhouette (siehe auch Seite 35).

Du kannst in die Silhouette mehrere kleine, relativ einfache Mandalas malen. Denkbar ist auch, am Rand zu beginnen und nur einen Teil des Mandalas zu gestalten.

PUNKTE ALS BORDÜRE ODER HINTERGRUND

Aus Punkten kann man raffinierte Bordüren kreieren – entweder am Rand des Steins entlang oder um ein Motivelement herum. Ein flächiges Muster aus Punkten kann einen interessanten Hintergrund abgeben.

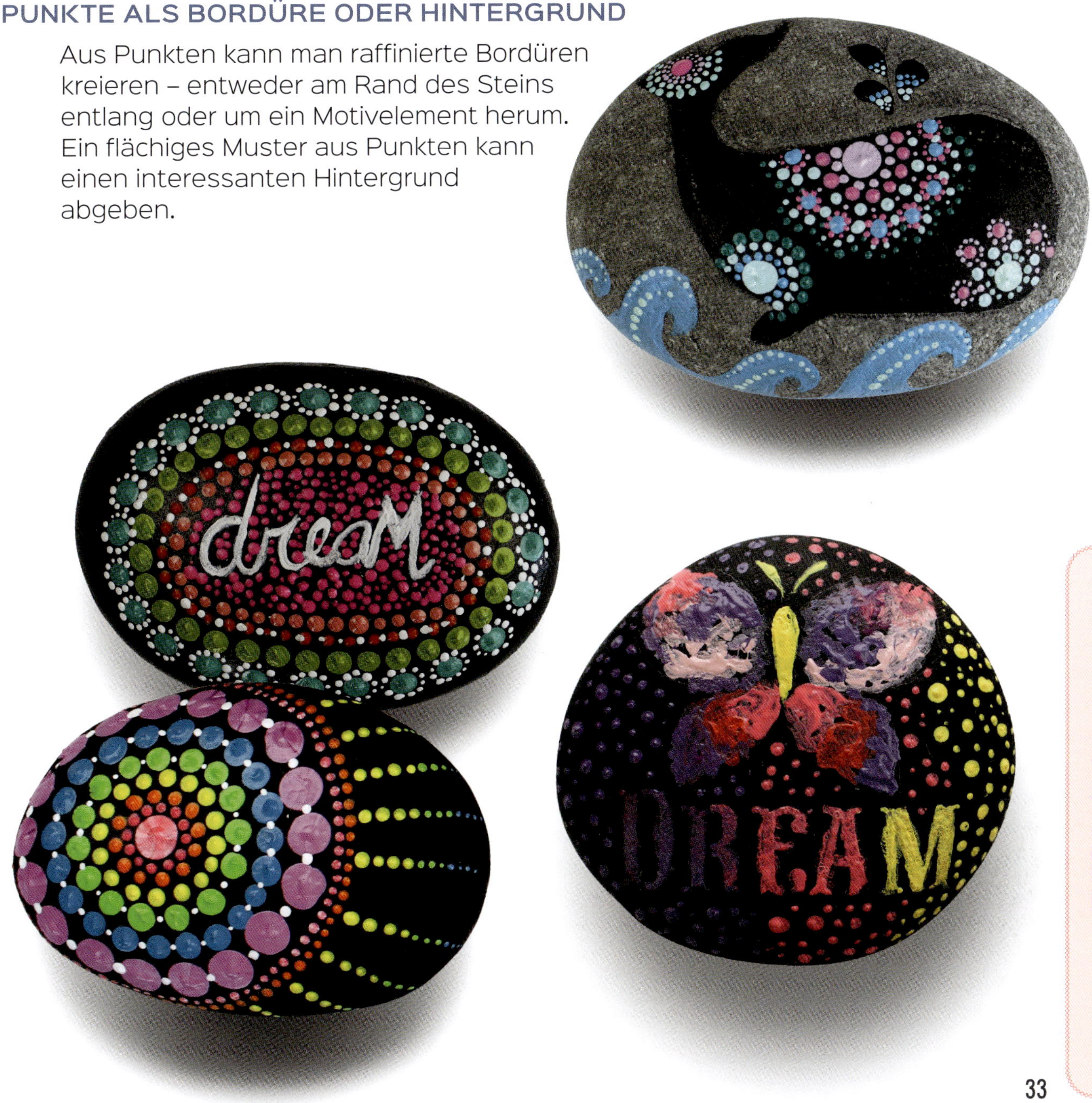

Farbverlauf

Ein Farbverlauf ist nicht schwierig zu malen und eignet sich gut als Hintergrund, für Silhouetten, Tattoos (siehe Seite 106) oder andere Gestaltungstechniken.

ANLEITUNG

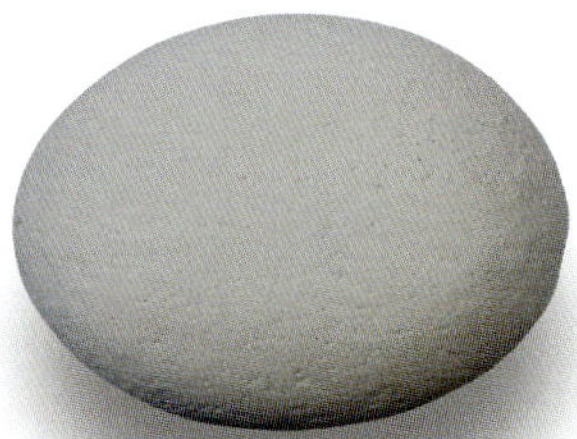

1. Den Stein weiß grundieren oder eine weiße Silhouette aufmalen (siehe Seite 13).

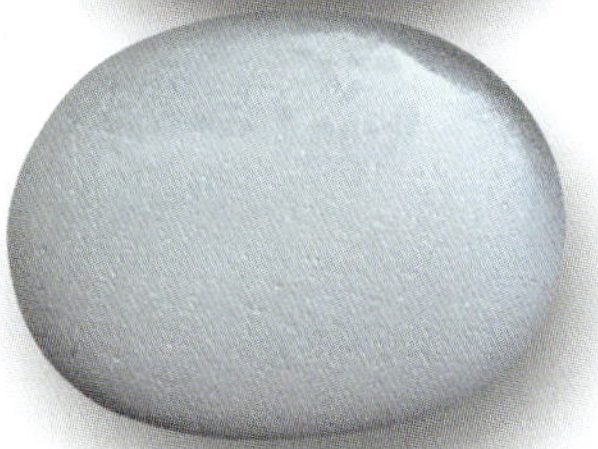

2. Mehrere Nuancen einer Farbe auf die Palette geben. Du kannst auch nur den dunkelsten Ton auf die Palette geben und mit unterschiedlichen Mengen Weiß die Farbtöne selbst mischen.

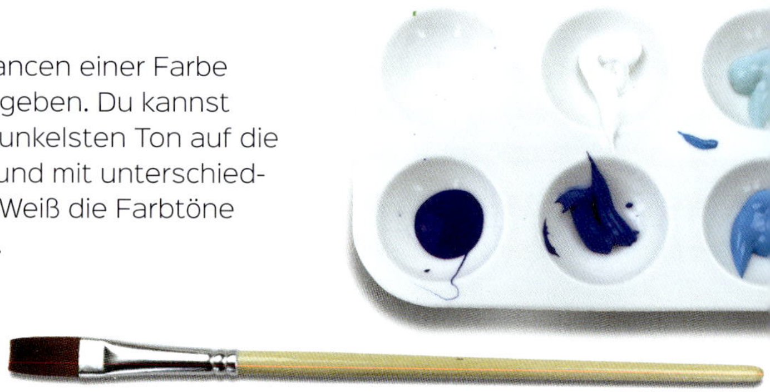

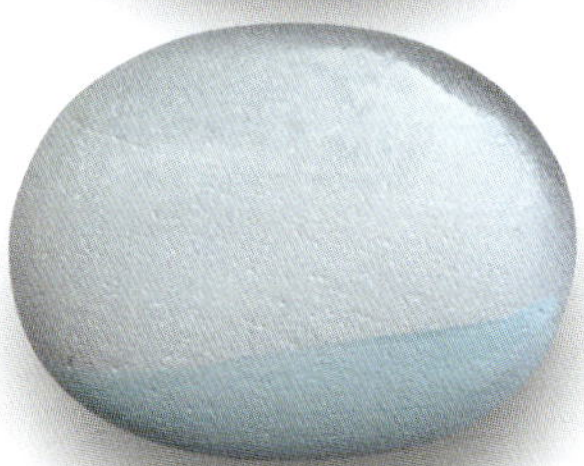

3. Den hellsten Farbton im unteren Bereich des Steins auftragen.

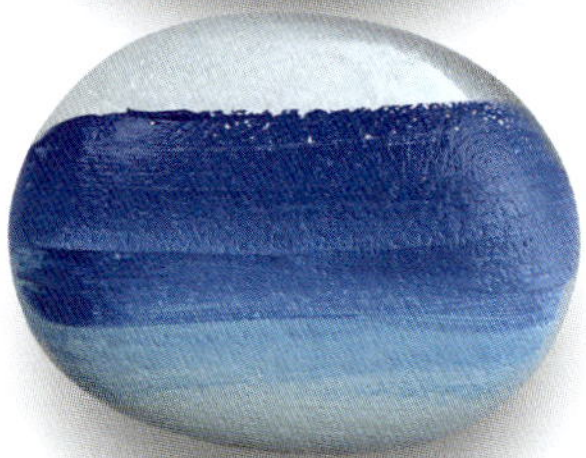

4. Streifenweise von unten nach oben jeweils den nächstdunkleren Ton auftragen. (Alternativ kannst du von Dunkel nach Hell arbeiten.)

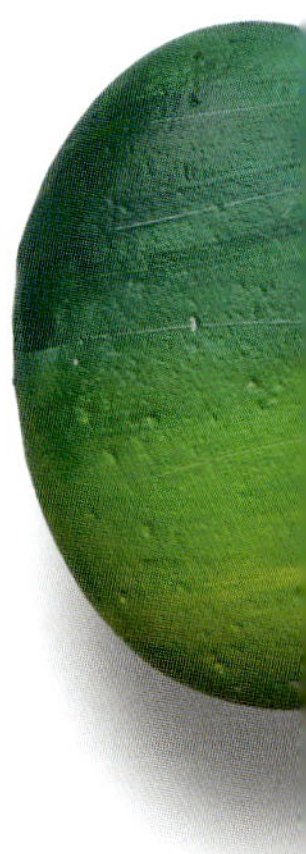

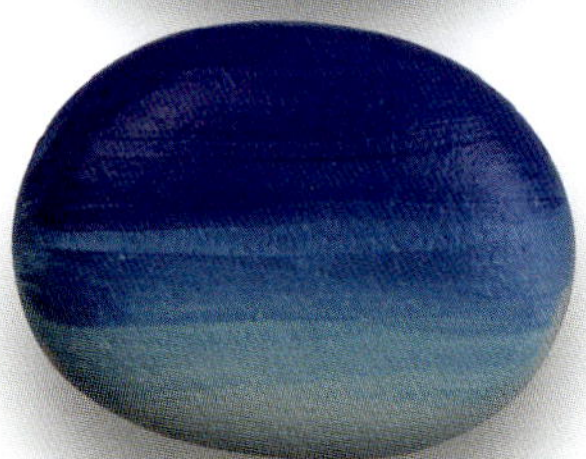

5. Die Farbaufträge nicht zwischendurch trocknen lassen. Bei dieser Technik ist es durchaus gewollt, dass die Farben an den Übergängen ineinander übergehen.

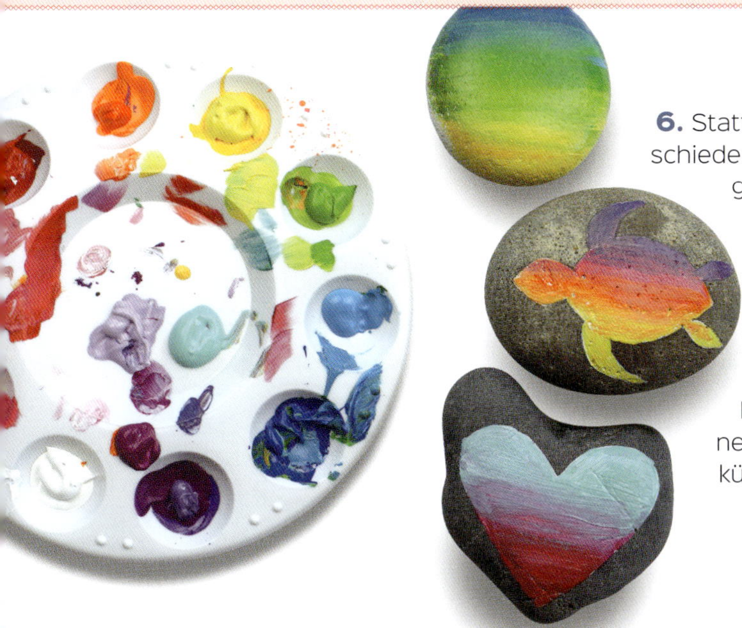

6. Statt einen Übergang aus verschiedenen Tönen einer Farbe zu gestalten, kannst du auch ganz verschiedene Farben fließend ineinander übergehen lassen. Solche Farbübergänge eignen sich gut für Sonnenuntergänge oder Galaxien. Experimentiere mit verschiedenen Kombinationen warmer und kühler Farben.

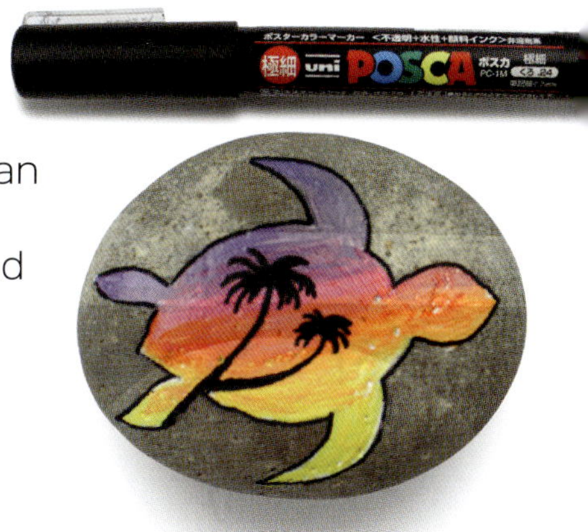

SILHOUETTEN AUFMALEN

Nachdem der Hintergrund gemalt ist, kommt das Motiv an die Reihe. Auf einem Hintergrund mit einem ein- oder mehrfarbigen Verlauf gefallen mir schlichte Konturen und Details in Schwarz oder Weiß am besten.

Die Konturen und Details kannst du mit einem Marker (siehe Seite 52) oder mit Farbe und einem dünnen Pinsel malen. Es gibt viele Möglichkeiten. Nur zu!

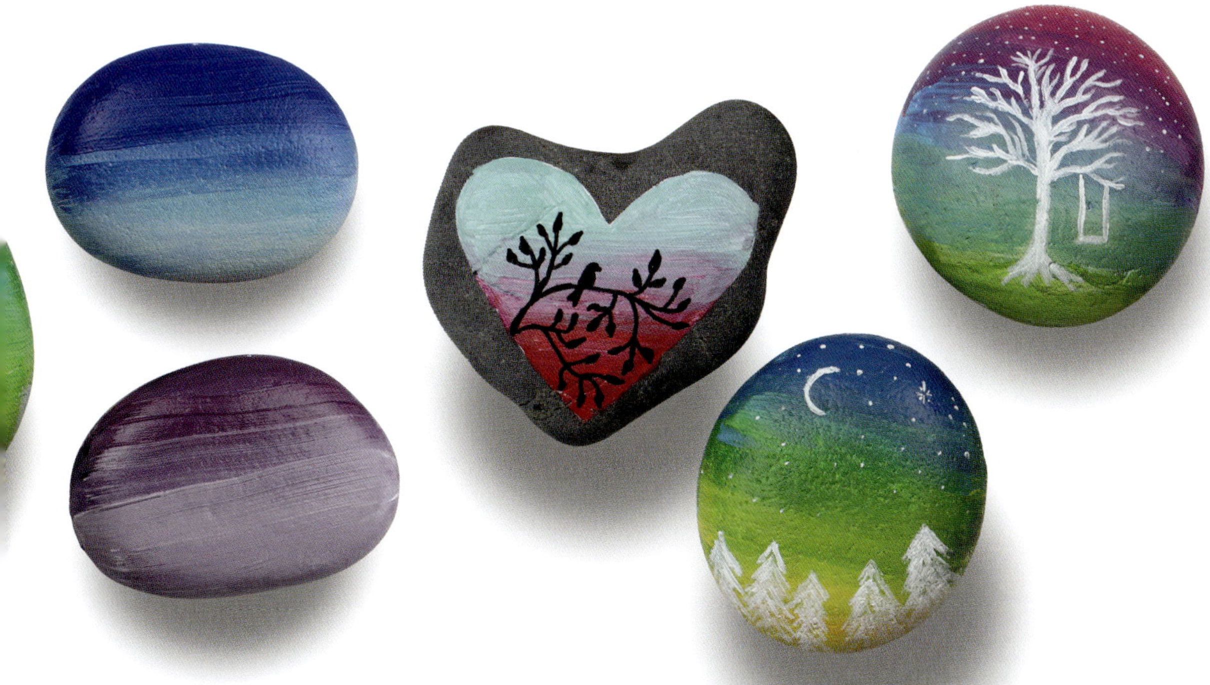

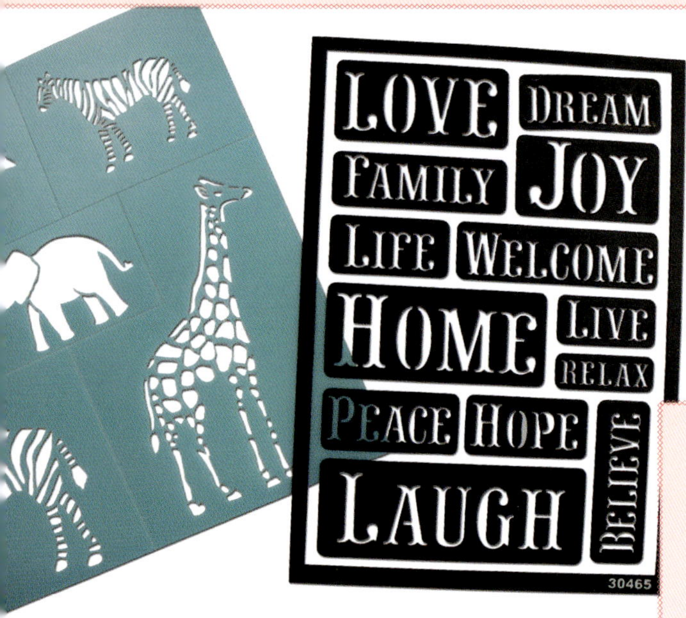

Schablonen

Schablonen sind ideal, um gleichmäßige Motive oder Schriftzüge auf Steine zu malen. Du kannst die Schablone zum Vorzeichnen benutzen oder sie direkt mit Farbe ausfüllen.

Material:

- Acrylfarben
- Runder Stupfpinsel (Schaumstoff)
- Schablonen
- Malerkrepp (bei Bedarf)

TIPPS FÜR DIE SCHABLONENMALEREI

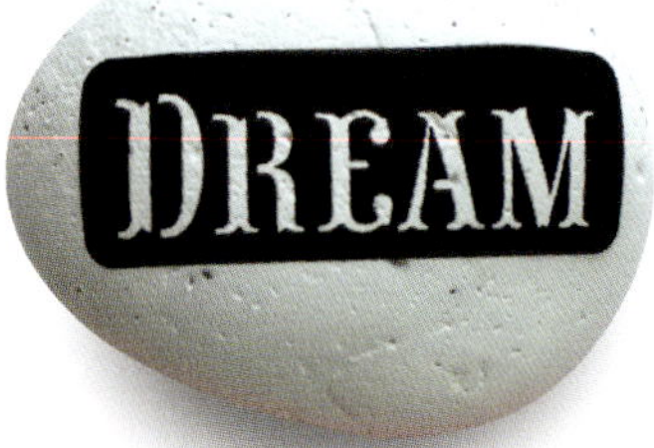

1. Ich bevorzuge Schablonenfolie mit selbstklebender Rückseite, die man nach dem Malen wieder abziehen kann. Mit diesen Schablonen fallen auf der gewölbten Steinoberfläche die Konturen viel sauberer aus.

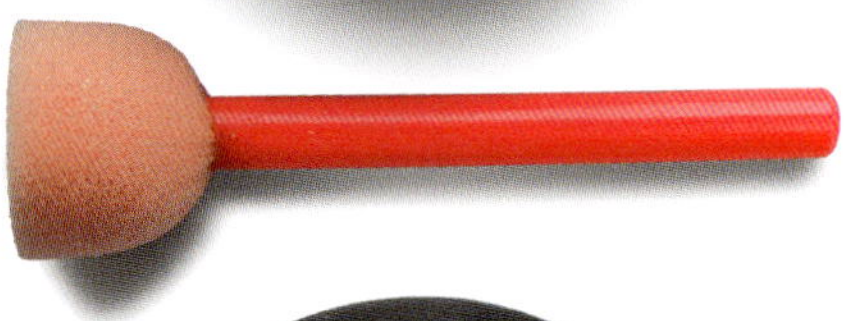

2. Normale Schablonen solltest du rundum mit Malerkrepp auf dem Stein befestigen.

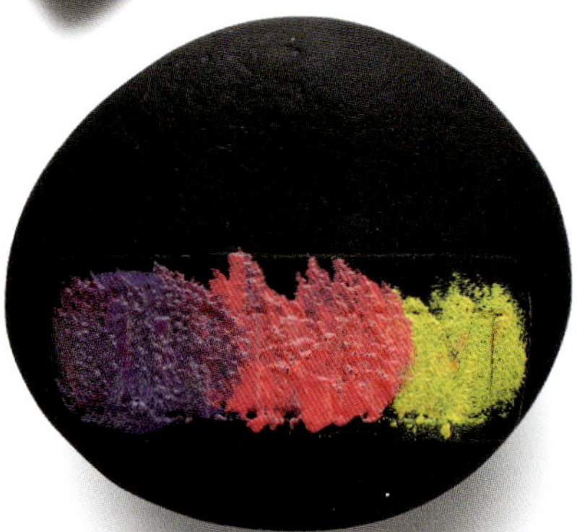

3. Zum Auftragen der Farbe am besten einen Schaumstoffpinsel verwenden. Die Farbe nur dünn auftragen, damit sie nicht unter die Ränder der Schablone läuft. Für eine stärkere Sättigung nach dem Trocknen eine zweite Farbschicht auftragen.

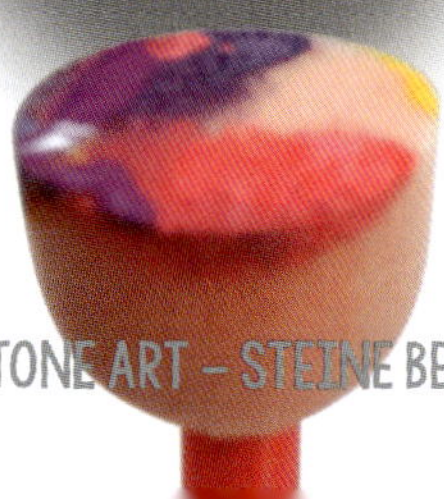

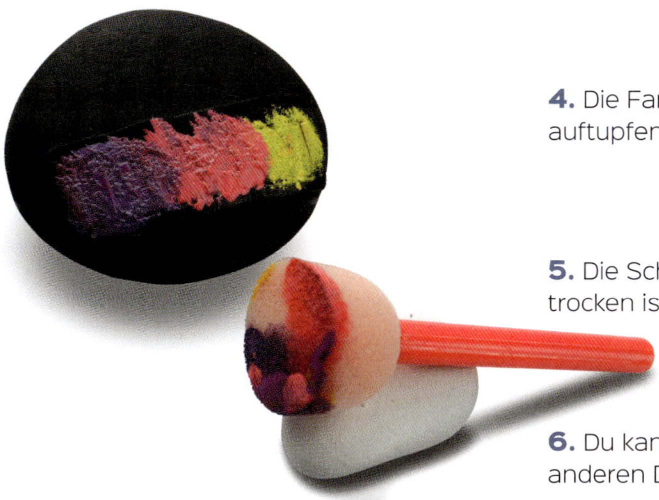

4. Die Farbe mit dem Schaumstoffpinsel auftupfen, nicht streichen.

5. Die Schablone ablösen, bevor die Farbe trocken ist.

6. Du kannst Schablonenmotive auch mit anderen Dekortechniken kombinieren.

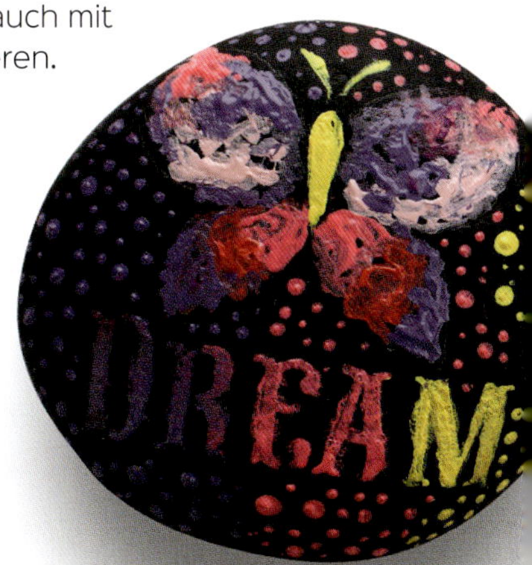

Hier siehst du einige Gestaltungsbeispiele:

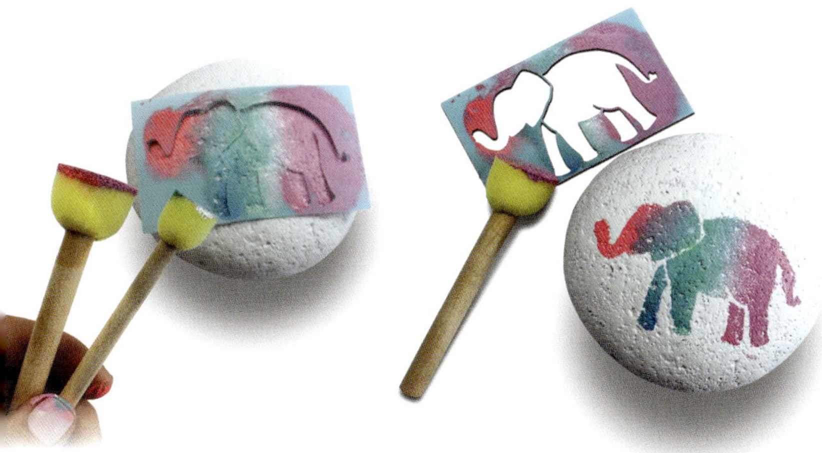

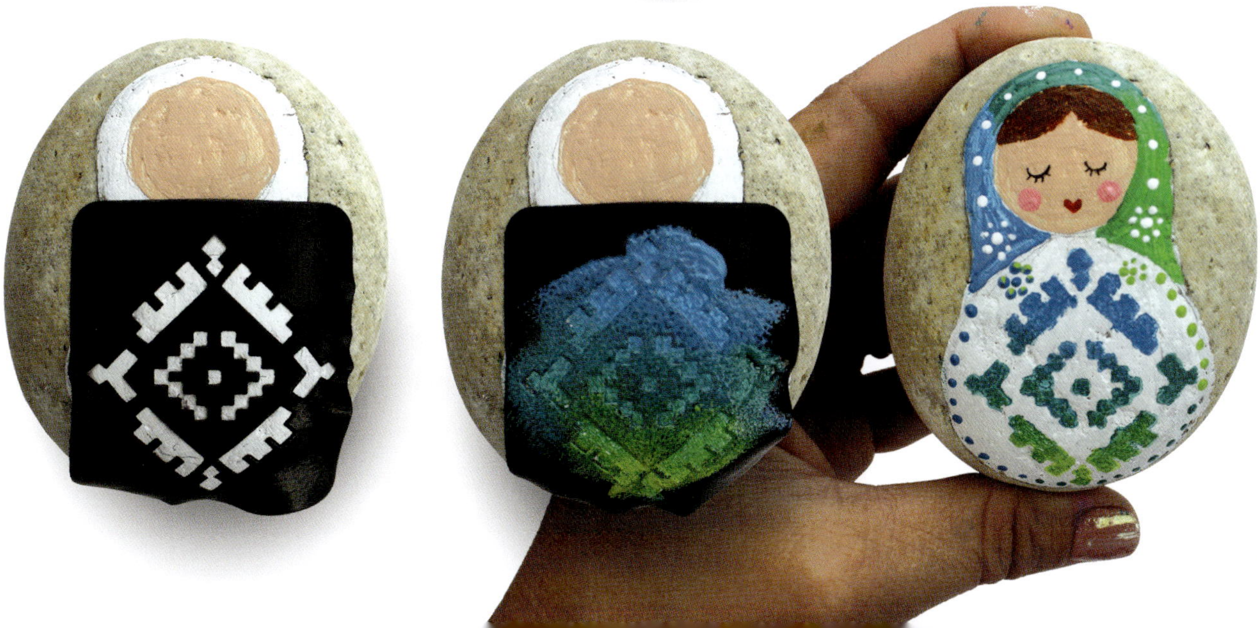

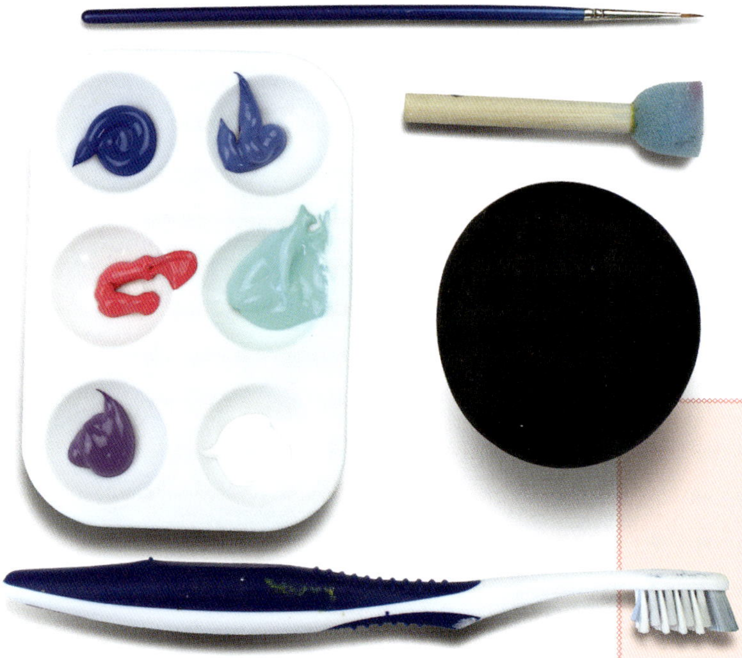

Galaxie-Effekte

Galaxien sehen raffiniert aus, sind aber recht einfach zu malen. Wichtig ist nur, dass du in deiner Werkzeugsammlung einige Geheimwaffen hast.

Material:

- Acrylfarben
- Runder Schaumstoffpinsel
- Alte Zahnbürste
- Dünner Pinsel
- Zahnstocher (bei Bedarf)

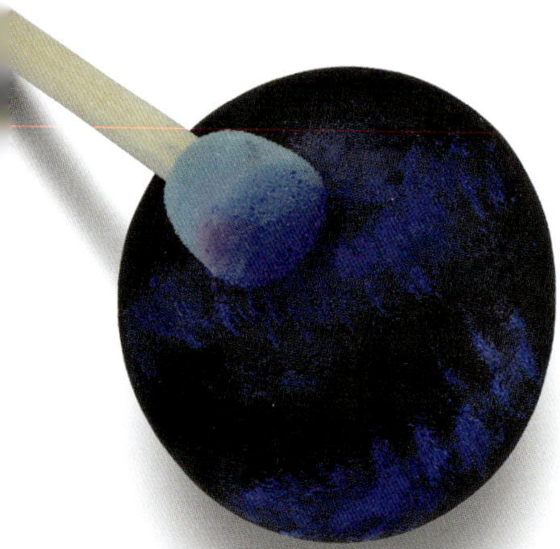

ANLEITUNG

1. Den Stein schwarz grundieren (siehe Seite 13).

2. Mit dem Schaumstoffpinsel wenig, relativ trockene Farbe von der Palette aufnehmen und mit leichter Hand auf den Stein tupfen.

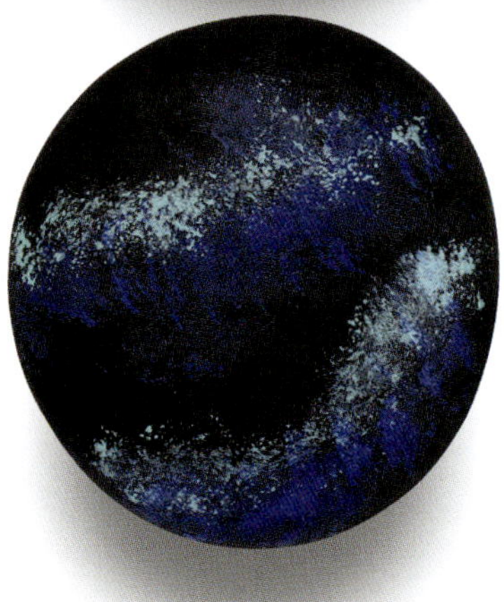

3. Einen helleren Ton derselben Farbe aufnehmen und neben den dunkleren tupfen.

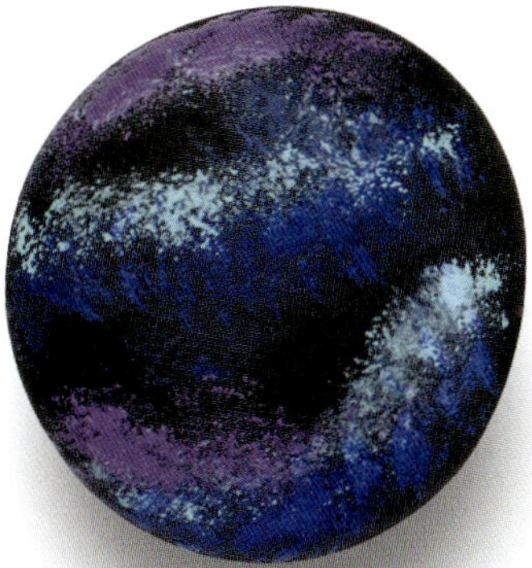

4. Weitere Farben auf diese Weise auftragen und mit dem Schaumstoffpinsel ohne Druck minimal verwischen. Etwas Schwarz soll aber noch zu sehen sein. Falls du zu viel Schwarz übermalst hast, kannst du es nachträglich wieder auftupfen. Falsch machen kannst du mit dieser Technik eigentlich nichts.

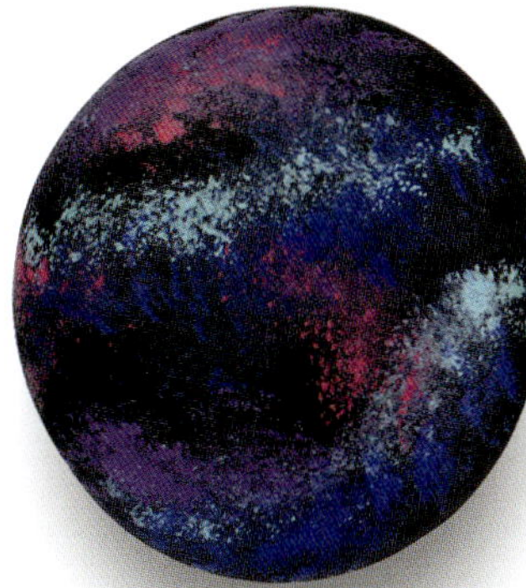

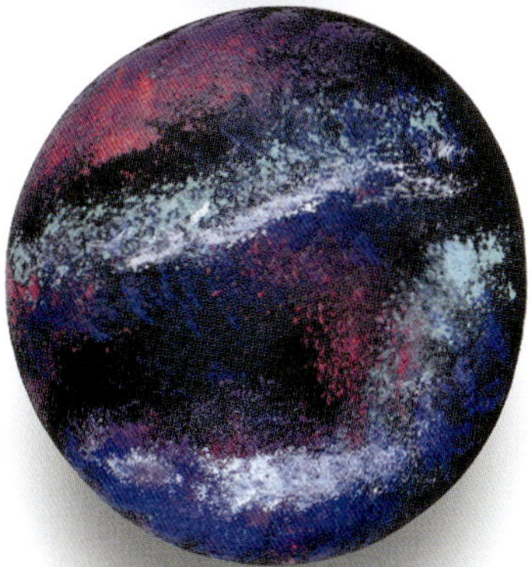

5. Für die Sterne die Zahnbürste in weiße Farbe tauchen. Die Spritzrichtung und Intensität auf einem Stück (dunklem) Papier ausprobieren.

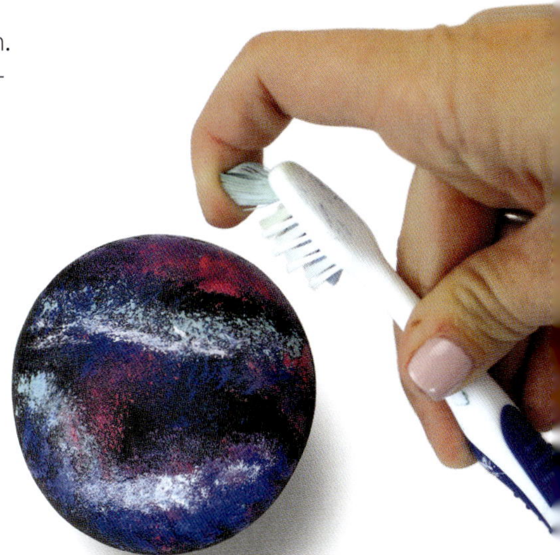

6. Danach kannst du größere Sterne mit einem dünnen Pinsel aufmalen. Vielleicht gefallen dir Sternbilder oder ein Mond?

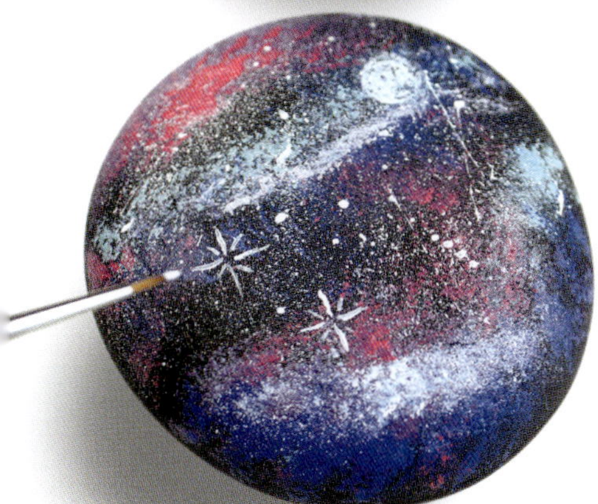

Wenn du ein Galaxiemuster innerhalb einer Silhouette (siehe Seite 35) malen willst, drehe den Schaumstoffpinsel auf die Seite, um innerhalb der Konturen zu bleiben. Im Randbereich kannst du Farben mit einem dünnen Pinsel auftupfen und leicht verwischen. Vor dem Spritzen die Schablone auflegen.

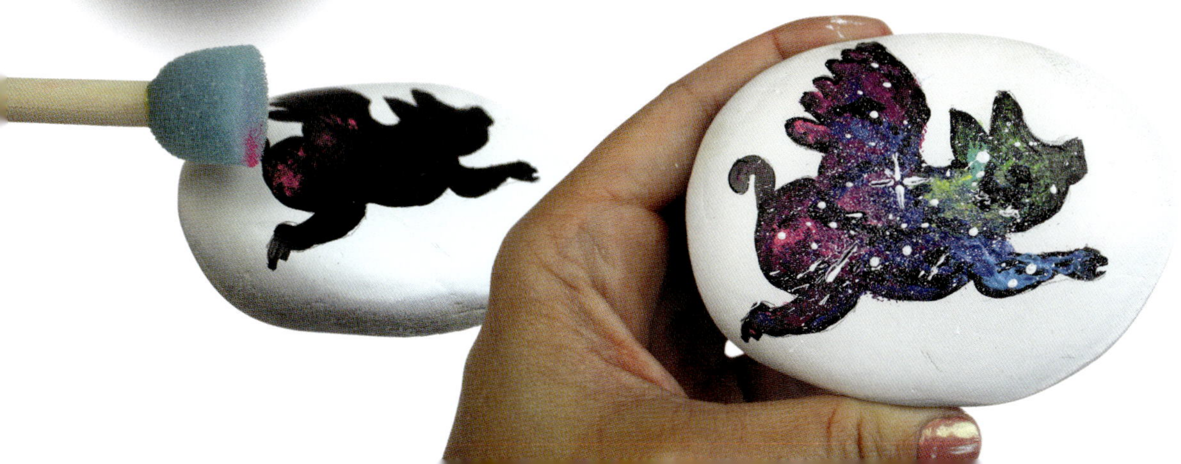

Blüten

Blumen sind gar nicht so schwierig zu malen – es muss schließlich nicht exakt nach der Natur sein. Sie wirken plastisch, weil sie aus mehreren Farbschichten aufgebaut werden. Mit dieser Technik gelingen auch deine Lieblingsblumen.

Material:

- Acrylfarben
- Dünne Pinsel

ANLEITUNG

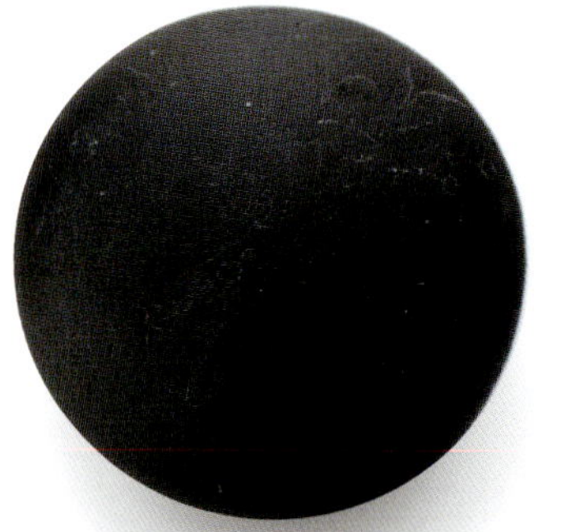

1. Den Stein weiß oder schwarz grundieren (siehe Seite 13).

2. Für einen farbigen Hintergrund den Stein zuerst weiß, dann in der Wunschfarbe grundieren.

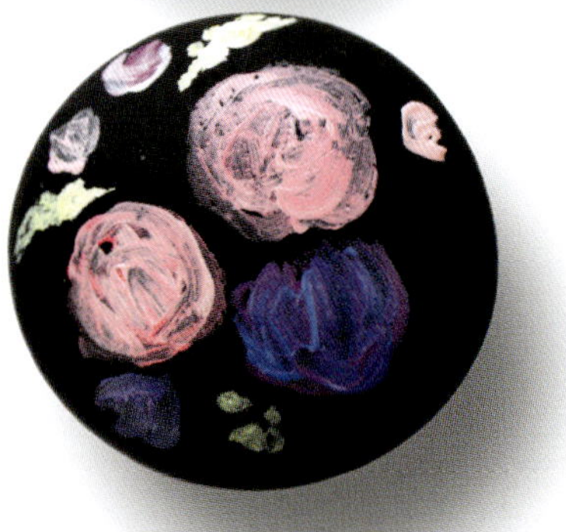

3. Die erste Farbschicht der Blumen auftragen. Zwischen den Blüten Platz für die Blätter lassen. Male mit kurzen, lockeren Pinselstrichen. Der Farbauftrag ist sehr dünn, der Hintergrund darf durchscheinen. Du kannst die Anordnung der Blüten vorher skizzieren und später noch weitere Blüten einfügen.

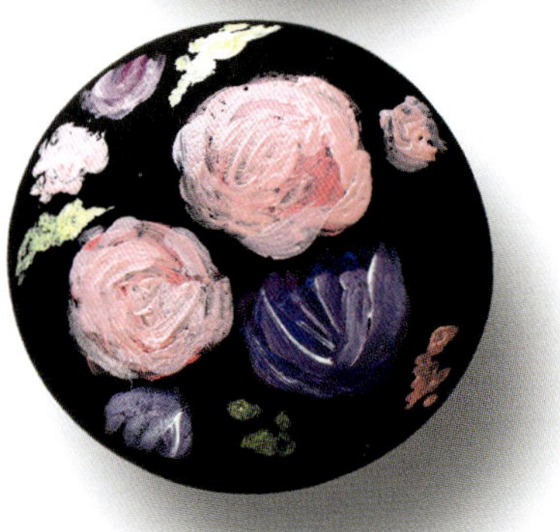

4. Für die zweite Farbschicht der Blüten einen anderen Farbton derselben Farbe verwenden. Nach Belieben weitere Blüten hinzufügen.

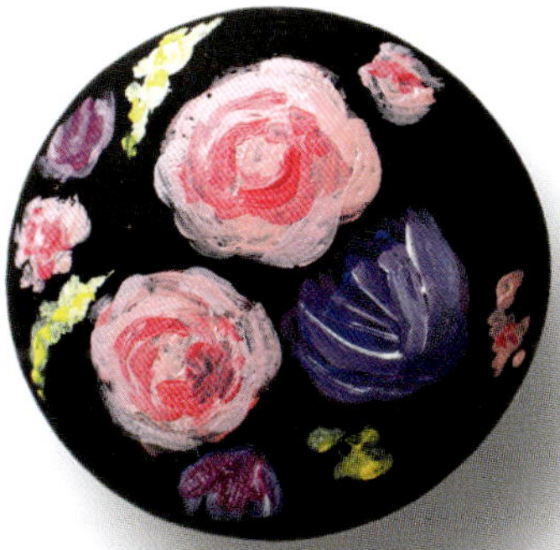

5. Jede Blüte mit einem dritten, kräftigeren Farbton ausarbeiten.

6. Zwischen den Blüten die Blätter einfügen. Genug Platz für Blätter in einer anderen Farbe lassen.

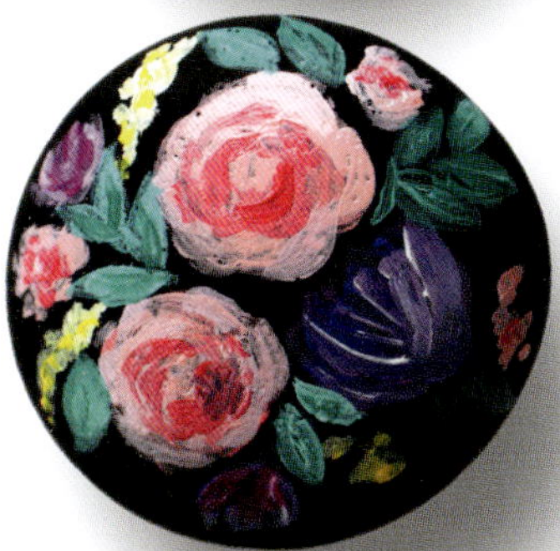

7. Weitere Blätter in verschiedenen Größen und einer anderen Farbe malen.

8. Zuletzt einige weiße Lichtreflexe auf den Blüten einfügen. Die Zentren der rosa Blüten habe ich gelb ausgefüllt. Die Blätter bekommen Lichter in Gelb und Hellgrün.

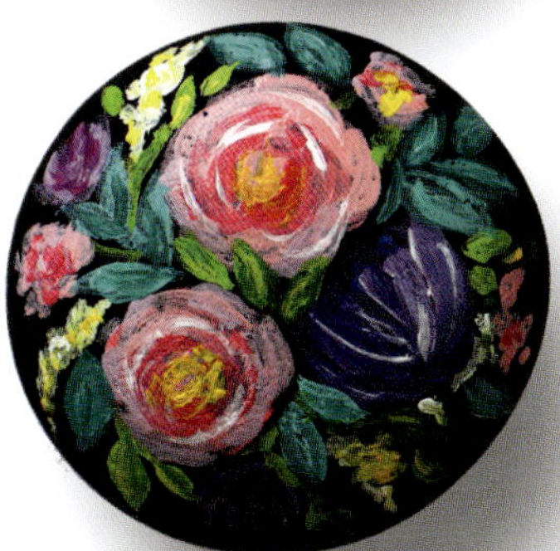

9. Vollständig trocknen lassen, dann versiegeln (siehe Kapitel 2).

Die Blüten können als Hauptmotiv dienen. Du kannst aus Blüten aber auch Bordüren oder einen Rahmen gestalten und die Mitte mit einem anderen Motiv oder einem Schriftzug füllen.

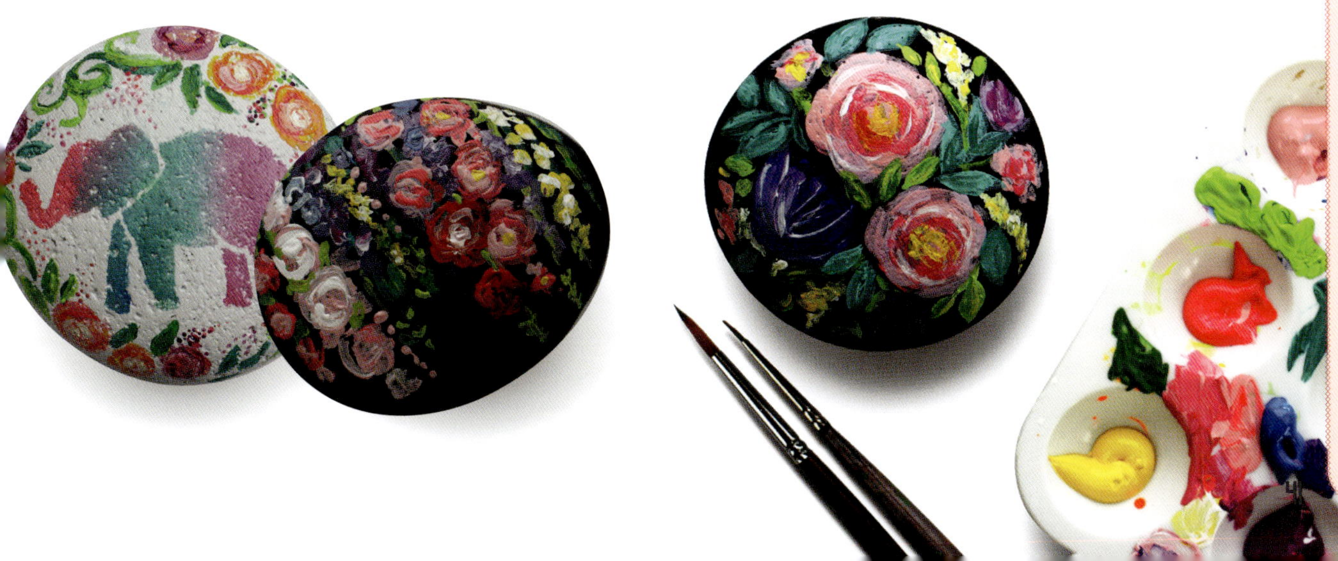

Häuser

Manche Steine bieten sich aufgrund ihrer Form für bestimmte Motive an, beispielsweise Häuser. In diesem Fall bildet der Stein selbst die Kontur des Motivs. Geh am besten auf die Suche nach Steinen, die aufrecht stehen können. Bei der Ausgestaltung der Häuser darfst du deiner Fantasie freien Lauf lassen.

BUNTE MINIATURHÄUSER

Material:

- Acrylfarben
- Pinsel
- Schwarzer Marker (nach Belieben, für Details)
- Bleistift

ANLEITUNG

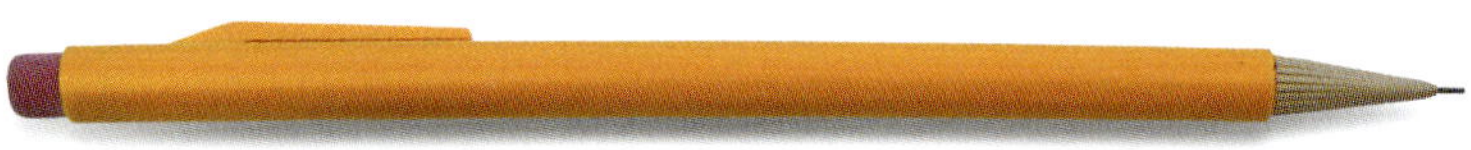

1. Die Steine weiß grundieren (siehe Seite 13).

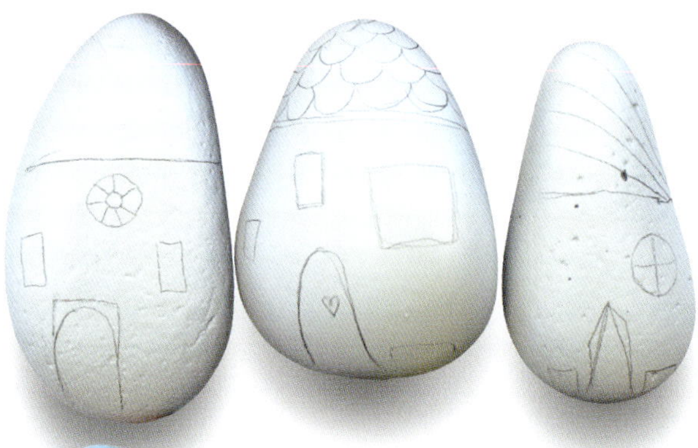

2. Hauselemente mit Bleistift auf dem Stein vorzeichnen.

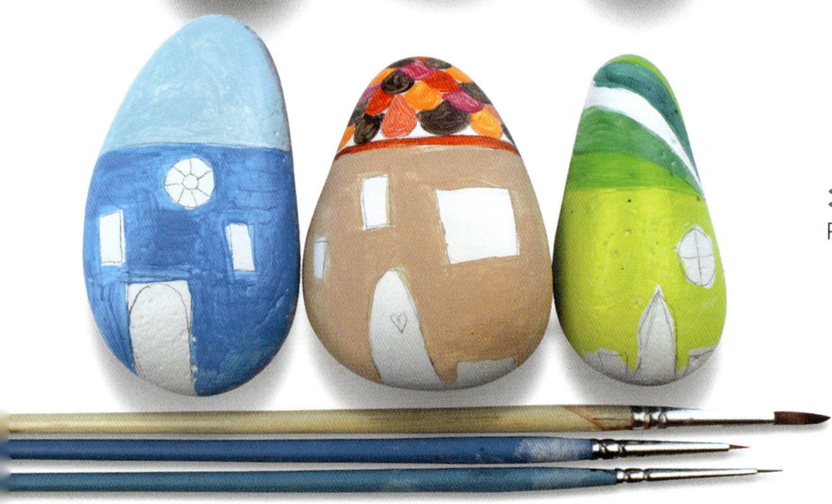

3. Die Hauptfarben – Dach und Fassade – des Hauses auftragen.

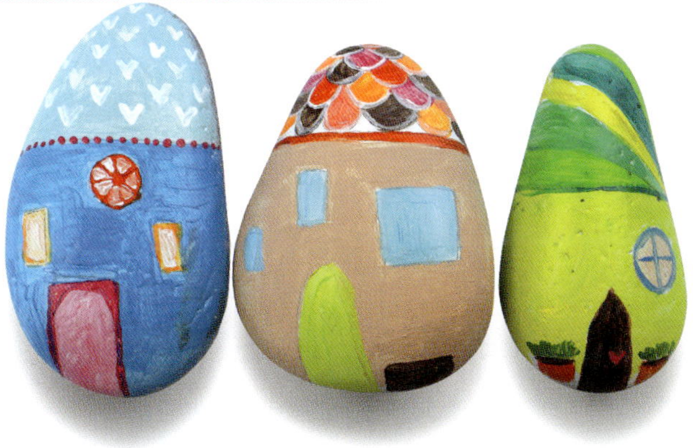

4. Dann folgen kleinere Elemente wie Türen, Fenster oder Dachpfannen.

5. Wie wäre es mit Blumenkästen, Töpfen oder Kletterpflanzen?

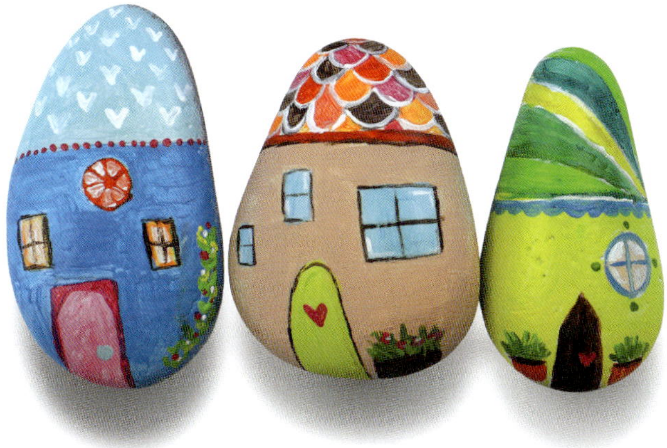

6. Die Konturen von Fenstern, Türen und anderen Details nachzeichnen, damit sie sich gut abheben.

7. Zuletzt weiße Lichtreflexe in die Fenster setzen.

Tipp

Die Farbe deckt gleichmäßiger, wenn man sie in zwei Schichten aufträgt. Mich persönlich stört es aber nicht, wenn die Pinselstriche noch erkennbar sind.

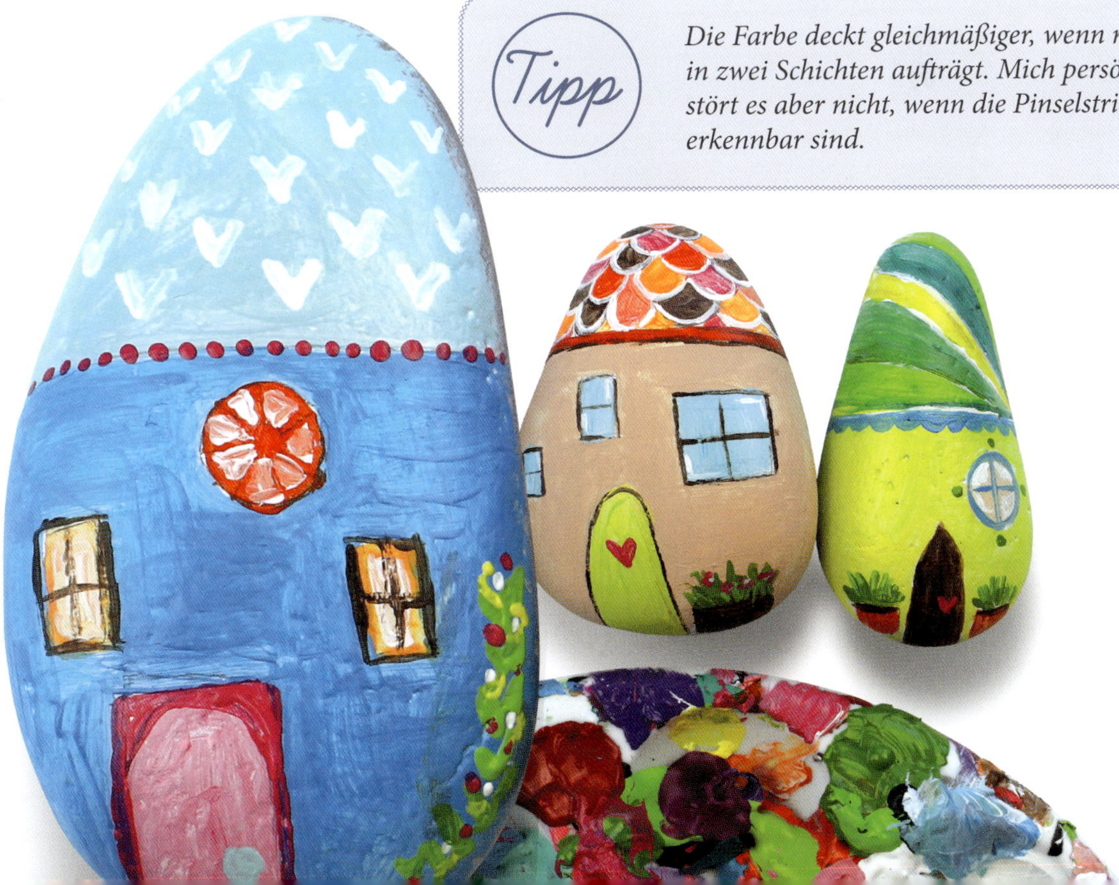

Menschen

Bemalte Steinfiguren können ausgesprochen lustig aussehen. Ich setze sie am liebsten aus zwei Steinen zusammen: einen für den Kopf und einen für den Körper. Beine werden überschätzt. Solche Steinfiguren sind ein schönes Geschenk für Kinder und Erwachsene. Du könntest sogar eine ganze Familie malen. Hier werden die Grundtechniken für Gesichter, Haare und mehr erklärt.

Material:

- Acrylfarben
- Bleistift
- Pinsel
- Schwarzer Konturmarker (Ich verwende einen Micron-Stift, siehe Seite 55)
- Werkzeug für Punkte (nach Belieben)

ANLEITUNG

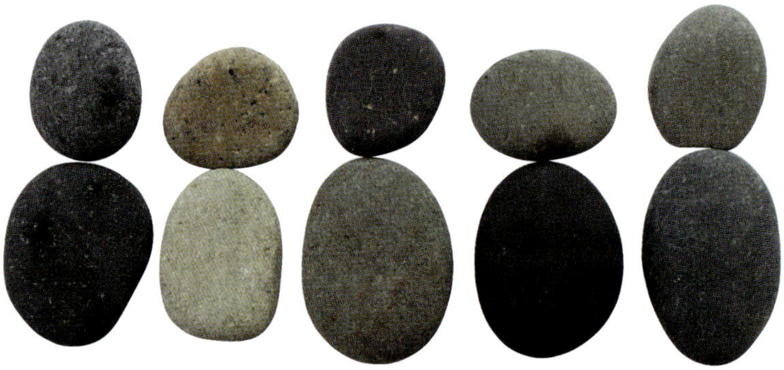

1. Zuerst Steine aussuchen, die sich für Kopf und Rumpf eignen. Ich bevorzuge eher kleine Steine (3–8 cm), du kannst aber auch größere nehmen.

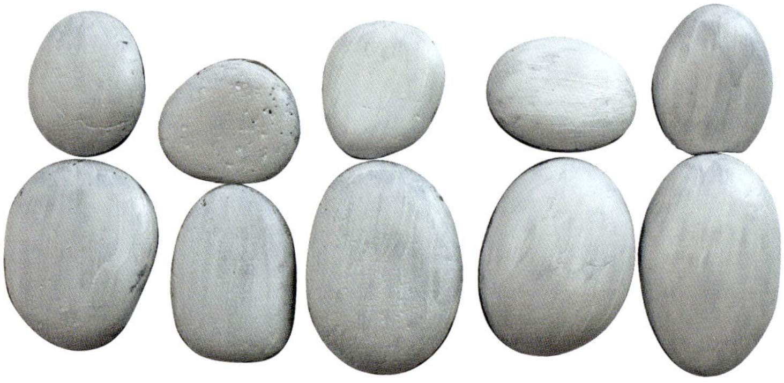

2. Die Steine weiß grundieren (siehe Seite 13).

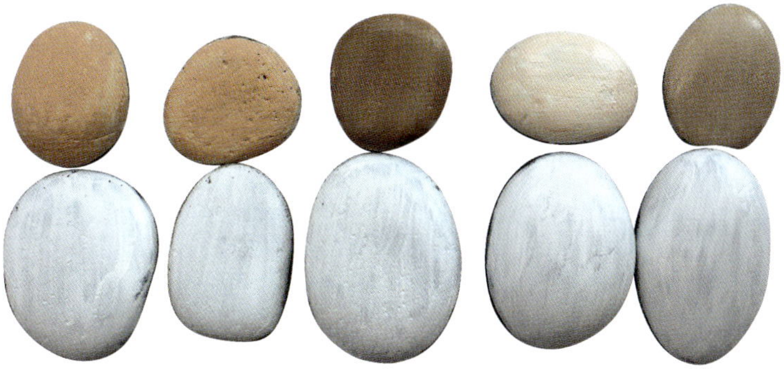

3. Das Gesicht in Hautfarbe bemalen.

4. Gesichtszüge und Haaransatz mit Bleistift vorzeichnen.

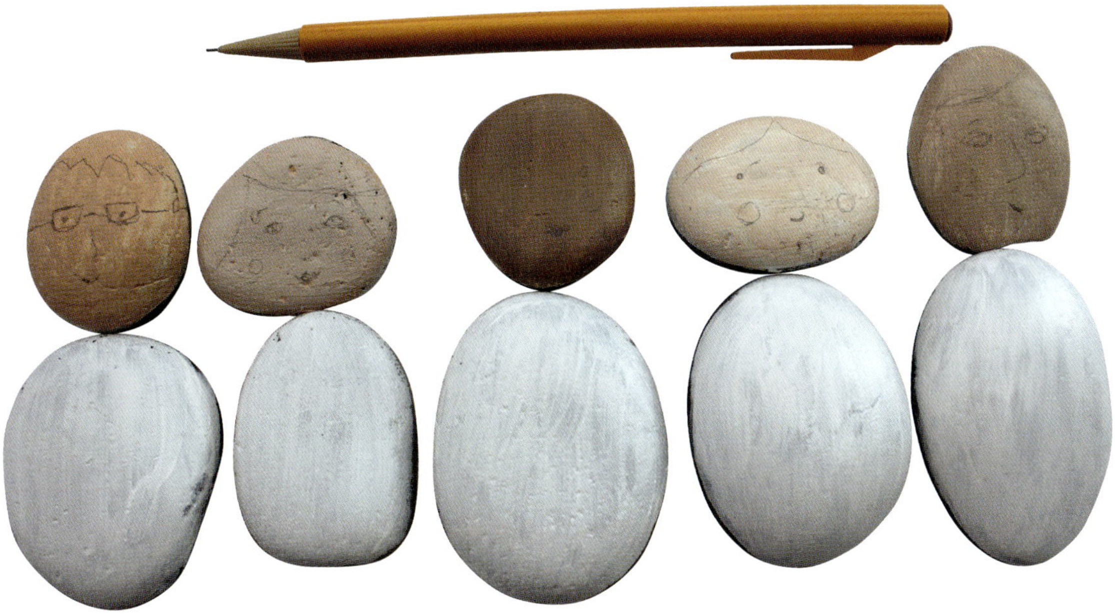

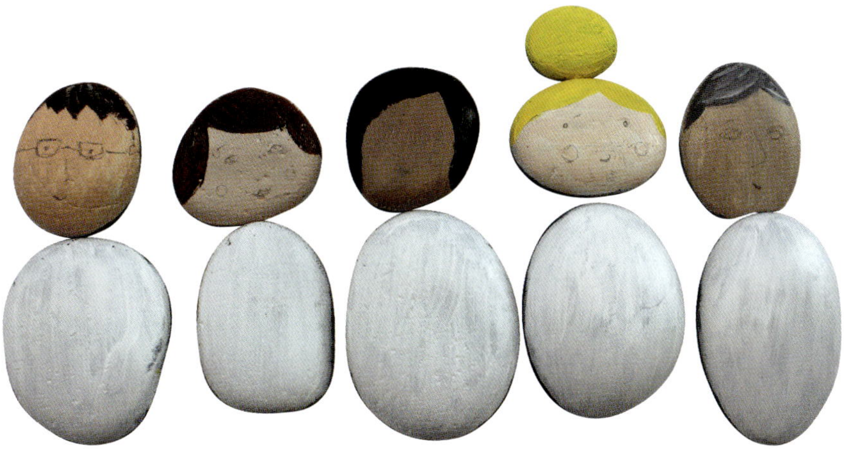

5. Die Haare malen. Ein zusätzlicher kleiner Stein dient als Haarknoten.

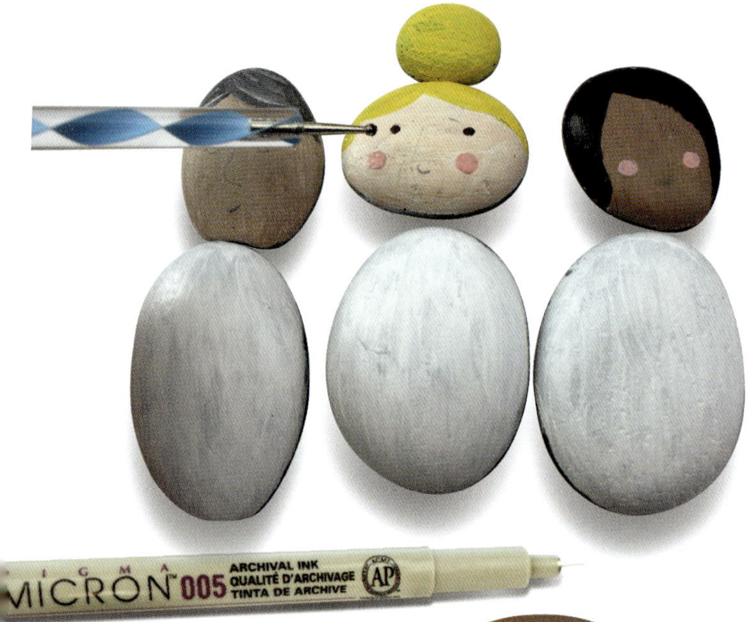

6. Größere Details des Gesichts malen. Für Augen und rosa Wangen genügen einfache Punkte (siehe Seite 29), die ich mit einem Nail-Art-Werkzeug aufgetupft habe.

7. Wenn die Farbe ganz trocken ist, mit dem schwarzen Marker Details der Haare, Umrisse der Augen, Wimpern, Nase und Mund einzeichnen.

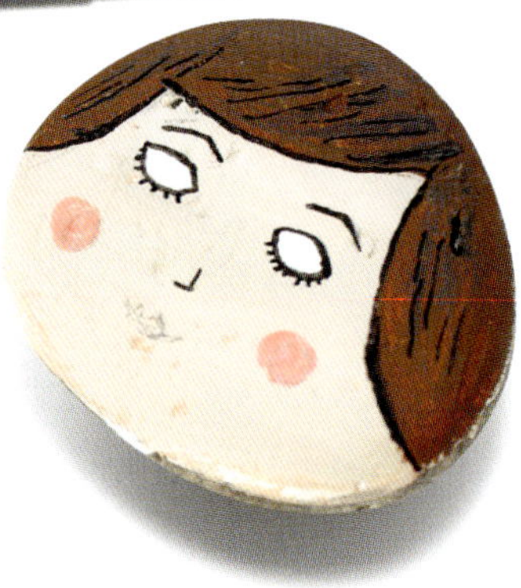

8. Nun die Kleidungsmerkmale mit Bleistift vorzeichnen.

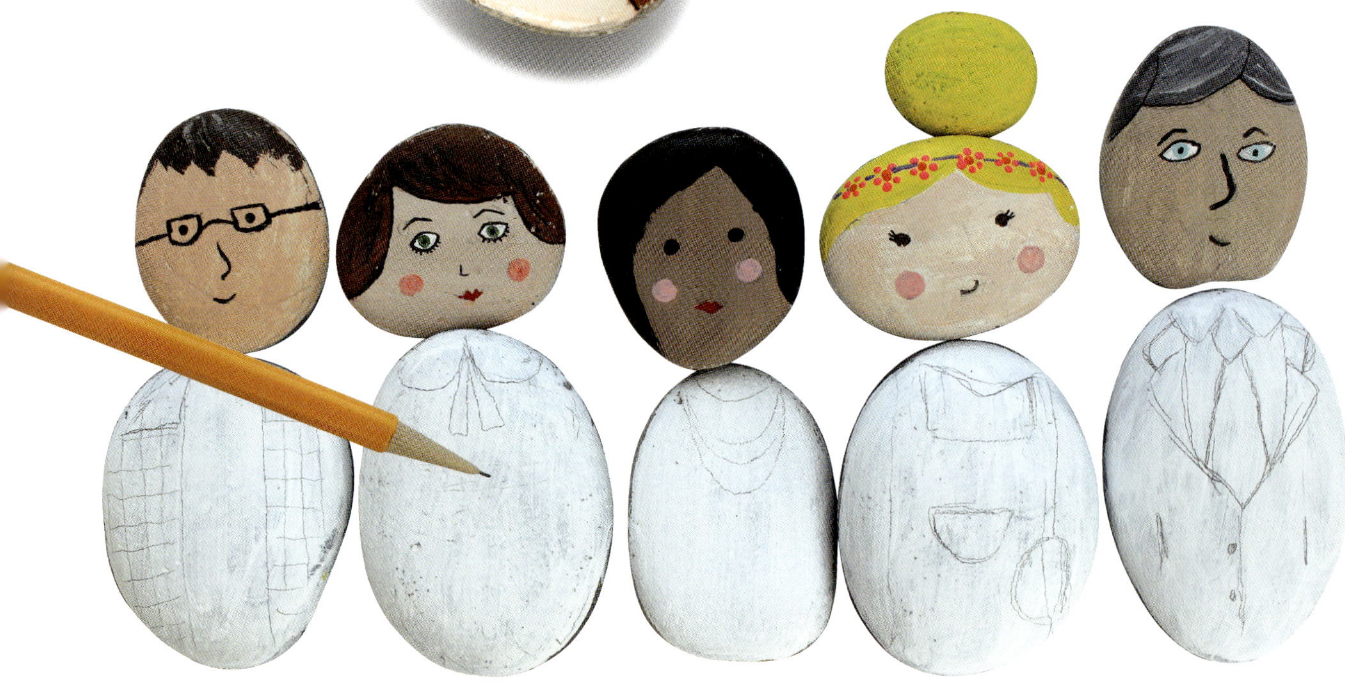

9. Die Kleidung mit einem dünnen Pinsel malen. Trocknen lassen, dann erst weitere Farben oder Details hinzufügen.

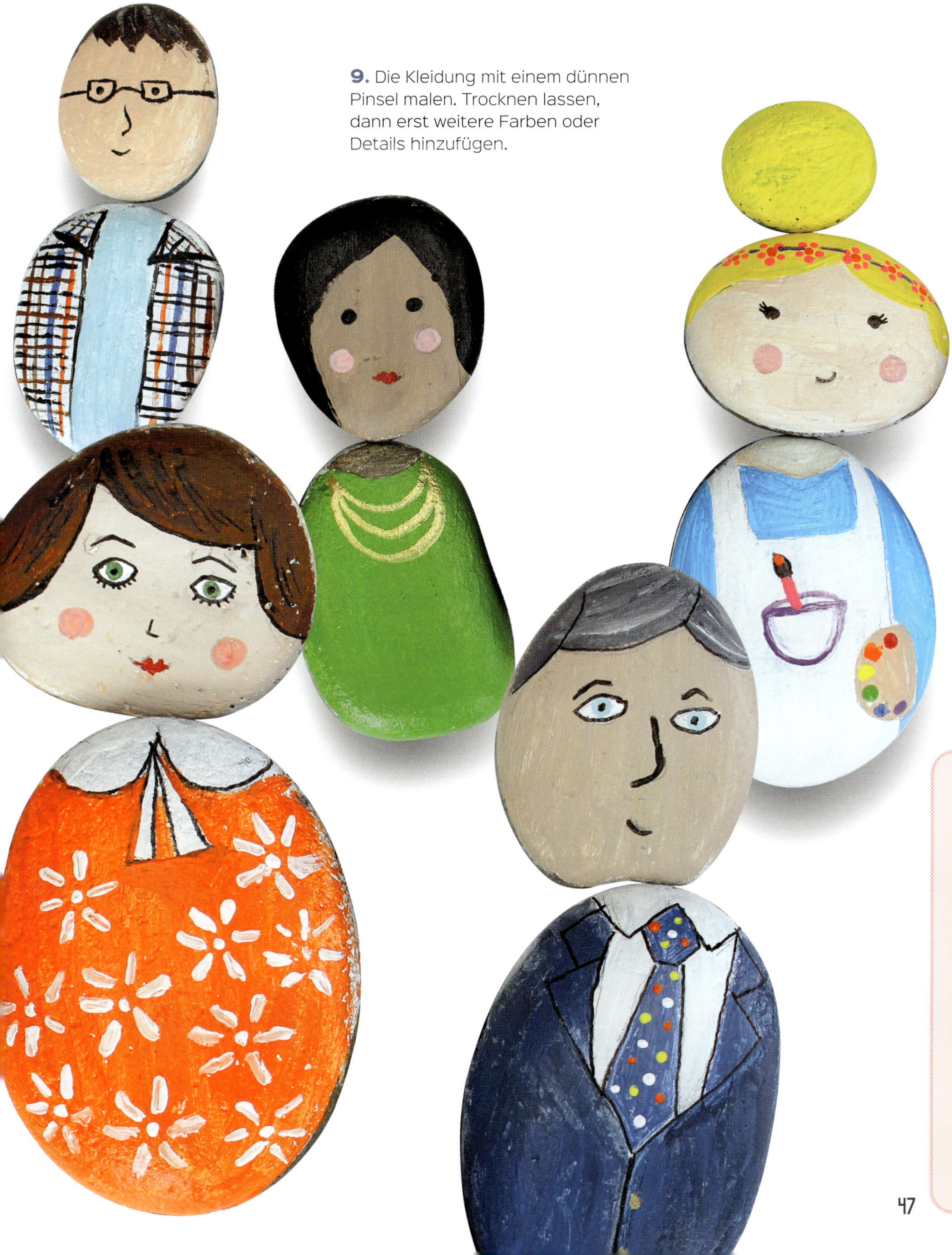

Hennamuster

Material:

- Acrylfarben
- DecoArt Ultra-Fine Writer Tip (hier abgebildet) oder Farbe in Applikatorflaschen mit sehr dünner Spitze

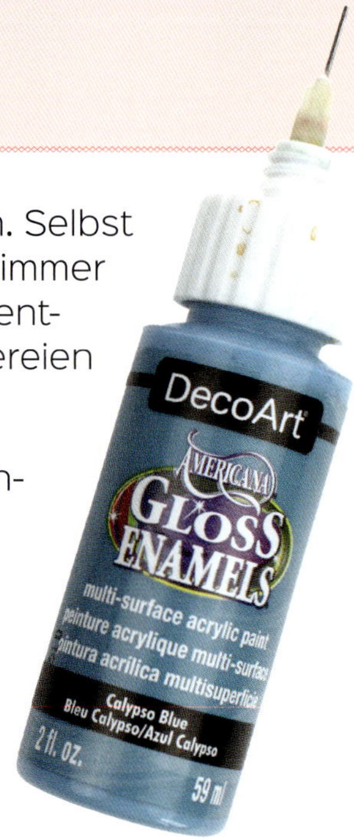

Es ist schwierig, mit Acrylfarben zarte Muster zu malen. Selbst mit sehr dünnen Pinseln gelingen dünne Striche nicht immer perfekt. Darum war ich begeistert, als ich ein Zubehör entdeckte, mit dem sich die feinen Muster von Hennamalereien auf Steinen nachempfinden lassen.

Die aufschraubbare Applikatorspitze eignet sich ausgezeichnet für Schriften und andere feine Linien. Der Aufsatz wird einfach auf eine Plastikflasche mit Acrylfarbe geschraubt. Ich habe festgestellt, dass sie nicht nur auf die Flaschen der Marke DecoArt passt, sondern auch auf andere. In der Kappe befindet sich eine Nadel, die verhindert, dass die Schreibspitze verstopft.

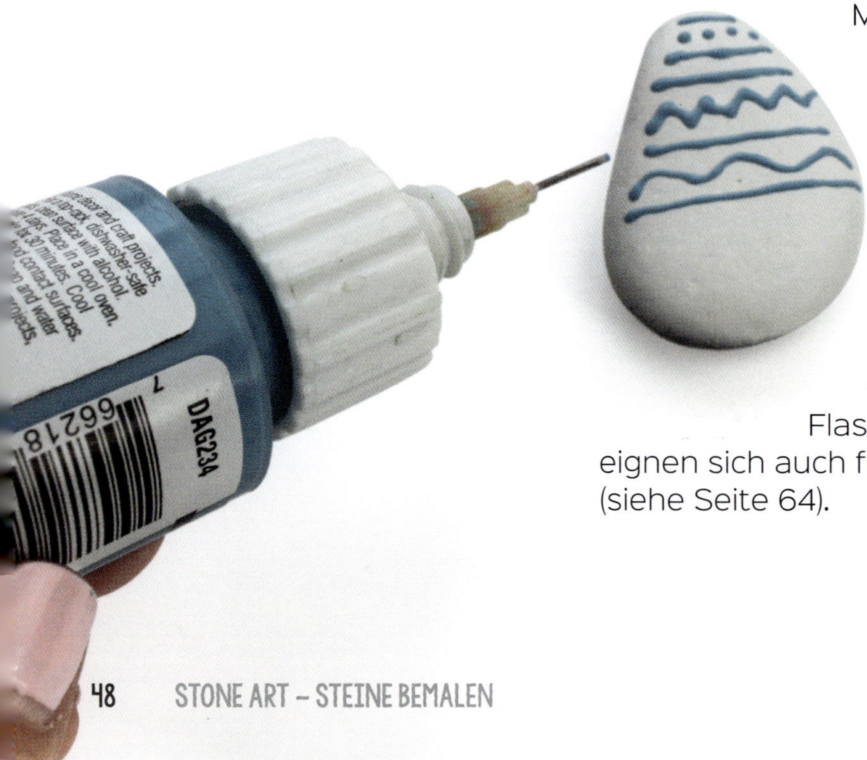

Mit dieser aufgeschraubten Spitze ist es viel einfacher, filigrane Muster nach dem Vorbild der Hennamalerei auf Steinen zu gestalten. Ich empfehle die Anschaffung mehrerer Spitzen, weil es etwas mühsam ist, die Spitze bei jedem Farbwechsel auszuwaschen und auf eine andere Flasche zu schrauben. Die Spitzen eignen sich auch für Mandalas und Zentangles® (siehe Seite 64).

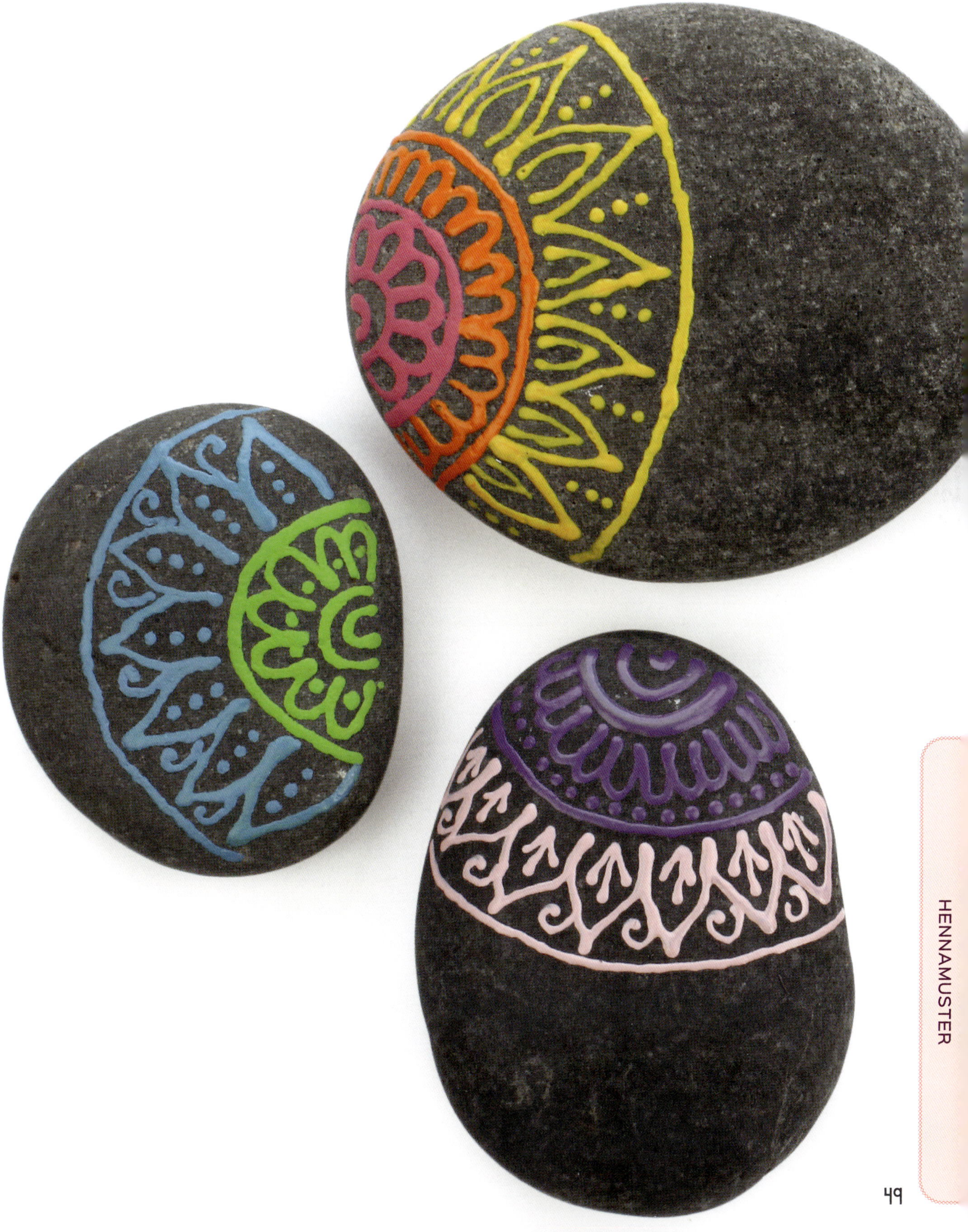

KAPITEL 4

MARKER UND STIFTE

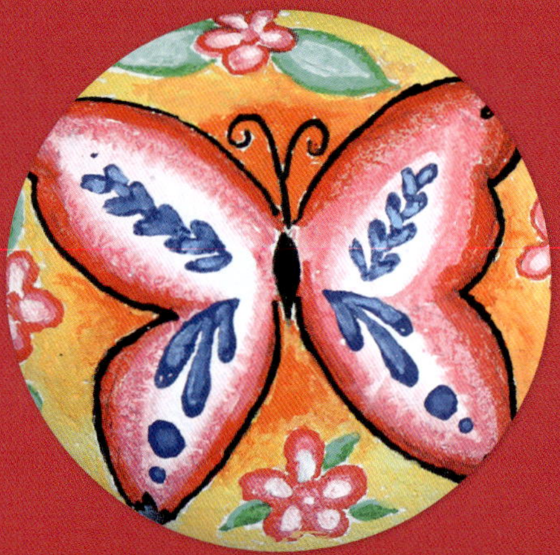

Wer gern Steine bemalt, kommt an Markern und Stiften nicht vorbei. Ob detailreiche Zeichnungen oder weiche, fließende Übergänge – es ist erstaunlich, was sich mit ihnen alles darstellen lässt. Und das Gute ist, dass man verschiedene Typen kombinieren kann. Oft wirken Malereien sogar abwechslungsreicher und interessanter, wenn auf einem Stein verschiedene Medien zum Einsatz kommen.

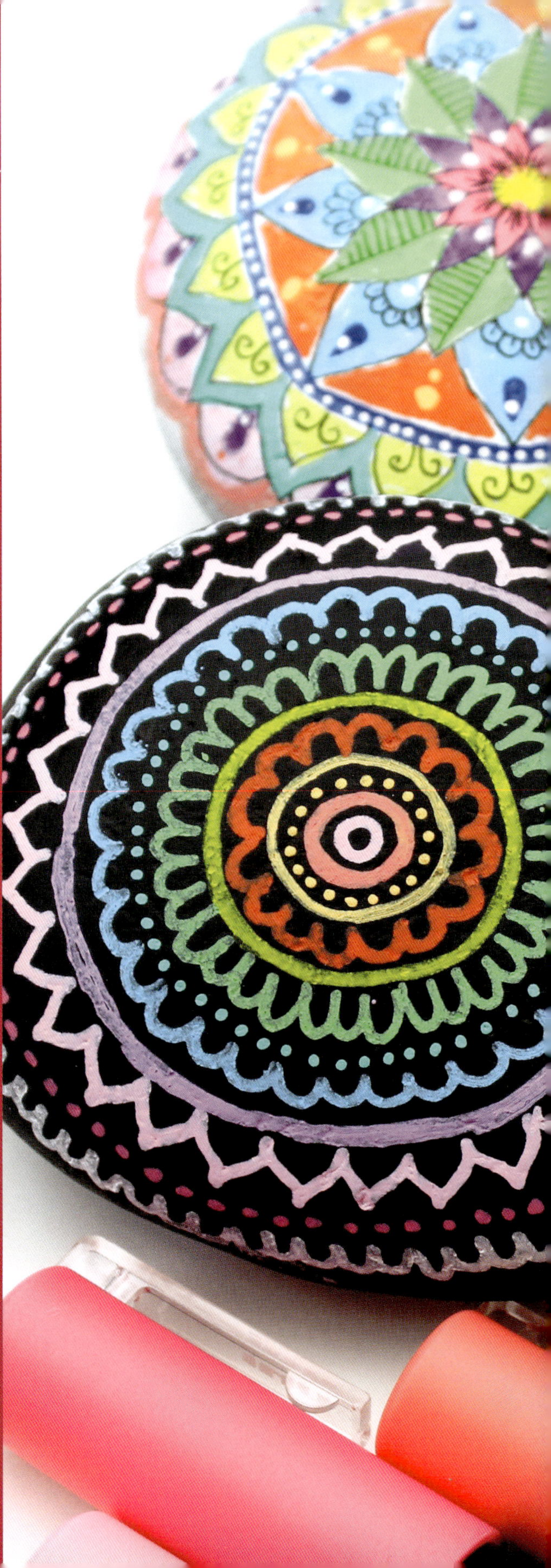

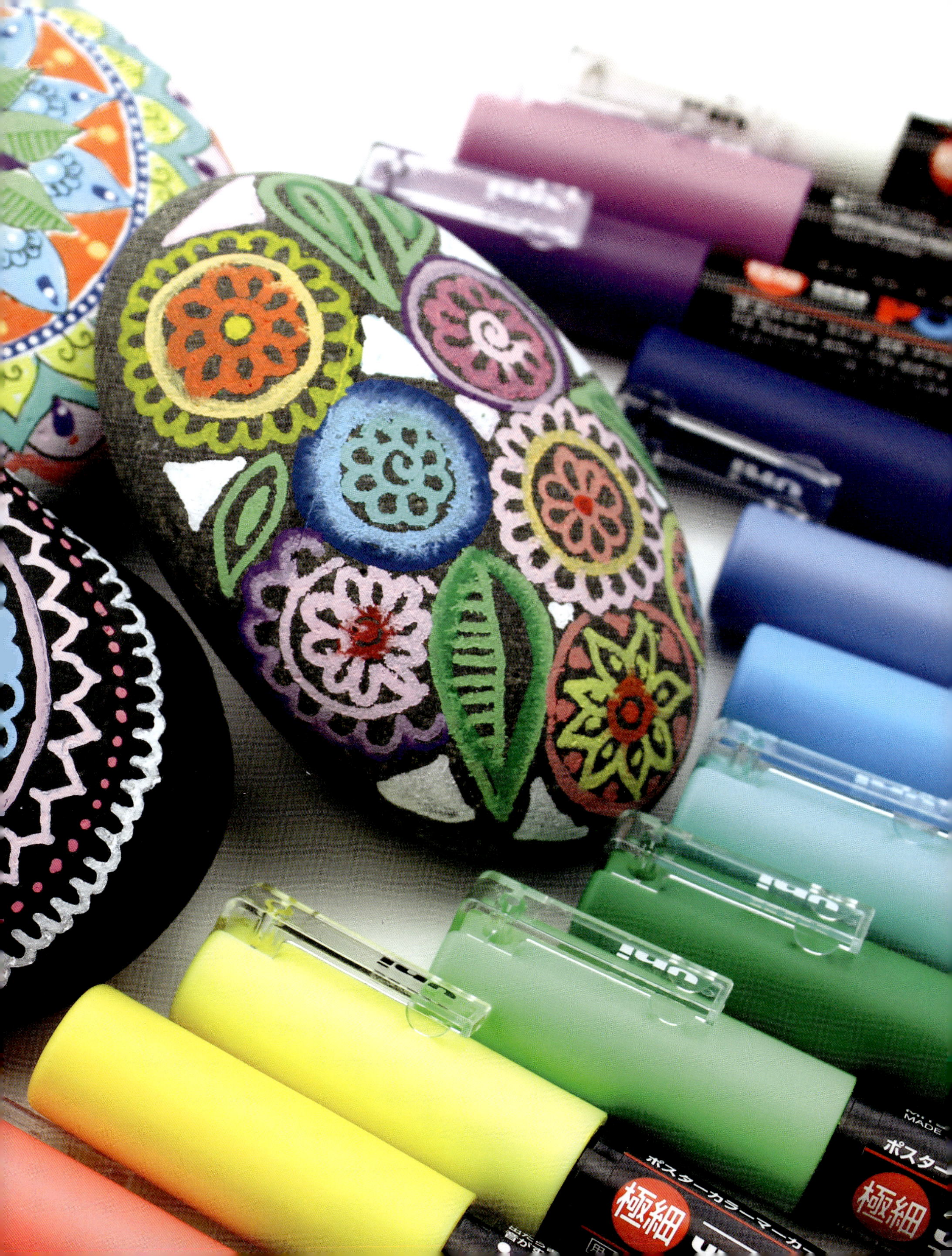
uni
極細
極細

Acrylstifte

Wer gern mit kontrollierten Strichen malt, sollte solche Stifte ausprobieren. Es gibt hierzulande verschiedene Hersteller mit unterschiedlichem Sortiment. Lass dich von den Farben und Malspitzen begeistern.

Posca Paint Marker

Diese Stifte enthalten eine ungiftige Farbe auf Wasserbasis, die auf Steinen und anderen glatten wie porösen Untergründen dauerhaft haftet. Die Stifte sind online und im Fachhandel erhältlich.

STÄRKEN UND FARBEN

STÄRKEN

- Ich bevorzuge die extrafeine Spitze PC-1M für detailreiche Mandalas und andere filigrane Motive. Für noch feinere Zeichnungen eignet sich die ultrafeine Spitze PC-1MR.
- Wenn du auf größeren Steinen arbeitest oder mit den Stiften größere Flächen ausfüllen willst, solltest du die feine Spitze PC-3M oder die mittlere Spitze PC-5M verwenden.
- Es gibt diese und ähnliche Stifte auch mit breiter und extrabreiter und abgeschrägter Spitze.

FARBEN

Neben Standardfarben gibt es auch Pastell-, Metallic- und Glitzerfarben. Standard- und Pastellfarben verwende ich am häufigsten.

Artistro Paint Pens

Auch diese Stifte eignen sich gut für die Steinmalerei. Für detailreiche Motive verwende ich die extrafeine Spitze. Der Farbfluss ist sehr gut und die Farbe trocknet schnell. Auch Kinder kommen gut mit diesen Stiften zurecht.

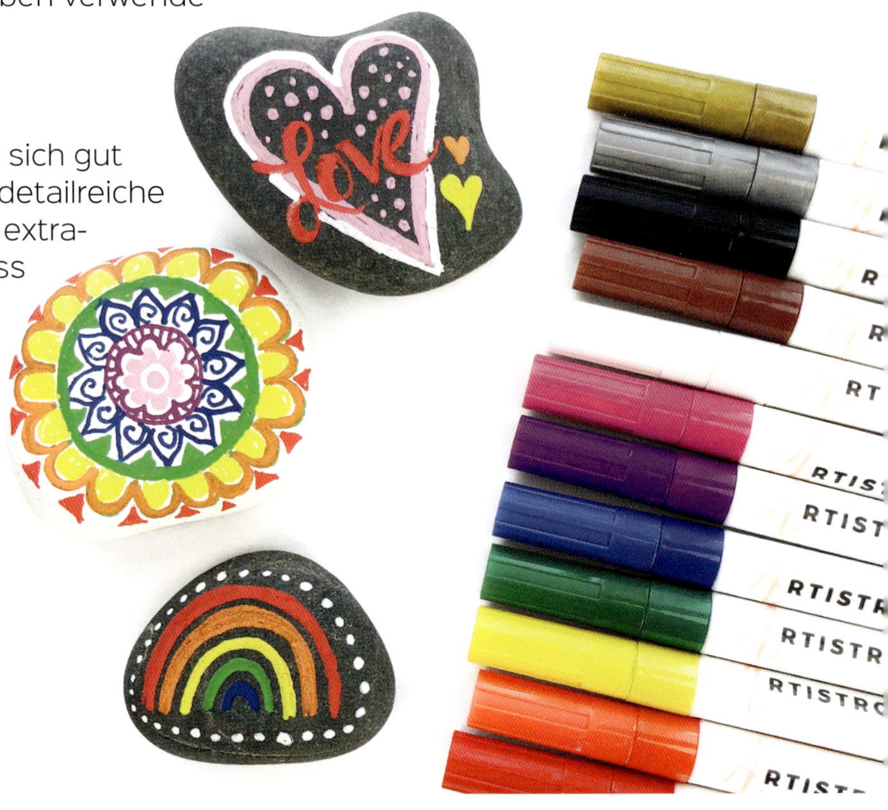

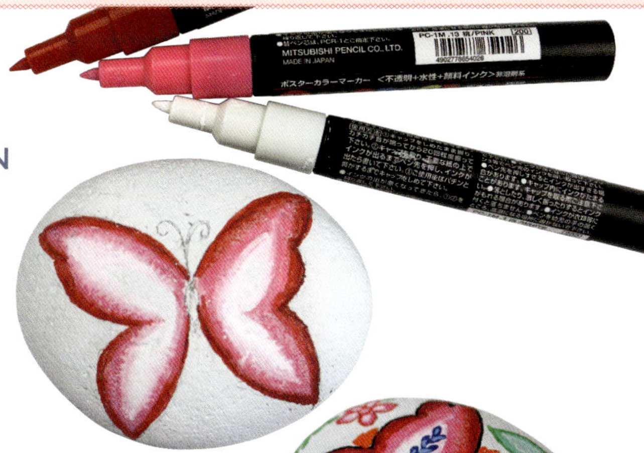

TIPPS FÜR DIE ARBEIT MIT ACRYLSTIFTEN

1. Den Stift mit geschlossener Kappe kräftig schütteln.

2. Mehrmals mit der Spitze kräftig auf ein Stück Papier drücken, bis die Farbe in die Spitze fließt.

3. Man kann mit den Markern direkt auf Stein malen. Auf einer weißen oder schwarzen Grundierung erhalten die Farben aber mehr Leuchtkraft.

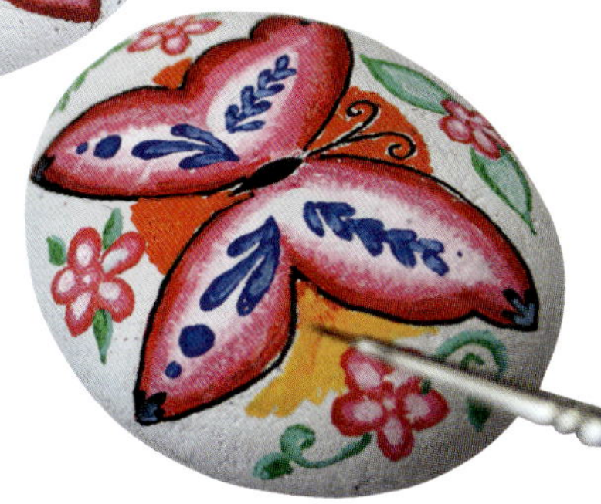

4. Zum Verwischen gibt es zwei Möglichkeiten:

- Die Farben nass direkt nebeneinander auftragen und verlaufen lassen.
- Die Farben mit einem leicht feuchten Pinsel verwischen, bevor sie getrocknet sind.

5. Die Farben können übermalt werden, wenn man sie vorher ganz trocknen lässt.

6. Acrylstifte eignen sich hervorragend für Mandalas und Zentangles® (siehe Seite 64).

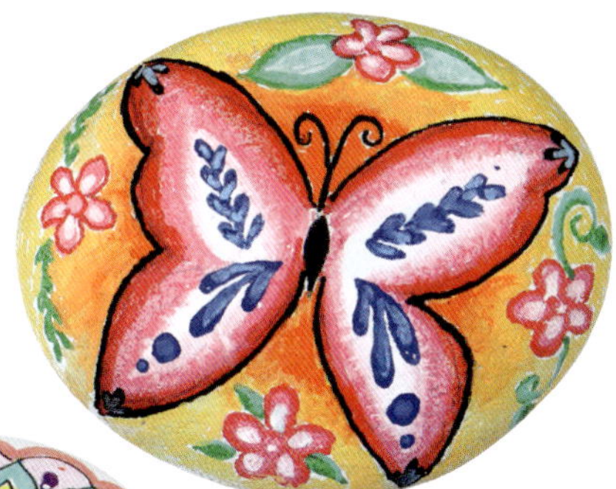

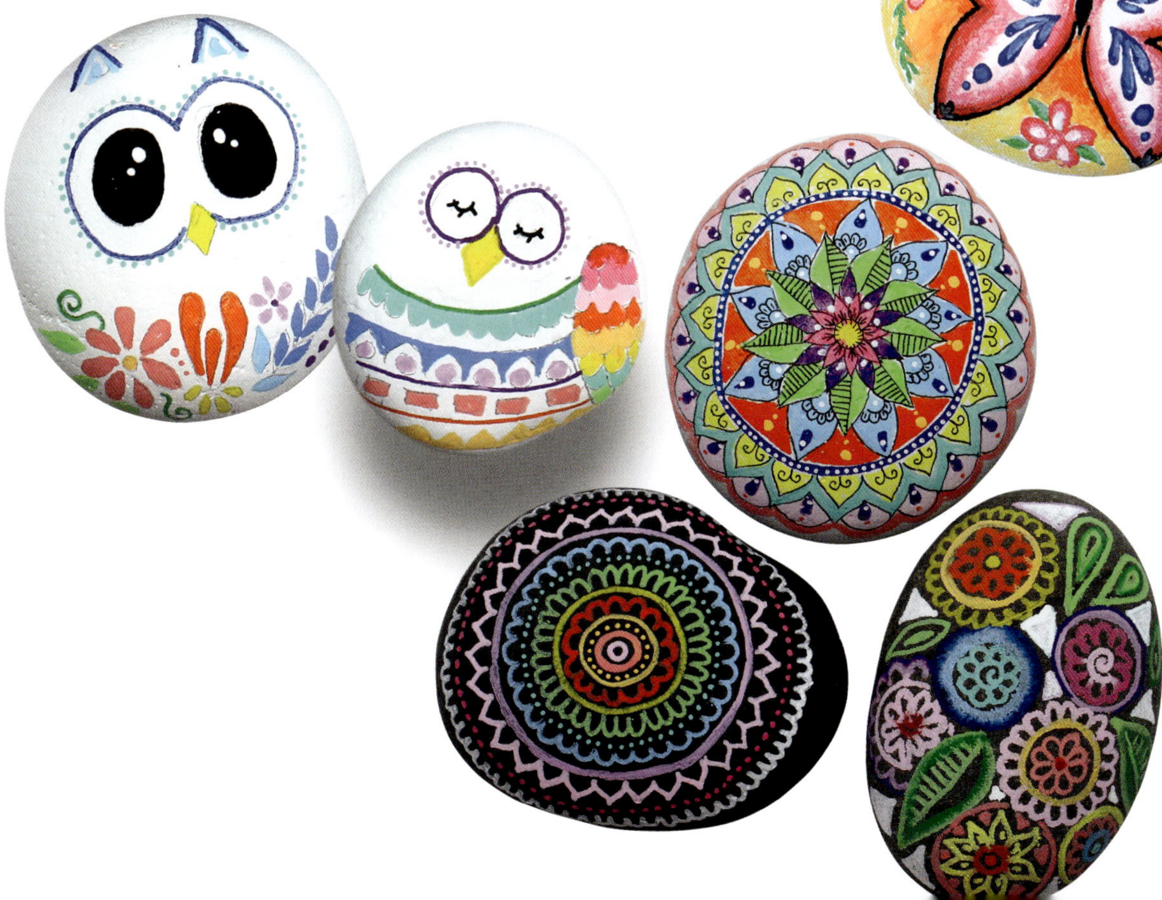

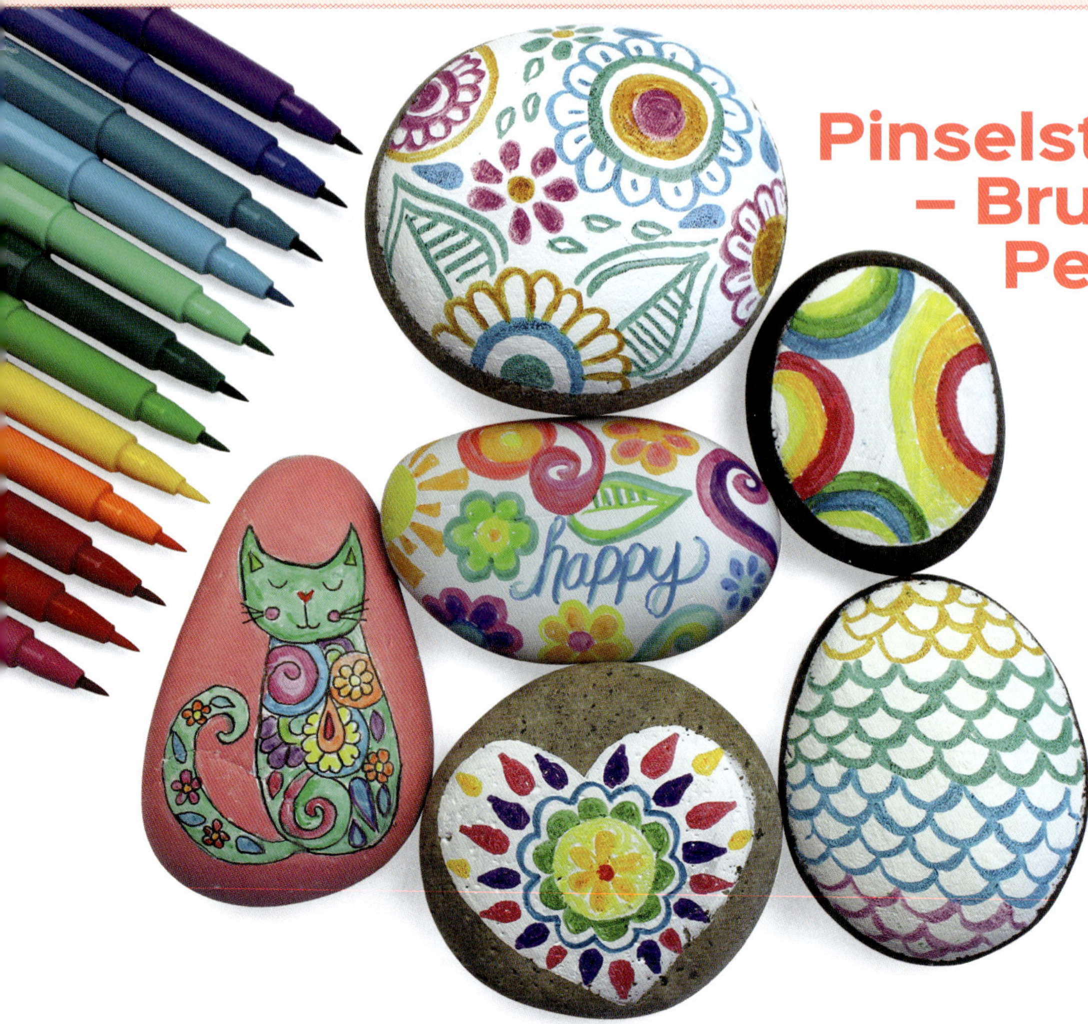

Pinselstifte – Brush Pens

Diese Stifte sind mit farbiger Tusche gefüllt und haben eine fein zulaufende Pinselspitze. Sie eignen sich gut für Zeichnungen mit einem weicheren, leicht transparenten Aussehen. Die Pinselspitze kann für detailreiche Motive und Schriften, aber auch zum Ausfüllen größerer Flächen verwendet werden. Stifte, zum Beispiel von Faber-Castell oder Arteza, sind im Künstler- oder auch im Schreibwarenfachgeschäft erhältlich.

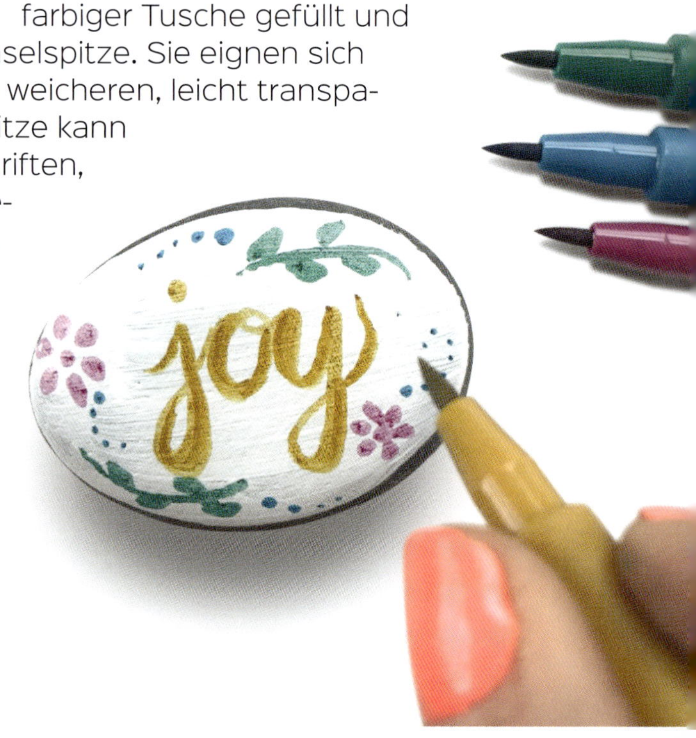

Schwarze Konturstifte

Dünne schwarze Marker braucht man, um Konturen deutlicher herauszuarbeiten. Sie sind in verschiedenen Stärken erhältlich. Wer in Kauflaune ist, nimmt gleich ein Set, denn man braucht sie ständig. Hier meine Favoriten:

1. Black Pitt Artist Pen (Tuschestift) von Faber-Castell (verschiedene Stärken)

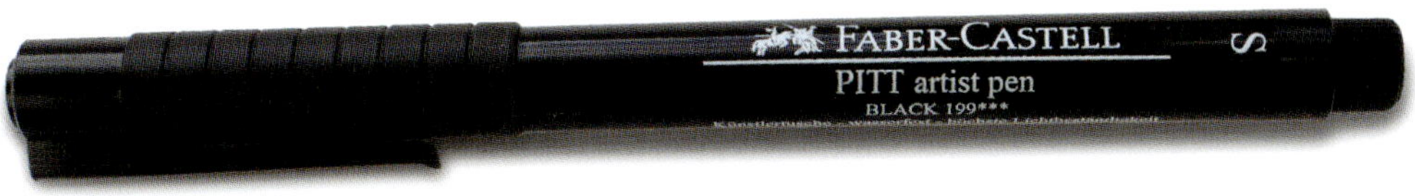

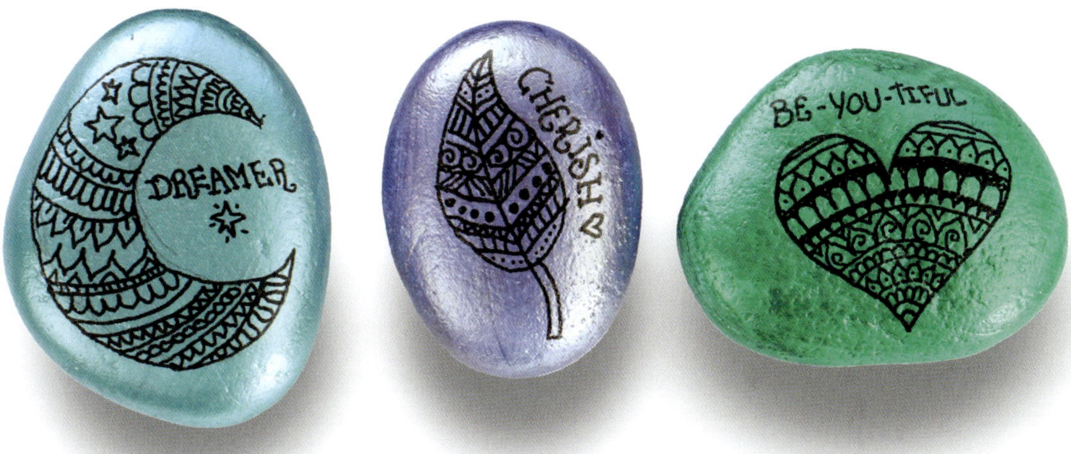

2. Pigma Micron Pen (Pigmenttintenstift) von Sakura of America (verschiedene Stärken)

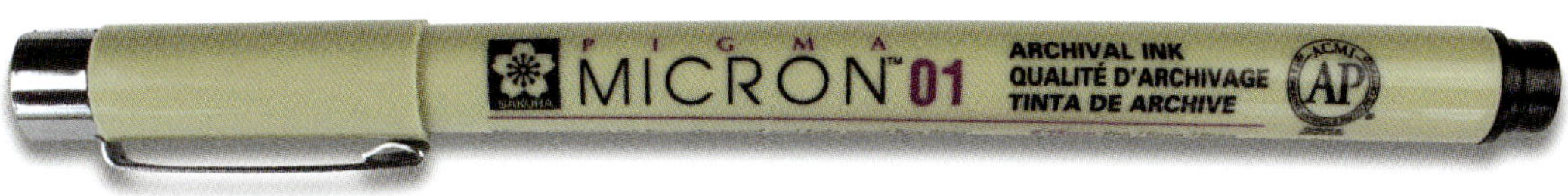

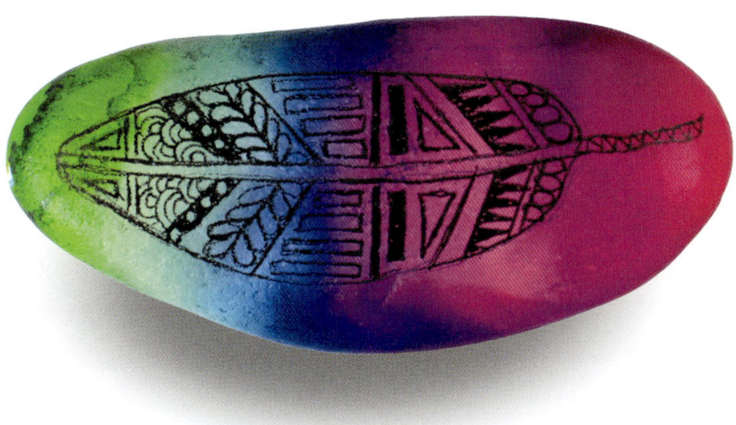

SCHWARZE KONTURSTIFTE

Gelroller

Diese Stifte gleiten wunderbar leicht, auch auf grundierten Steinoberflächen. Sie sind in vielen verschiedenen Farben erhältlich. Ich arbeite am liebsten mit den Moonlight Gelly Roll Pens von Sakura – auch hierzulande erhältlich. Die intensiven Tinten decken auf schwarzem und weißem Grund, aber auch auf rohem Stein. Auch andere Hersteller, etwa Uni-Ball, haben Gelroller im Sortiment.

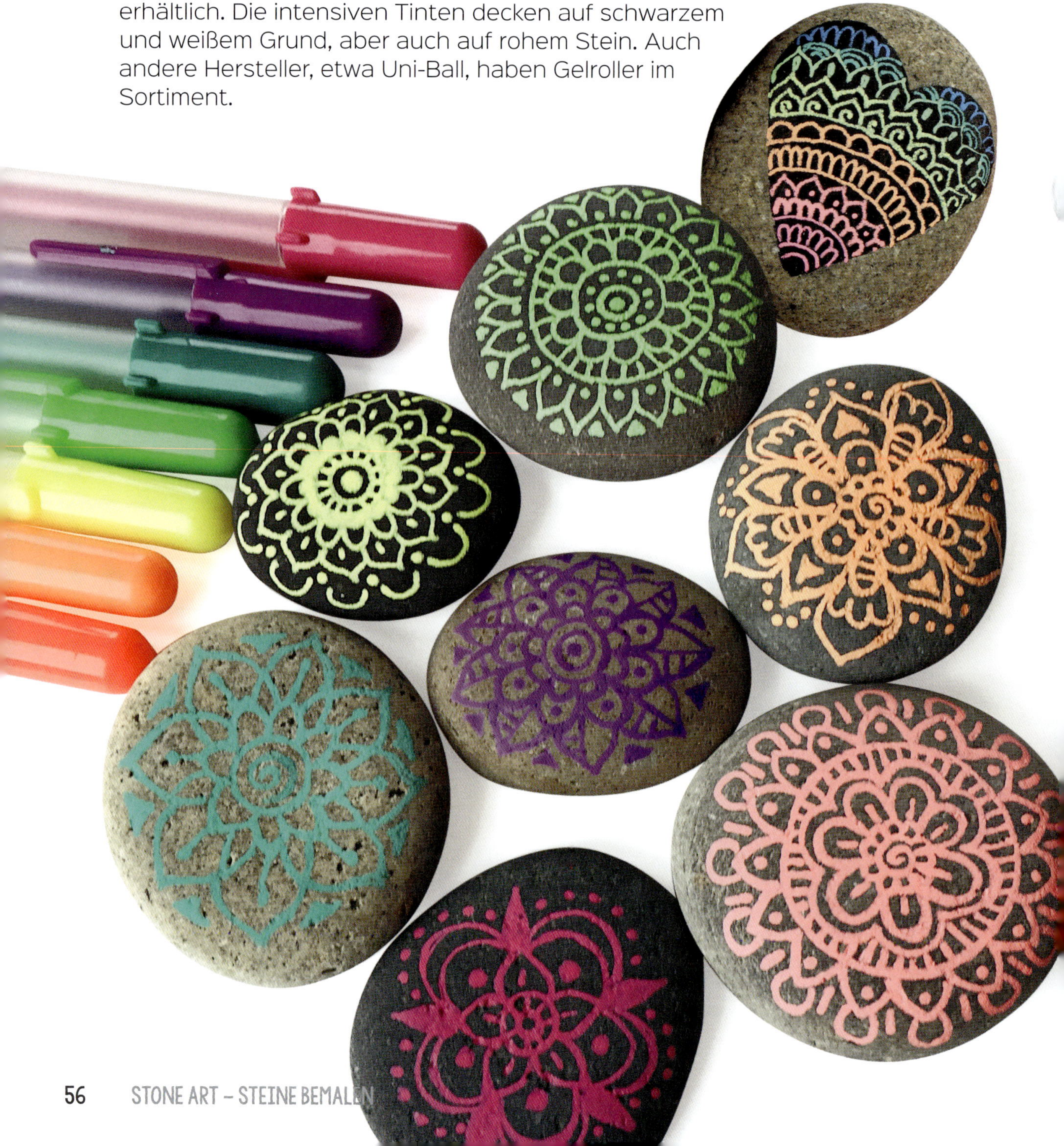

Weiße Gelstifte

Mein Favorit ist der weiße Uni-Ball Signo UM-153 Rollerball Pen, 0,6 mm. Uni-Ball ist hierzulande weit verbreitet, und es gibt den Stift auch in anderen Farben. Man kann damit auf Farbe oder direkt auf den Stein malen. Da sich die Stifte für verschiedene Zwecke eignen und nicht übermäßig teuer sind, habe ich immer einige auf Vorrat – für detailreiche Motive, Mandalas, Sterne in Galaxien, Schriftzüge und mehr.

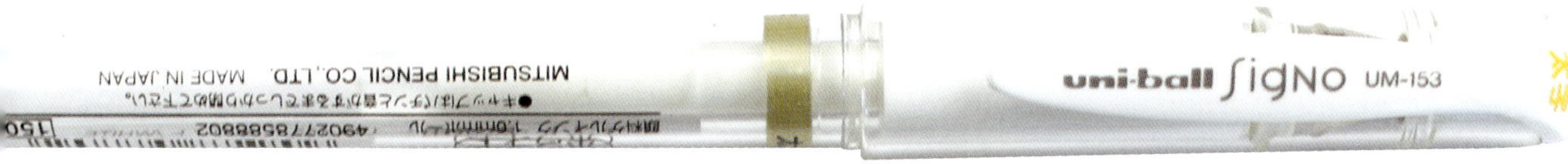

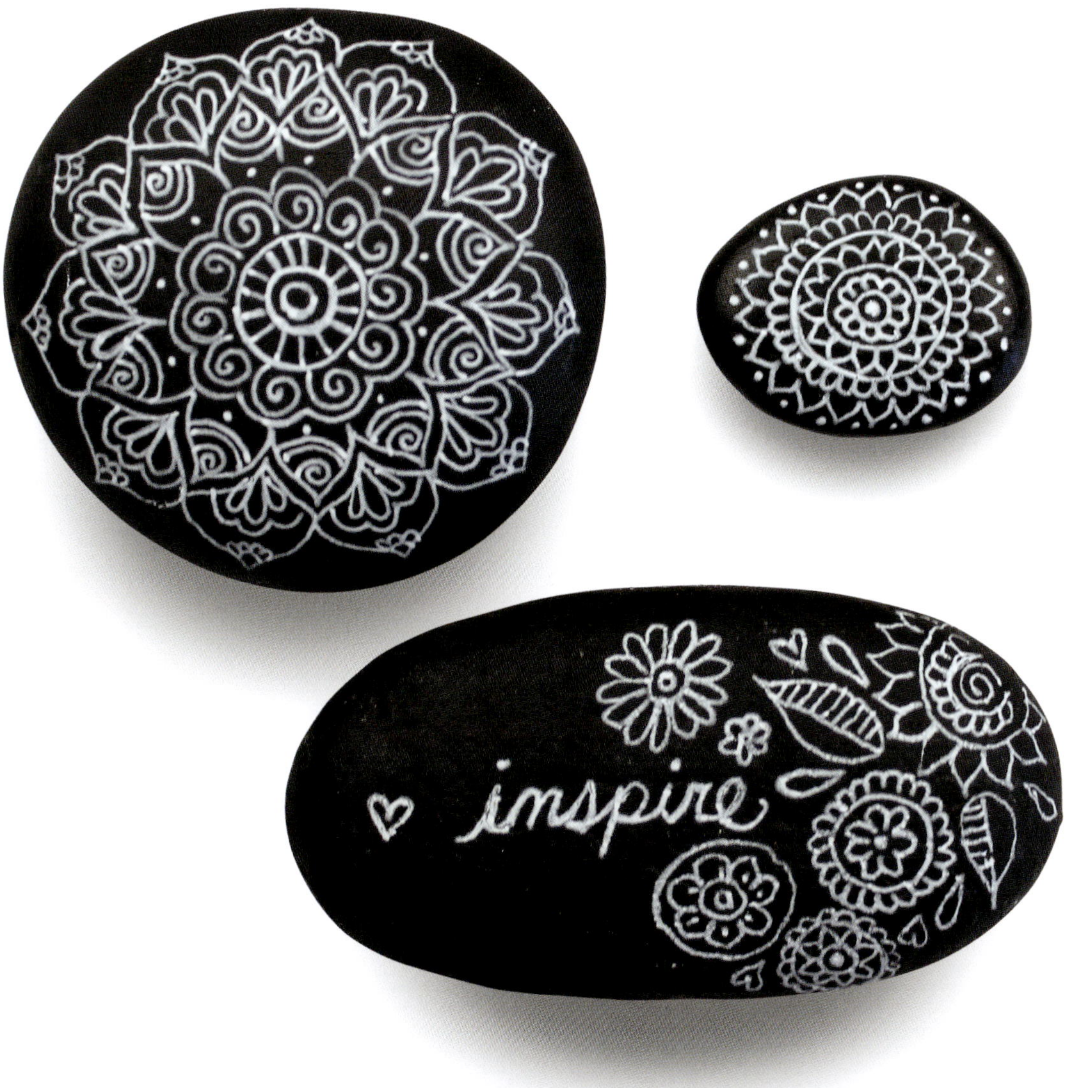

Metallicmarker

Wer Glanz und Glamour mag, braucht einige Metallicmarker, das sind Pigmentmarker auf Ölbasis. Man kann mit ihnen quasi auf jedem Untergrund arbeiten. Mir gefällt der Glanz der Marker Liquid Gold und Liquid Silver von DecoColor besonders gut. Die dünne Spitze (extra fine) eignet sich hervorragend für Details und filigrane Ornamente.

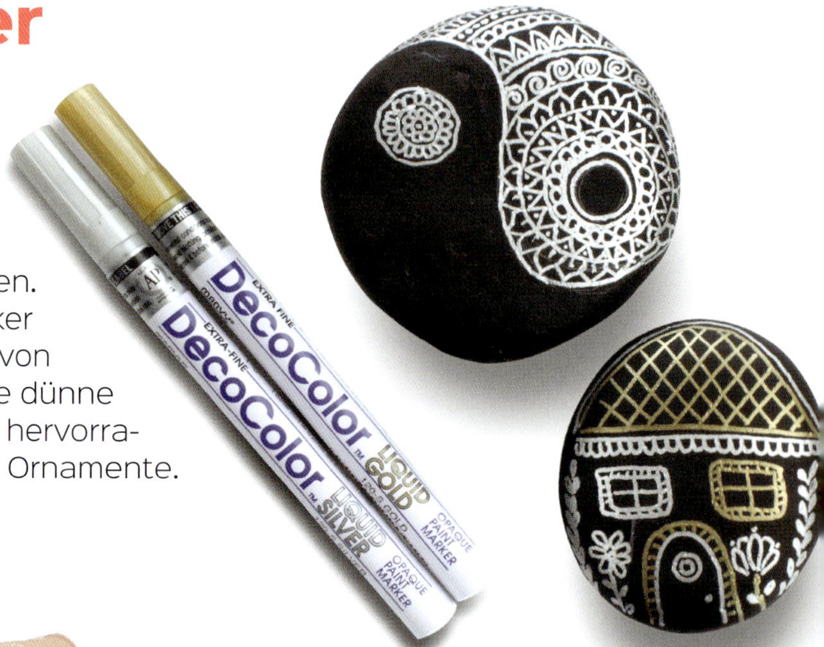

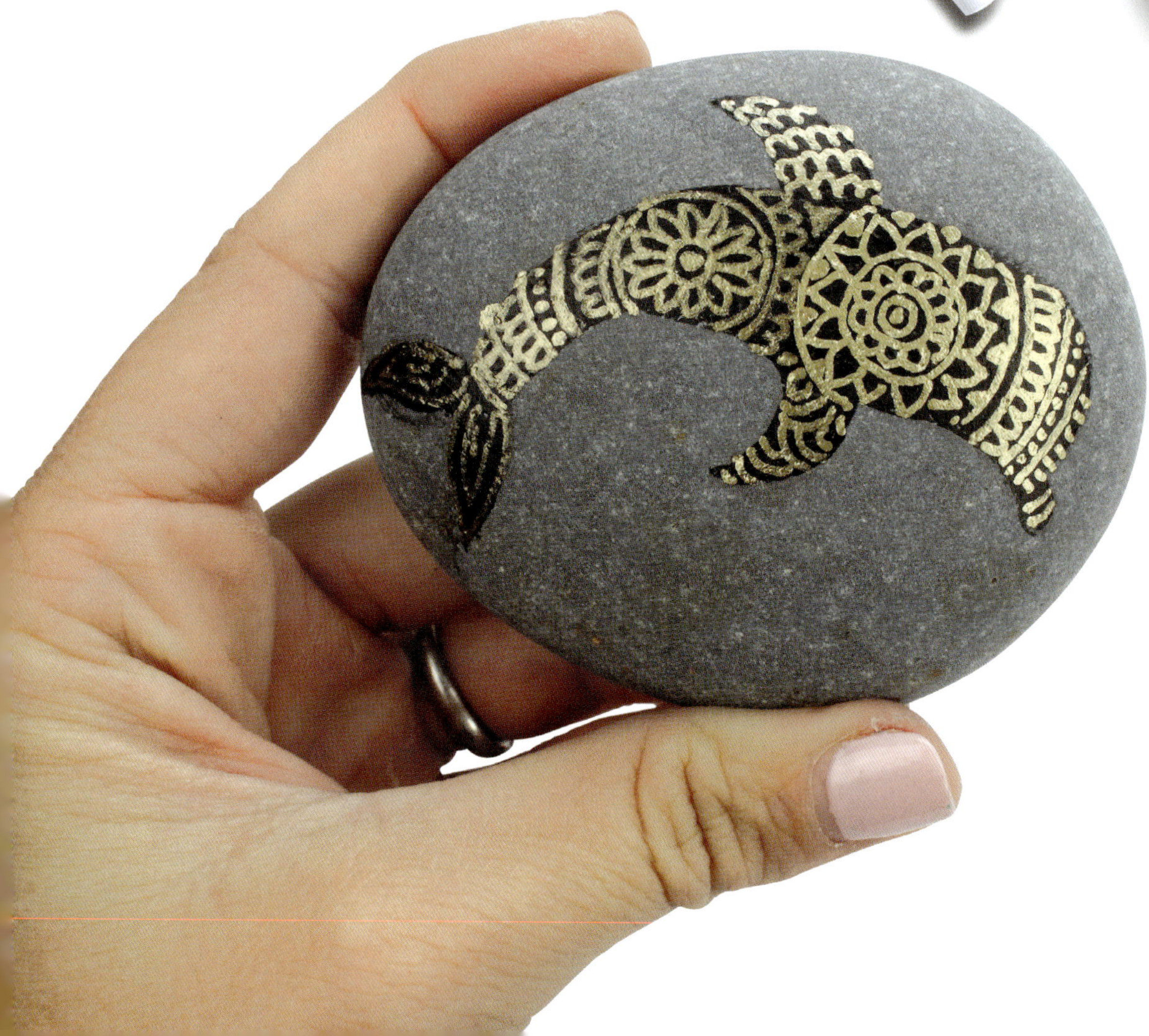

Leuchtmarker

Hättest du gedacht, dass man mit Leuchtmarkern auf Steinen malen kann? Wenn du intensive Farben magst, solltest du es einmal probieren! Male Mandalas, abstrakte oder detailliertere Motive wie Rosen damit. Wichtig ist, nicht nur mit einer Farbe zu arbeiten, sondern mehrere zu überlagern. Eine Anleitung für eine Rose findest du auf Seite 60. Wer Spaß an Leuchtfarben hat, sollte ein Set kaufen, das ist deutlich günstiger als einzelne Stifte, zum Beispiel von Sharpie.

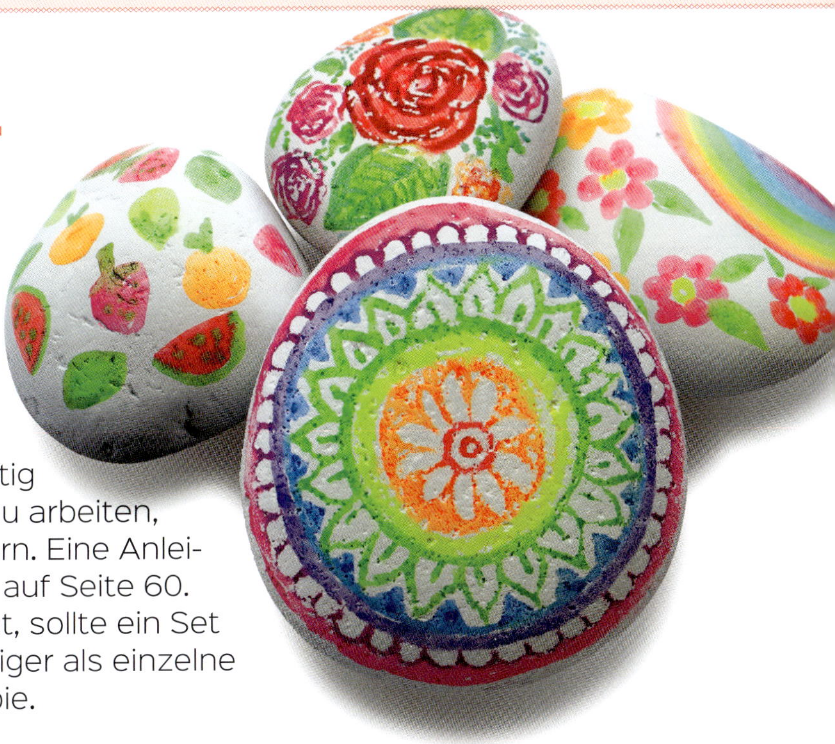

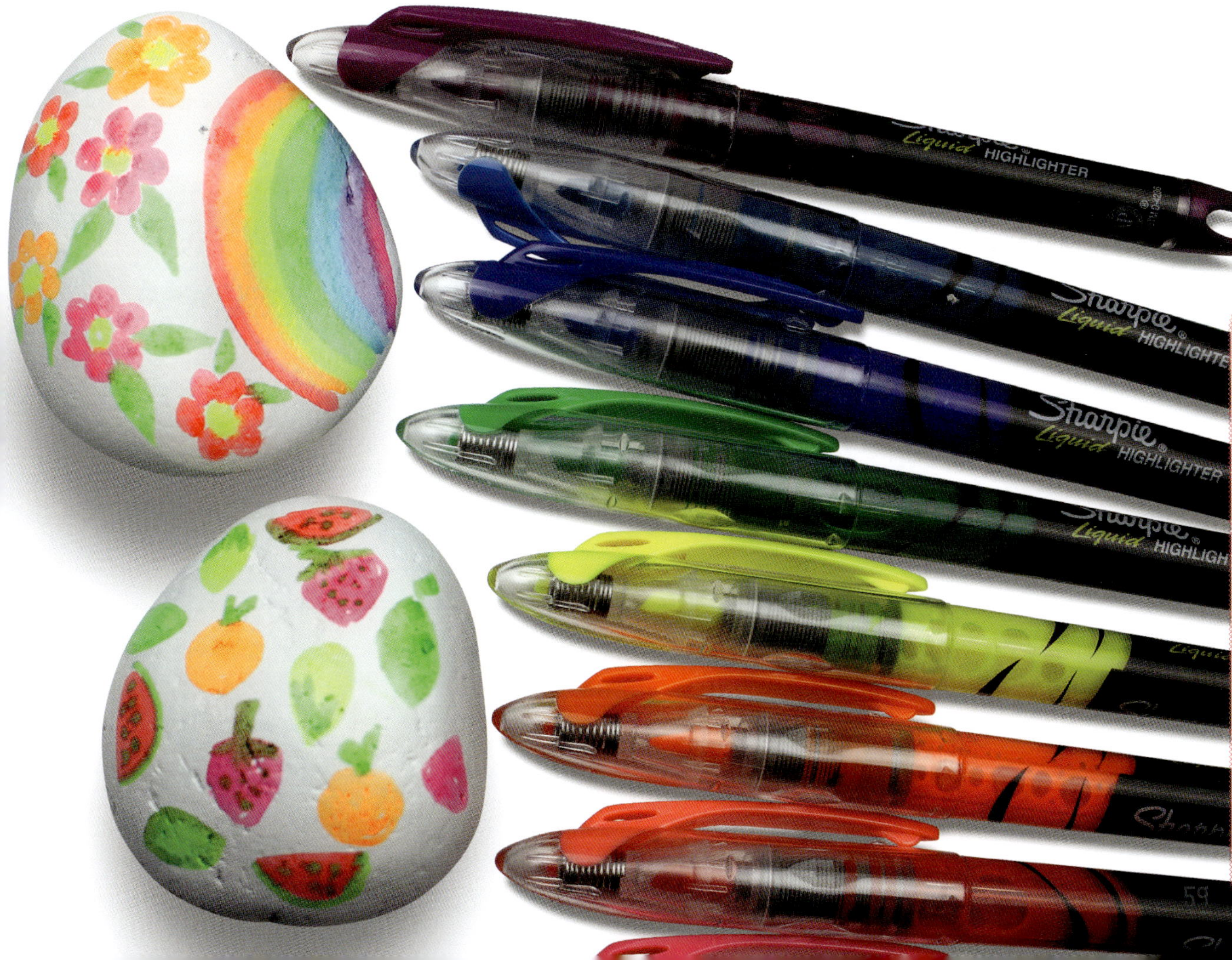

ROSE MIT LEUCHTMARKERN – SCHRITT FÜR SCHRITT

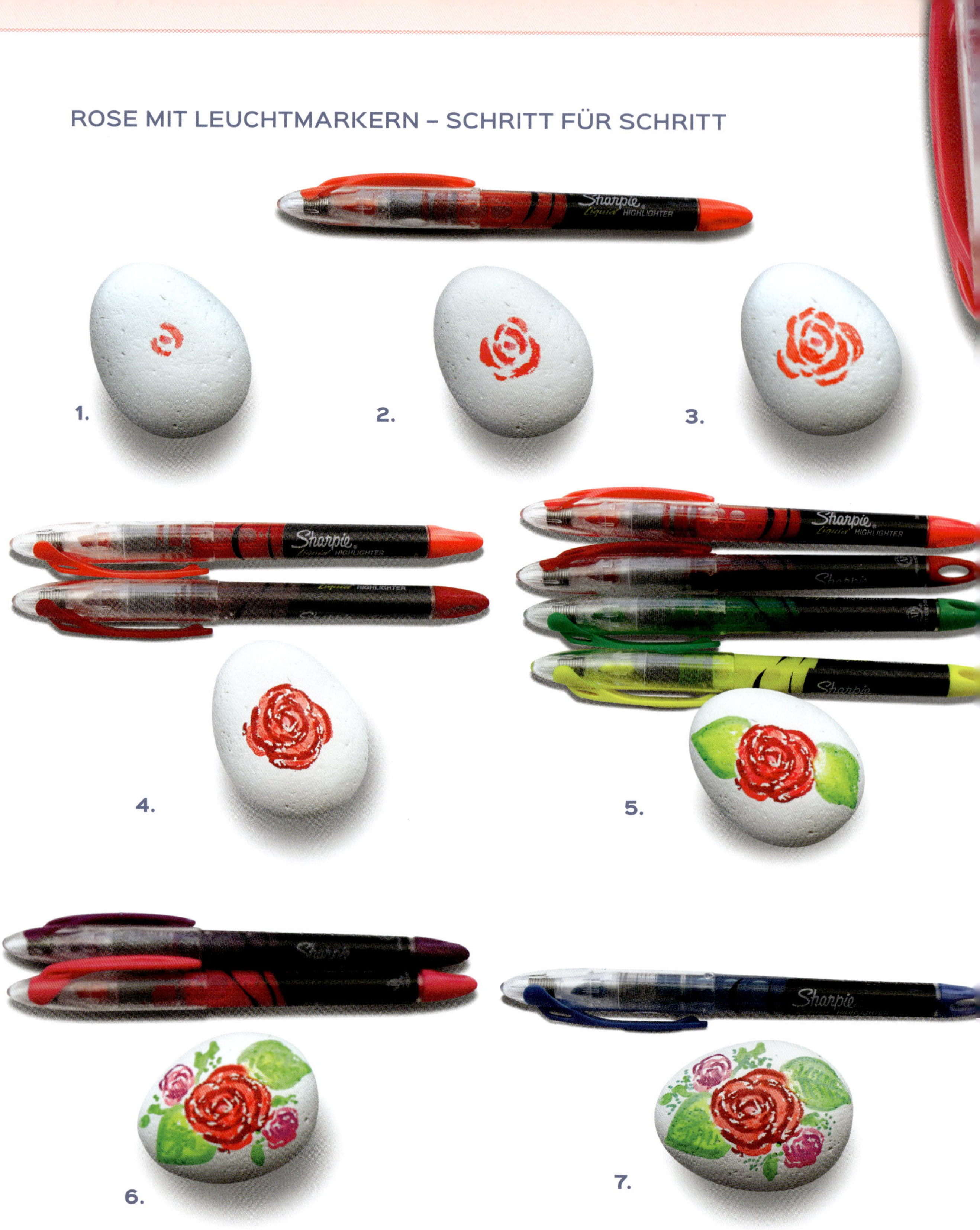

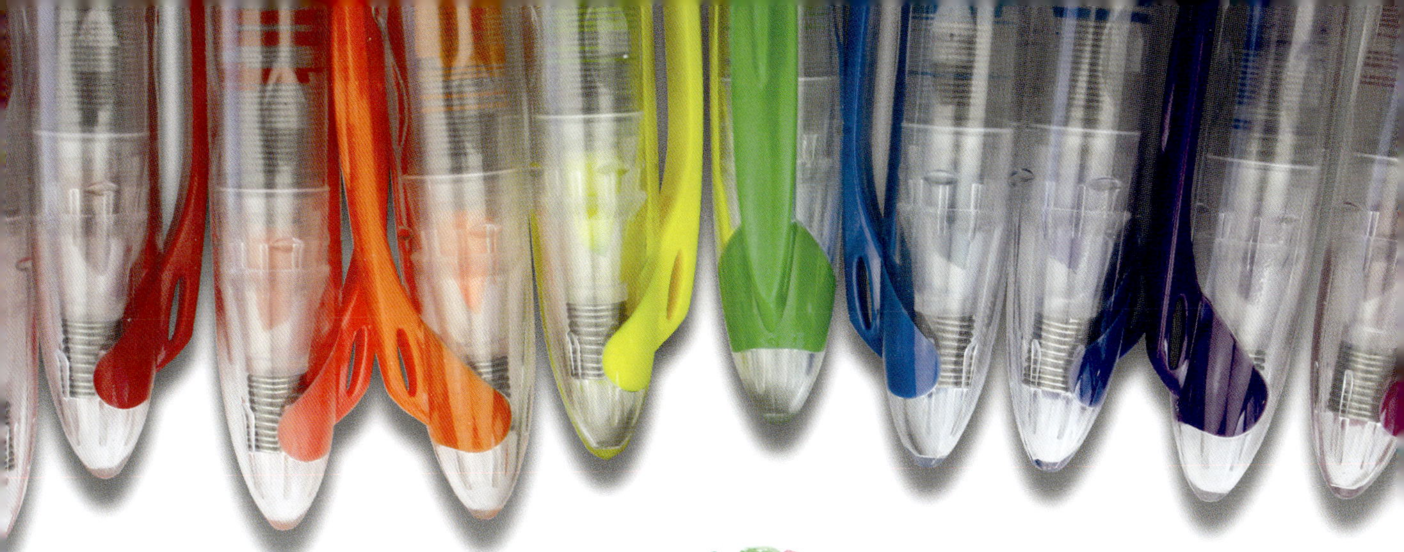

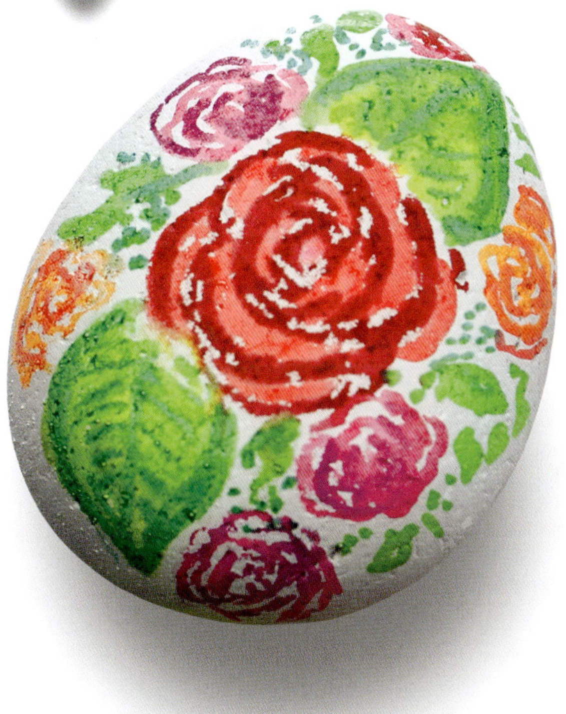

8.

DIE QUAL DER WAHL

Es gibt so viele verschiedene Marker und Spezialstifte, dass man leicht den Überblick verlieren kann. Hinzu kommt, dass manche der Stifte nicht ganz günstig sind. Anfänger sollten sich Acrylstifte in Standardfarben, einen schwarzen Konturenstift (oder zwei) und einen weißen Gelstift anschaffen. Allmählich wirst du entdecken, welche Motive und Stile du gern ausprobieren möchtest. Mit Markern und Stiften ist es wie mit Schuhen: Man kann gar nicht zu viele haben. Wenn deine Sammlung wächst, wirst du feststellen, dass du tatsächlich alle benutzt.

KAPITEL 5

MANDALAS UND ZENTANGLES®

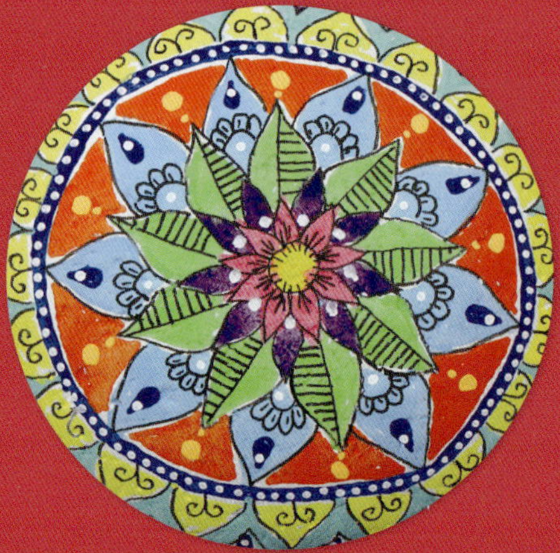

Auf den ersten Blick sehen Mandalas und Zentangles® kompliziert aus. Tatsächlich sind sie aber aus jeweils einfachen Elementen aufgebaut, die man systematisch Schritt für Schritt zeichnen kann. Etwas Geduld zum Üben musst du mitbringen, aber es macht auch riesigen Spaß.

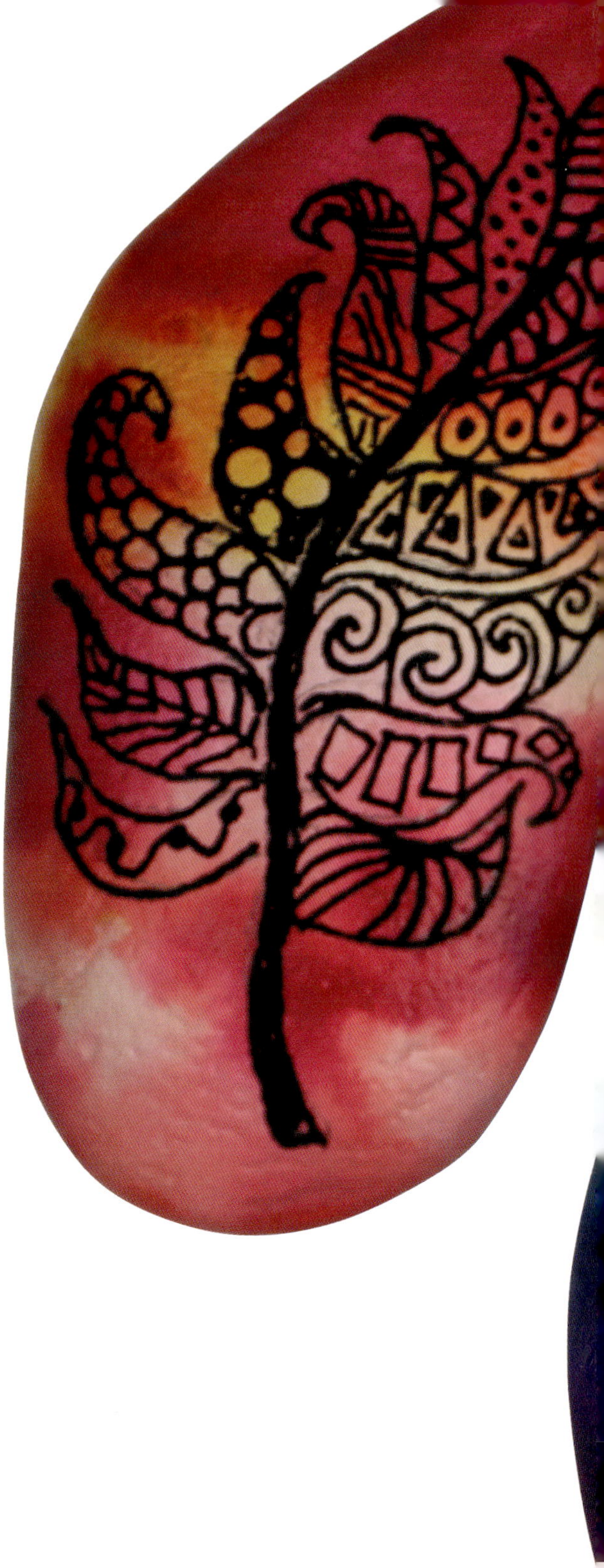

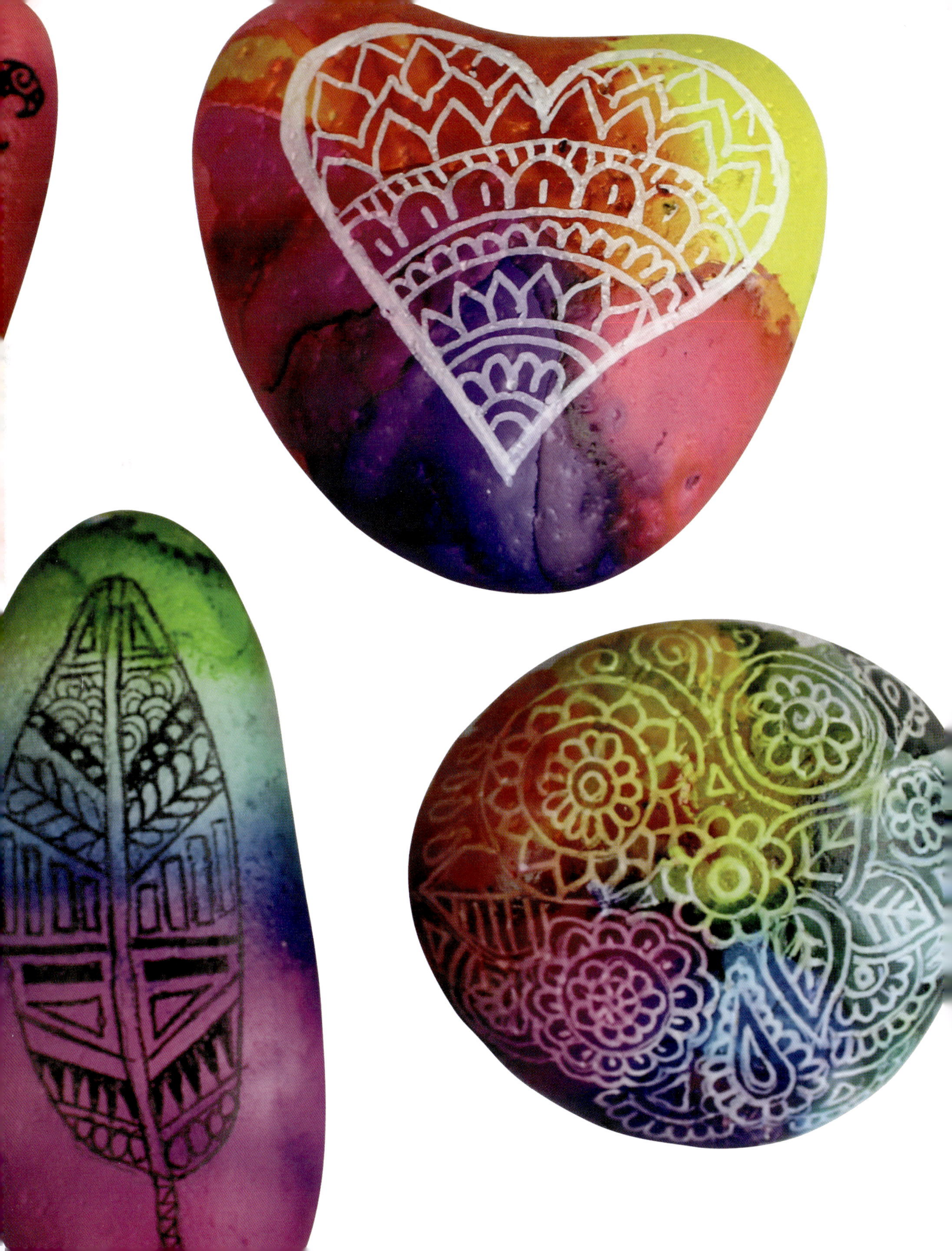

Mandalas sind normalerweise rund und werden vom Mittelpunkt nach außen entwickelt. Sie bestehen aus geometrischen oder organischen Formelementen, die punktsymmetrisch angeordnet sind und sich wiederholen.

Zentangles® sind Muster aus sich wiederholenden, abstrakten Mustern. Du kannst Umrisse mit Zentangles® ausfüllen oder die Muster ohne Kontur miteinander kombinieren. Ein Zentangle® muss nicht geplant werden, du brauchst dir nur verschiedene Muster auszudenken. Wenn dir die Ideen ausgehen, schau dich im Internet nach Inspirationen um. Spicken ist ausdrücklich erlaubt.

Wenn du den Bogen mit Mandalas und Zentangles® heraus hast, kannst du anfangen, eigene Muster und Designs zu entwerfen. Wahrscheinlich werden sich mit der Zeit Lieblingselemente herauskristallisieren, und doch sieht jedes fertige Mandala oder Zentangle® anders aus als alle seine Vorgänger.

Konturmandalas

Diese Mandalas mag ich so gern, weil sie mit etwas Übung schnell und leicht gelingen. Kreise aus verschiedenen Mustern werden um den Mittelpunkt herum angeordnet. Wichtig ist, dass manche Muster sich wiederholen und dass das Gesamtbild symmetrisch bleibt.

Material:

- Posca Paint Marker oder andere Acrylstifte

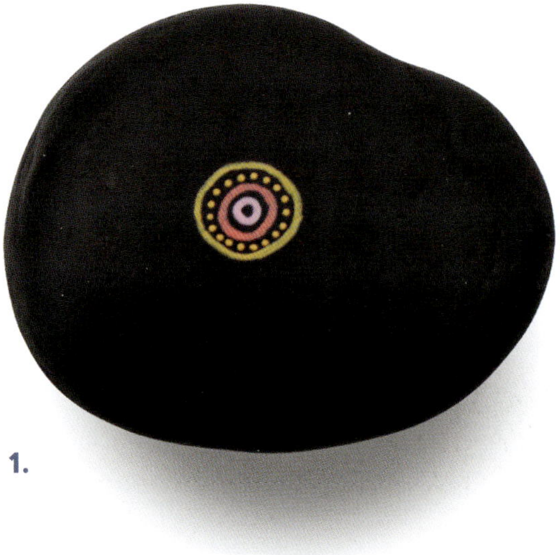

1.

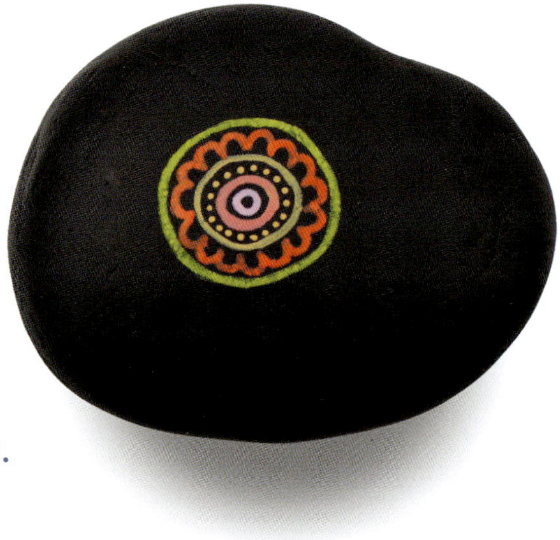

2.

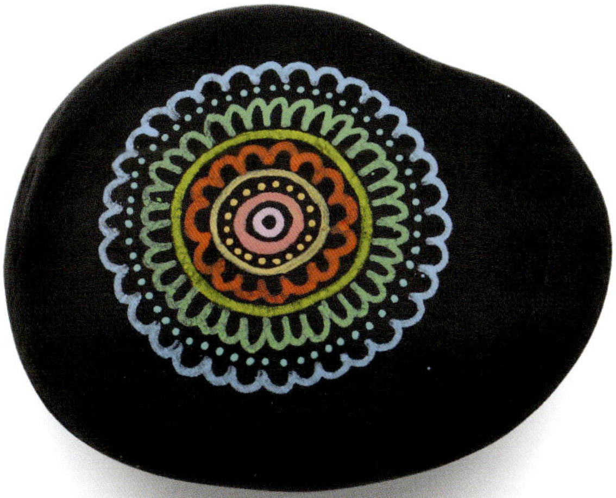

3.

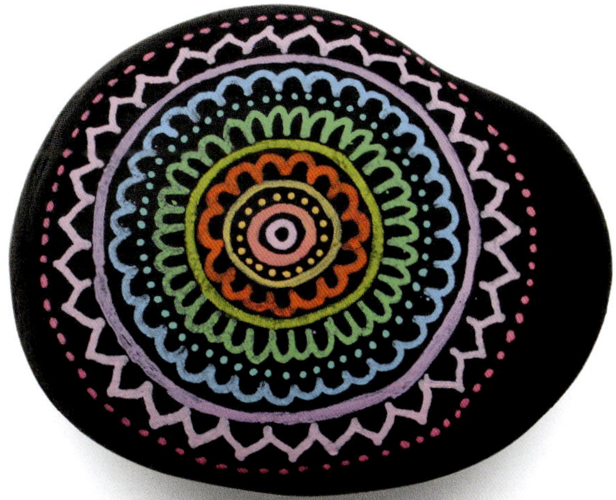

4.

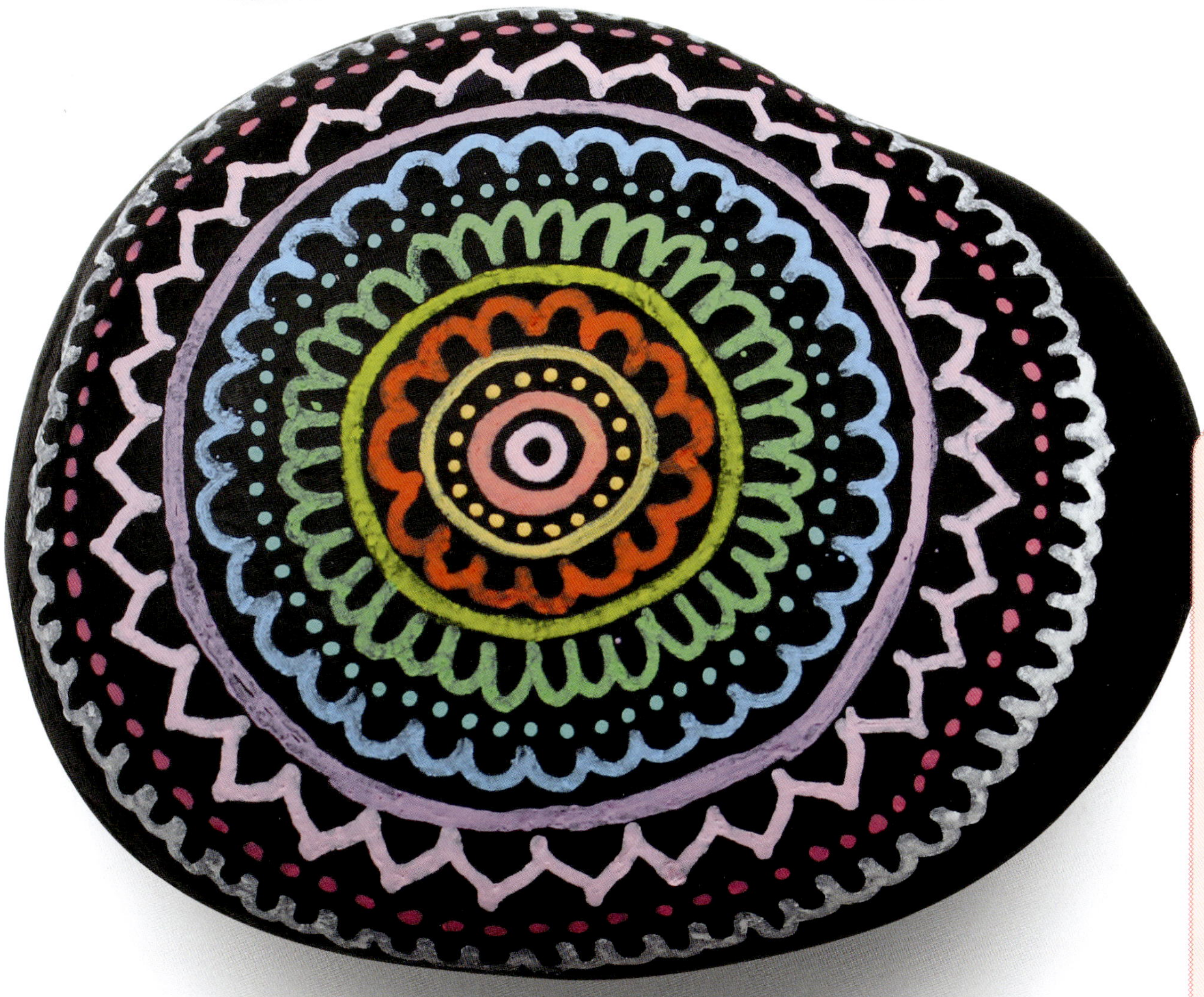

Ausgefüllte Mandalas

Völlig anders sieht ein Mandala mit ausgefüllten Flächen und feinen schwarzen Details aus. Für die dünnen Linien und Muster eignen sich schwarze Konturstifte am besten. Wenn du das Mandala jedoch mit dunklen Farben malst, könntest du stattdessen einen weißen Gelstift verwenden (siehe Seite 57).

Material:

- Posca Paint Marker oder andere Acrystifte
- Sakura Pigma Micron-Stifte oder andere schwarze Fineliner

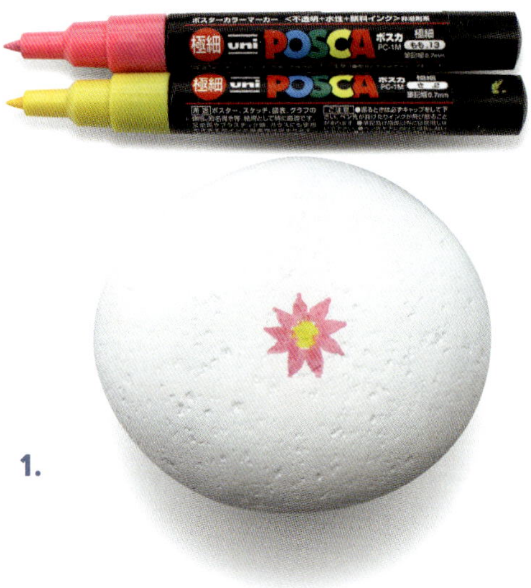

1.

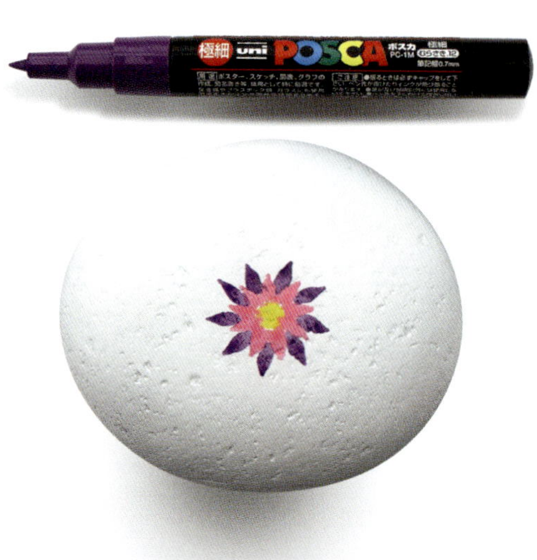

2.

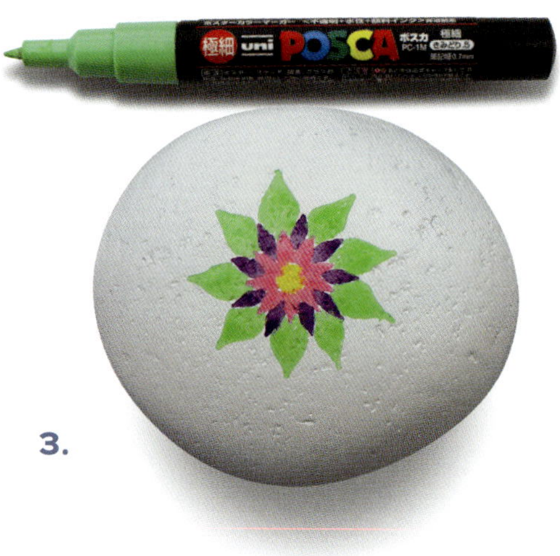

3.

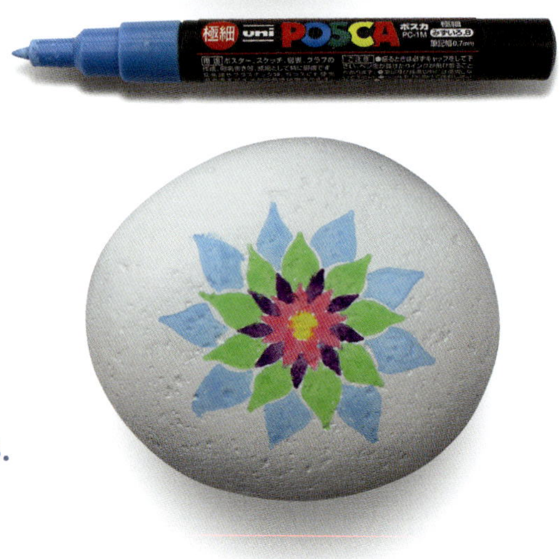

4.

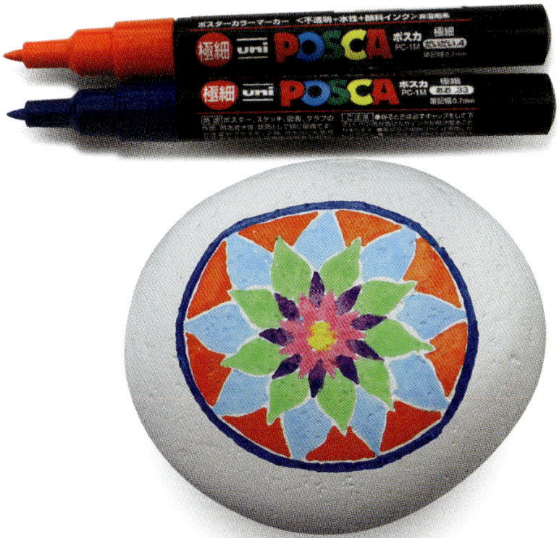
uni POSCA
uni POSCA

5.

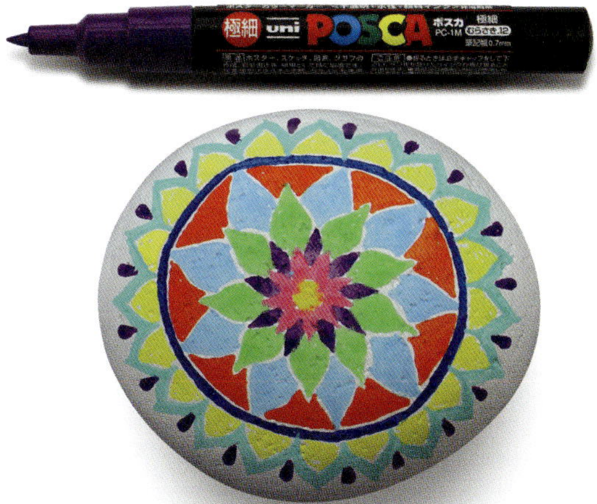
uni POSCA

6.

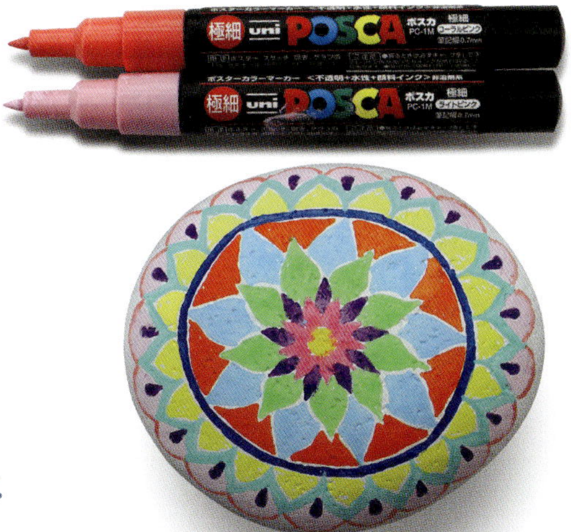
uni POSCA
uni POSCA

7.

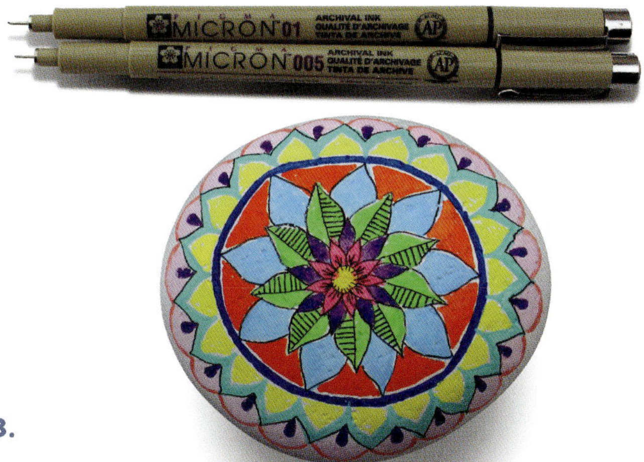
MICRON 01
ARCHIVAL INK
MICRON 005
ARCHIVAL INK

8.

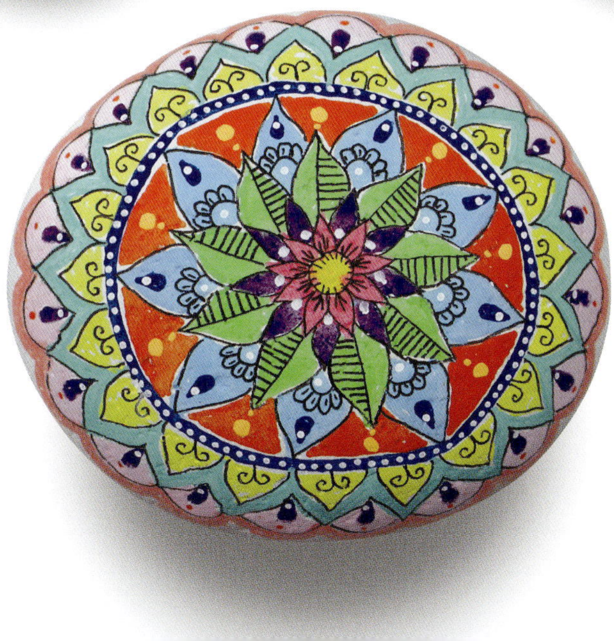

9.

Zentangle®

Wenn dir ein schöner Hintergrund gelungen ist, du aber noch keine Idee für ein Motiv hast, probiere es mit einem Zentangle®. Hier siehst du ein Beispiel für ein Zentangle®, das wie eine Feder aufgebaut ist. Mehr zur Gestaltung von Hintergründen findest du auf Seite 108.

Dieses Zentangle® hat eine Federkontur.

Material:

- Posca Paint Marker oder andere Acrylstifte
- Posca PC-1MR oder andere schwarze Fineliner

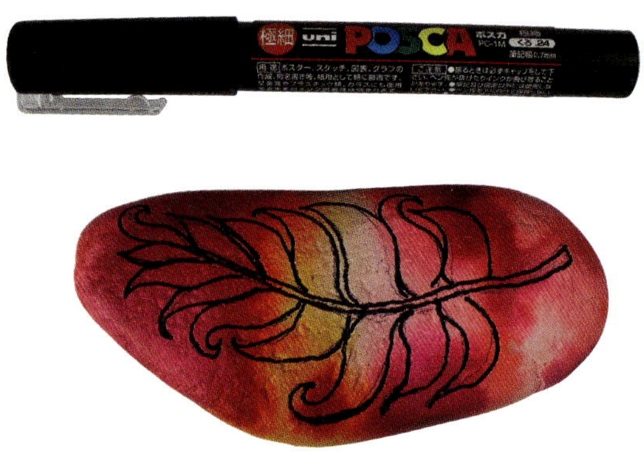

1.

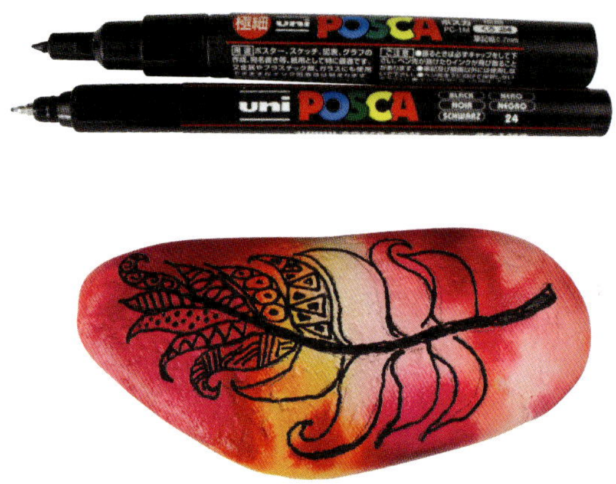

2.

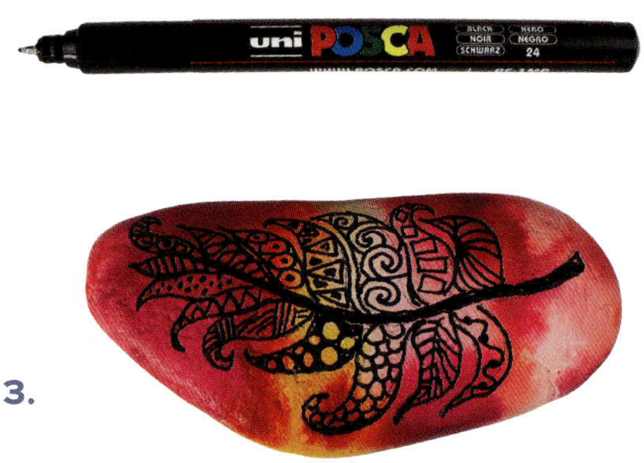

3.

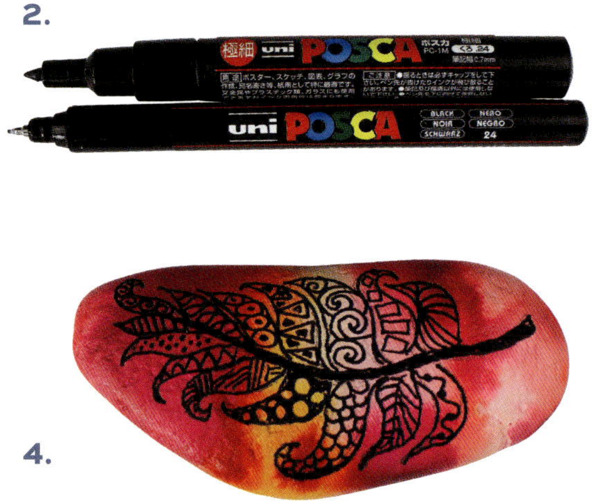

4.

Alternativ kannst du das Zentangle® mit einem weißen Gelstift auf den farbigen Hintergrund malen.

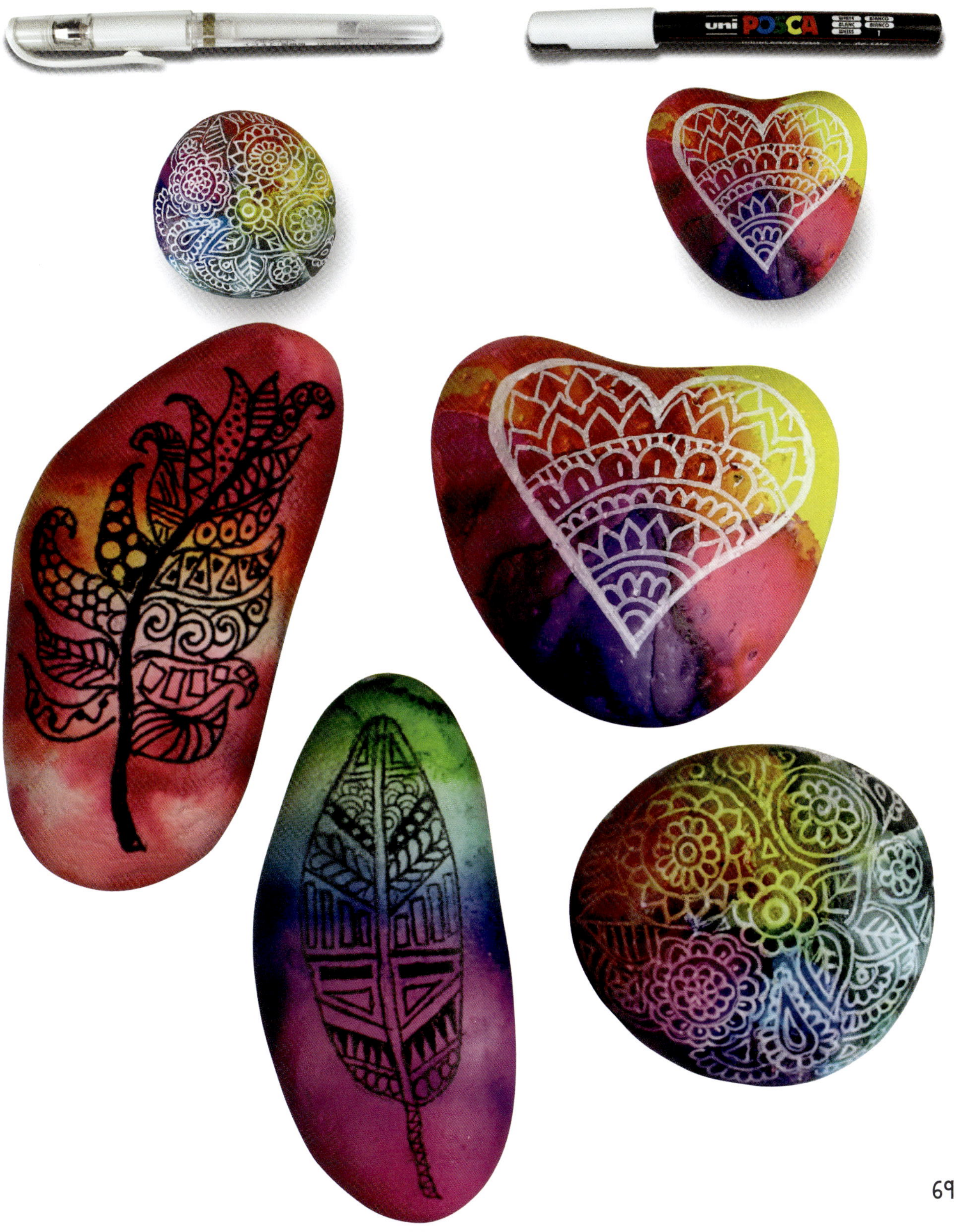

Zentangle® ohne Konturlinie

Auch wenn das Zentangle® keine Konturlinie bekommt, musst du den Umriss zuerst dünn vorzeichnen. Wer nicht gern aus freier Hand zeichnet, kann ein Motiv ausdrucken und dann den Umriss auf den Stein übertragen. Danach wird der dünne Umriss einfach mit kleinen Mustern ausgefüllt. Vergiss nicht, am Ende die Bleistiftstriche auszuradieren.

Material:

- Gelly Roll Moonlight Stifte oder andere Gelroller
- Bleistift

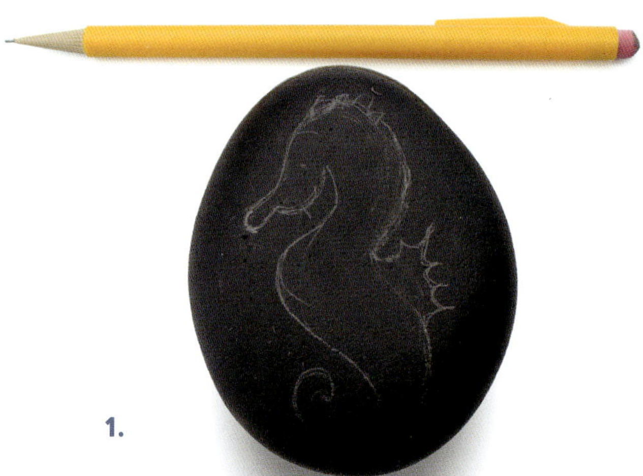

1.

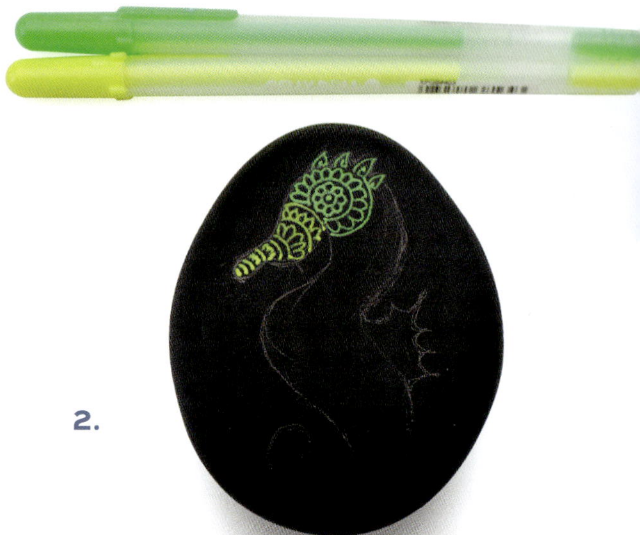

2.

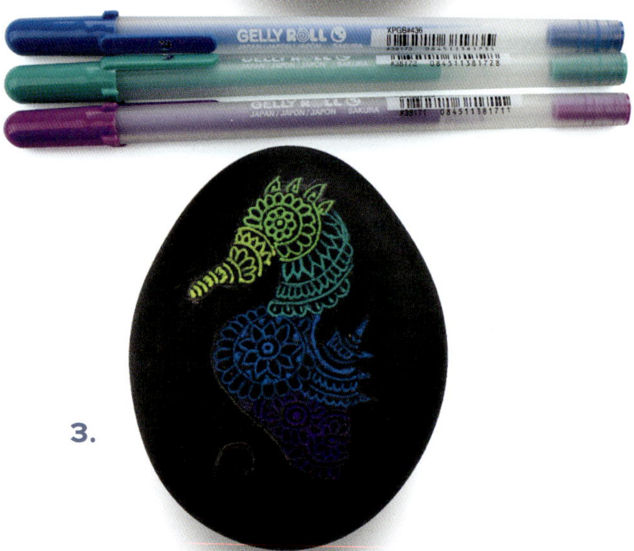

3.

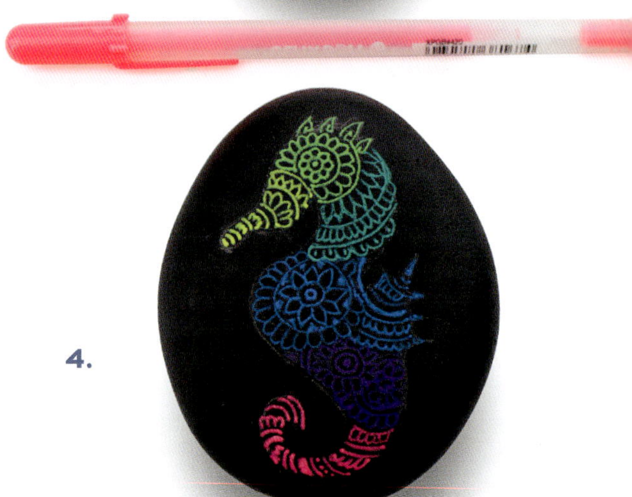

4.

WAS IST »ZENTANGLE®«?

Zentangle® ist eine kreative Methode, sich wiederholende Muster zu zeichnen. Für die Muster selbst gibt es keinerlei Vorschriften, hier ist also Fantasie gefragt. Wegen der stetigen Wiederholung soll das Zeichnen von Zentangles® meditativ und entspannend wirken. Wichtig ist darum, dass du beim Zeichnen nicht zu viel über das Endergebnis nachdenkst. Du kannst die Muster aus ganz einfachen Elementen wie Kreisen aufbauen oder kompliziertere Muster gestalten.

Weitere Informationen über Zentangle® auf zentangle.com.

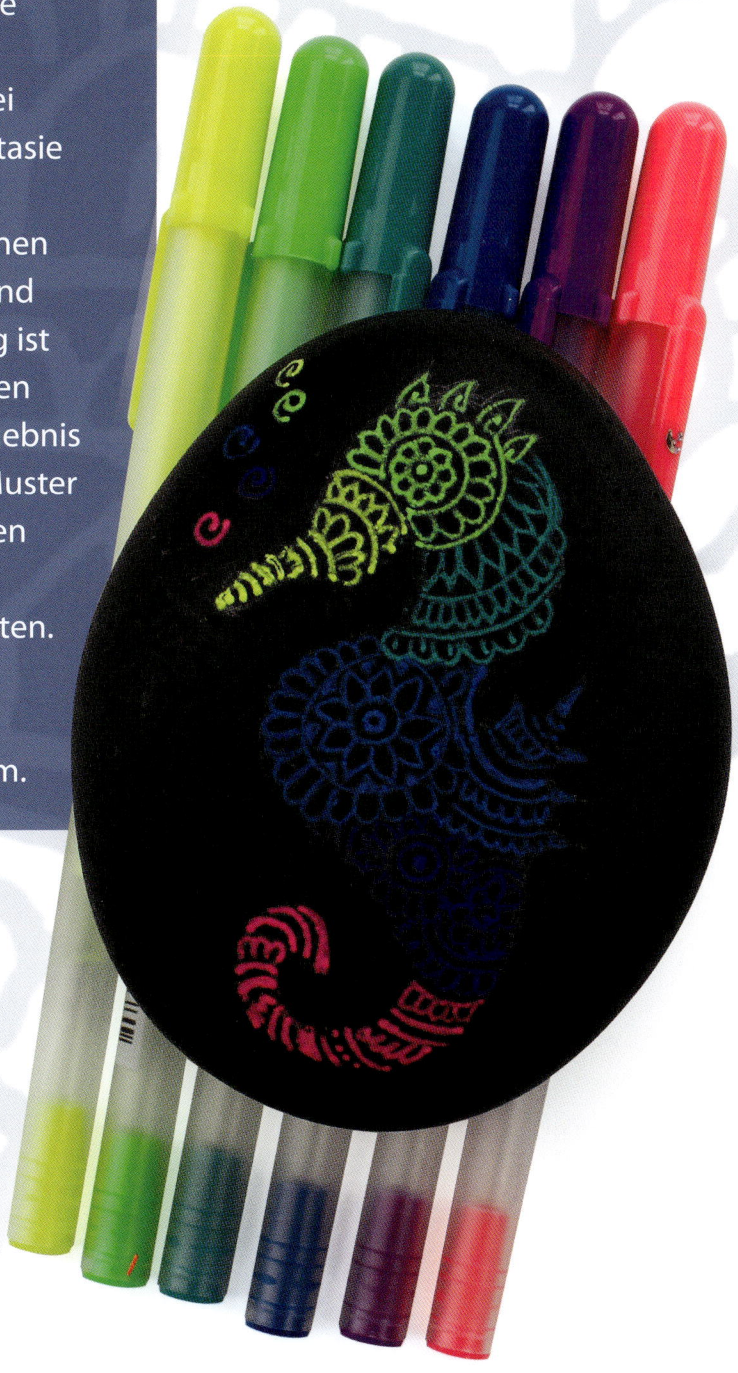

KAPITEL 6

MARMORIEREN

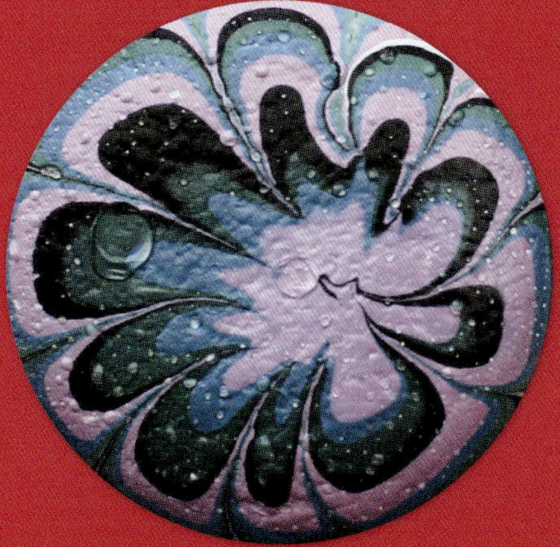

Dies ist eine großartige Technik, um abstrakte, einzigartige Muster zu gestalten. Zum Marmorieren eignen sich Acrylfarben, aber auch gewöhnlicher Nagellack. Wichtig ist, die richtige Reihenfolge der Arbeitsschritte einzuhalten. Anfängerfehler lassen sich nicht immer vermeiden. Es lohnt sich aber dranzubleiben, denn die Ergebnisse sind wirklich eindrucksvoll.

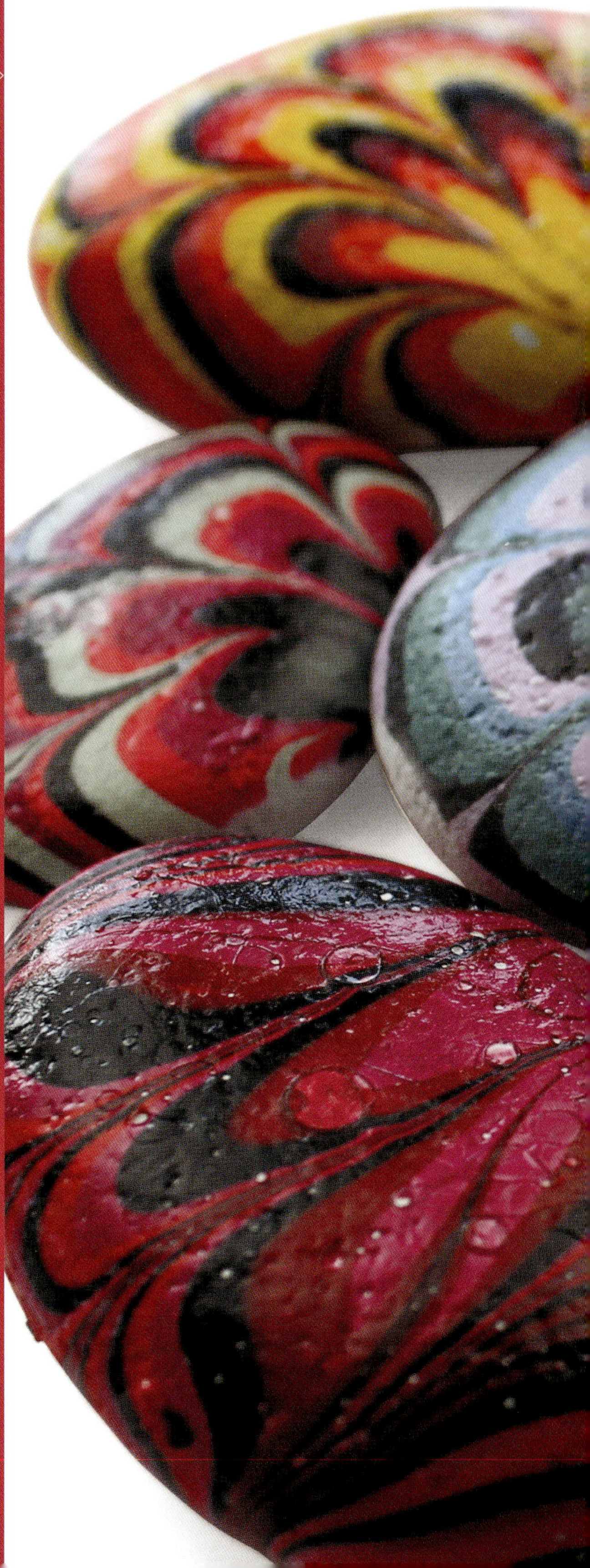

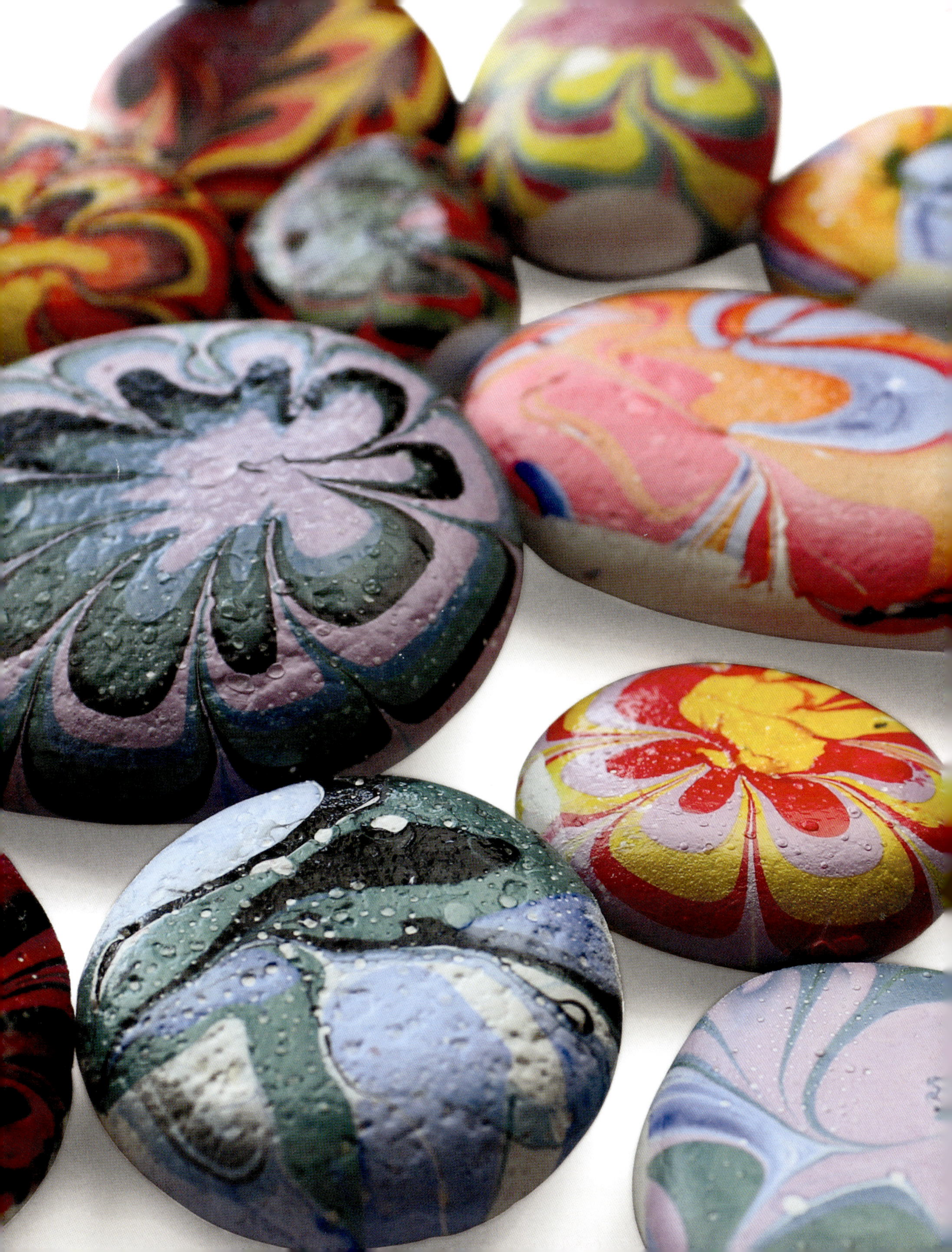

Marmorieren mit Nagellack

Material:

- Nagellack – Sehr gut klappt es mit den Serien Xtreme Wear und Sinful Colors Professional von Sally Hansen (wird u.a. bei Rossmann, flaconi und Otto vertrieben). Du kannst es auch mit anderen Nagellacken versuchen, die für Marmoriertechniken verwendet werden.
- Kleiner Plastikbehälter mit Wasser
- Zahnstocher
- Wattebäusche
- Einweghandschuhe (empfohlen) – ansonsten Nagellackflecken von den Fingern mit Nagellackentferner abwischen.

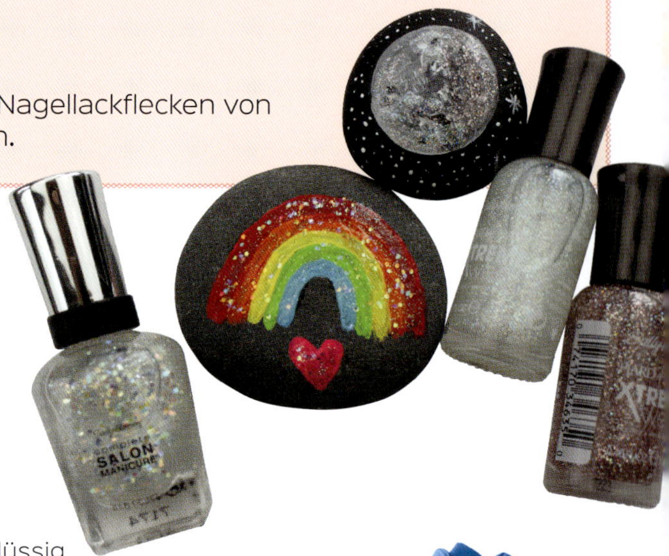

WICHTIGE TIPPS:

1. Nur gefiltertes oder destilliertes zimmerwarmes Wasser verwenden. Wenn das Wasser zu kalt ist, funktioniert die Technik nicht.

2. Stell dir einen großen Krug Wasser an den Arbeitsplatz. Nach einigen Mustern musst du das Wasser wechseln.

3. Keinen alten Nagellack verwenden. Wenn er zu zähflüssig ist, funktioniert es nicht.

4. Ventilator oder Klimaanlage ausschalten. Durch den Luftstrom könnte der Nagellack auf dem Wasser zu schnell aushärten oder verrutschen.

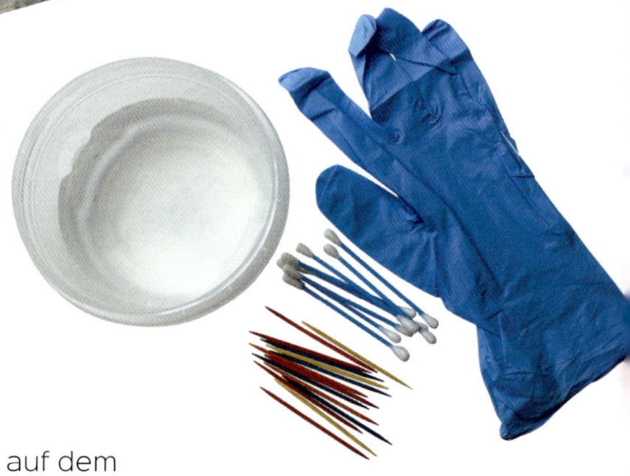

5. Diese Technik gelingt am besten auf kleineren Steinen. Am besten vorher einige Steine grundieren und an den Arbeitsplatz legen, um entscheiden zu können, welcher sich jeweils am besten eignet.

6. Zügig arbeiten. Wenn du zu langsam bist, härtet der Nagellack auf dem Wasser aus, bevor dein Muster fertig ist.

7. Im Freien oder in einem gut belüfteten Raum arbeiten. Während der Arbeit ist der Geruch intensiv. Nach dem Trocknen sind die Steine aber geruchlos – ebenso wie lackierte Fingernägel.

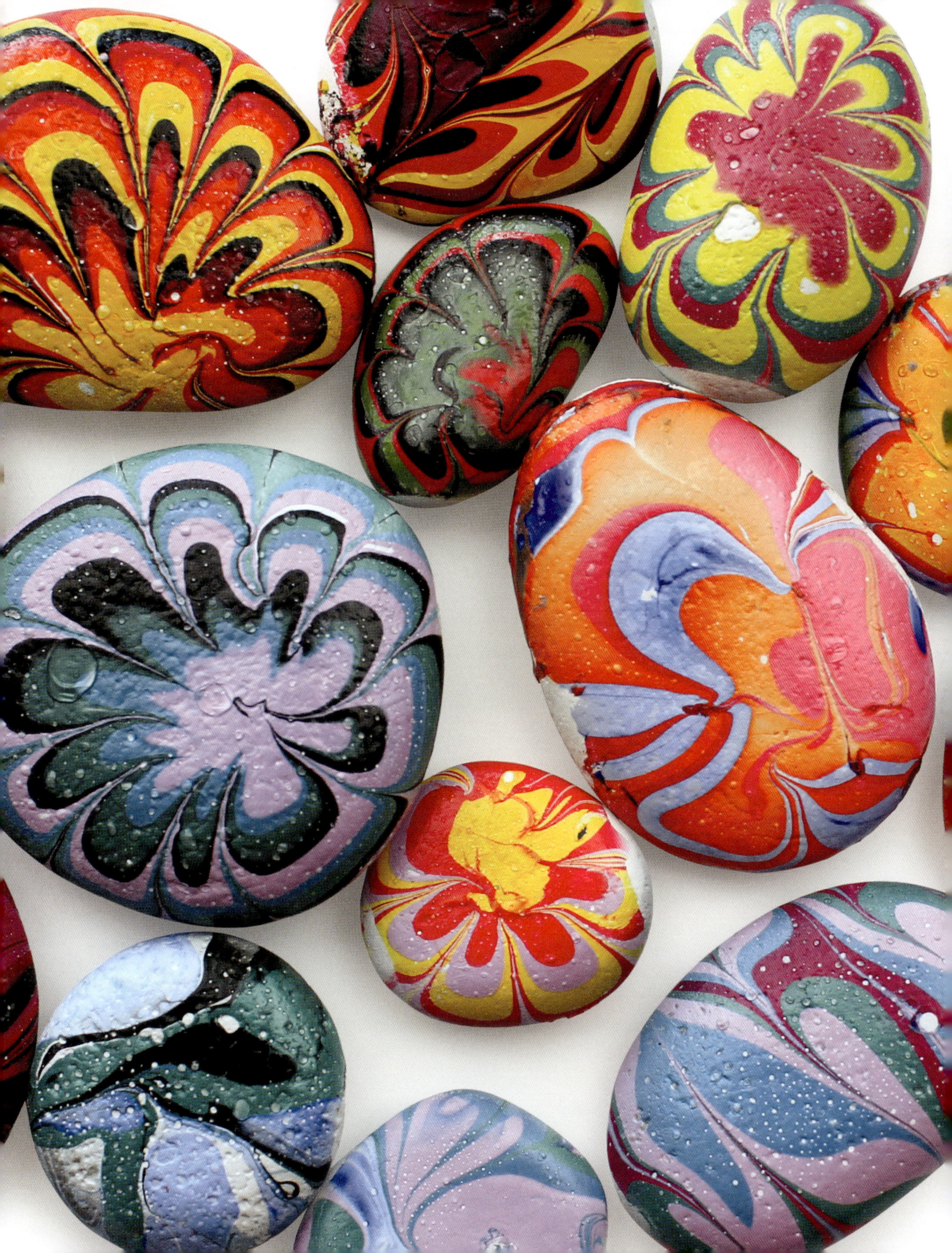

MARMORIEREN MIT NAGELLACK • ANLEITUNG

1. Du brauchst einen rundum weiß grundierten Stein (siehe Seite 13).

2. Einen Tropfen Nagellack vom Pinsel ins Wasser träufeln.

3. Den Pinsel dicht über das Wasser halten. Ist der Abstand zu groß, hat der Tropfen zu viel Schwung und sinkt auf den Grund des Behälters.

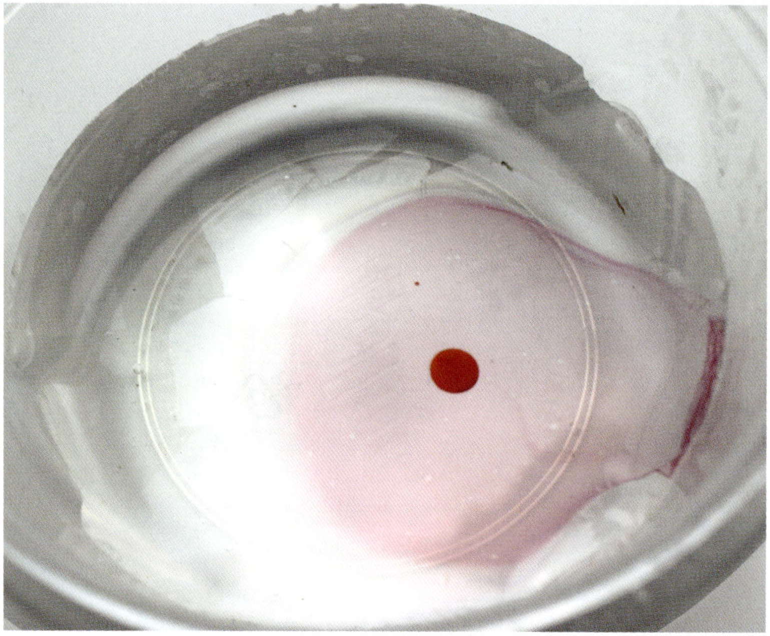

4. Du siehst sofort, ob es mit dem Nagellack klappt. Er muss sich schnell auf dem Wasser ausbreiten. Wenn er sinkt, ohne sich zu verteilen, funktioniert es nicht.

5. Mit einem Zahnstocher durch die Farbfelder ziehen. Dabei ist es wichtig, sehr zügig zu arbeiten. Wenn der Lack auszuhärten beginnt, haftet er am Zahnstocher.

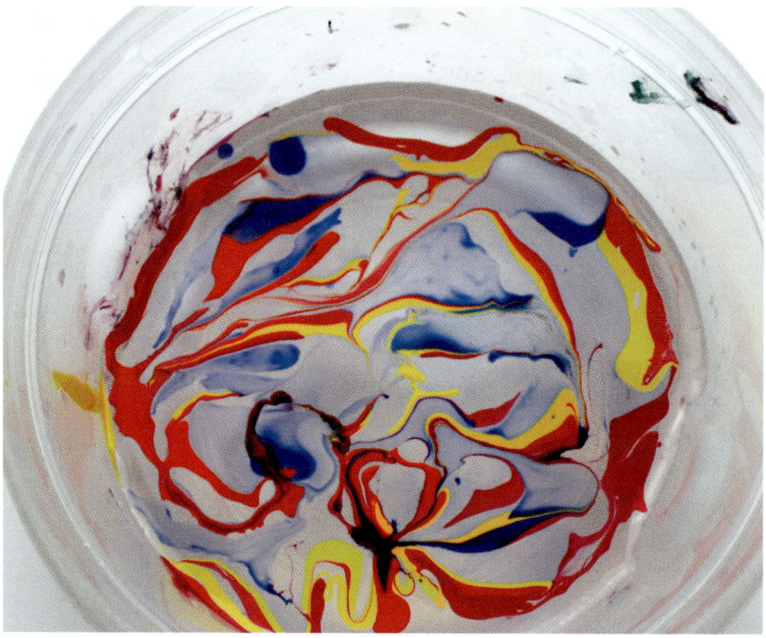

6. Eine Stelle mit schöner Marmorierung aussuchen und den Stein dort eintauchen. Er darf den Boden des Behälters nicht berühren.

7. Gleichzeitig mit der anderen Hand den restlichen Nagellack auf dem Wasser mit einem Wattebausch aufnehmen.

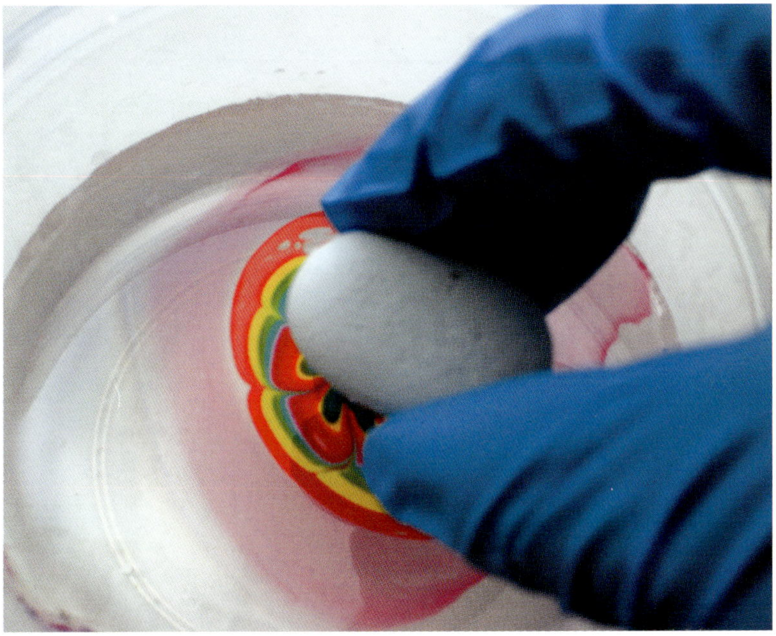

8. Den Stein aus dem Wasser nehmen und auf einem Gitter oder auf Backpapier trocknen lassen. Der Lack muss vollständig trocknen, auch wenn du Blasen auf deinem Muster siehst. Wenn du sie zu früh aufstichst, wird die weiße Grundierung sichtbar.

9. Das fertige Muster versiegeln (siehe Kapitel 2).

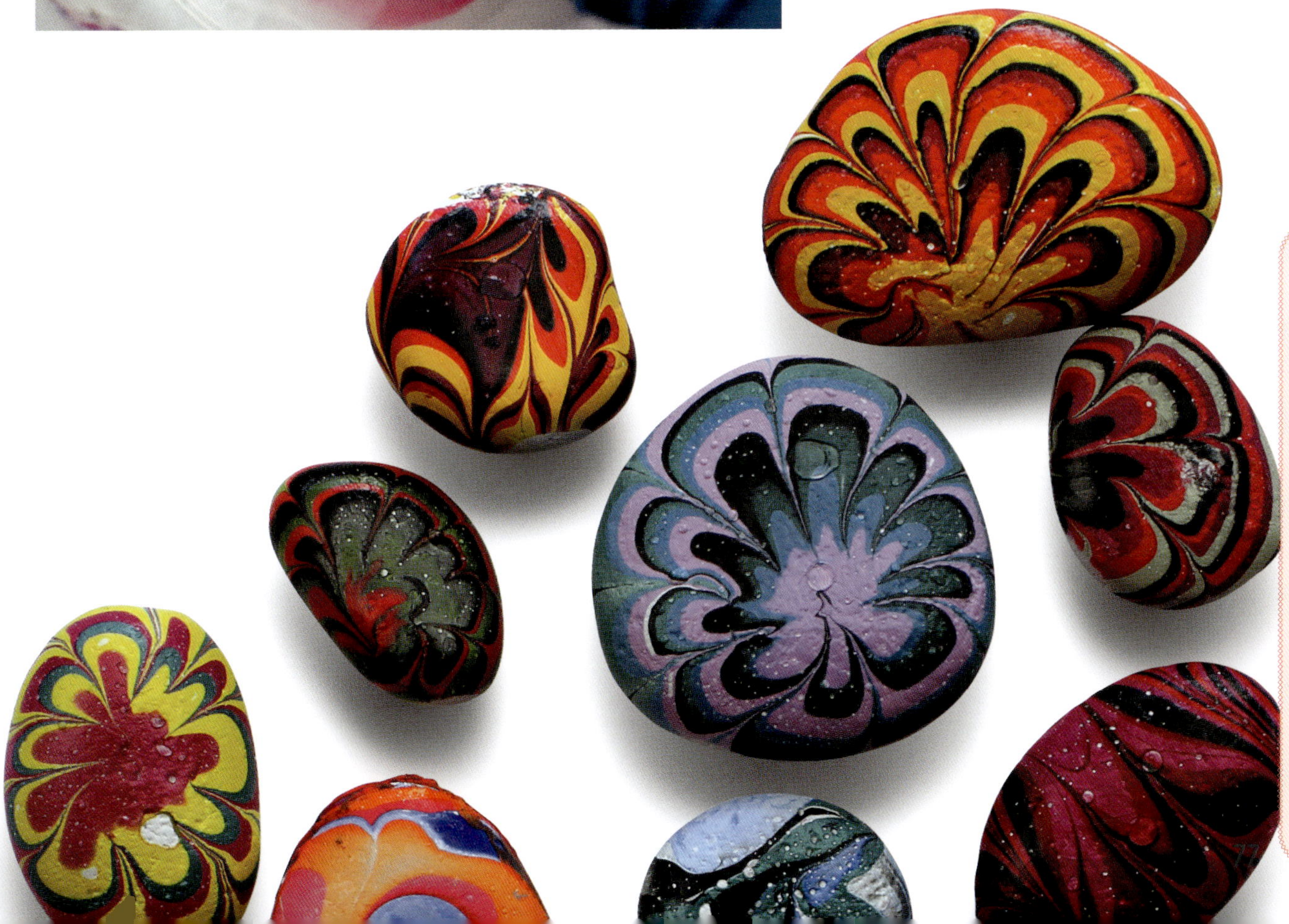

BLUMEN UND ZICKZACKMUSTER MIT NAGELLACK

1. Du brauchst einen rundum weiß grundierten Stein (siehe Seite 13).

2. Einen Tropfen Nagellack vom Pinsel ins Wasser träufeln.

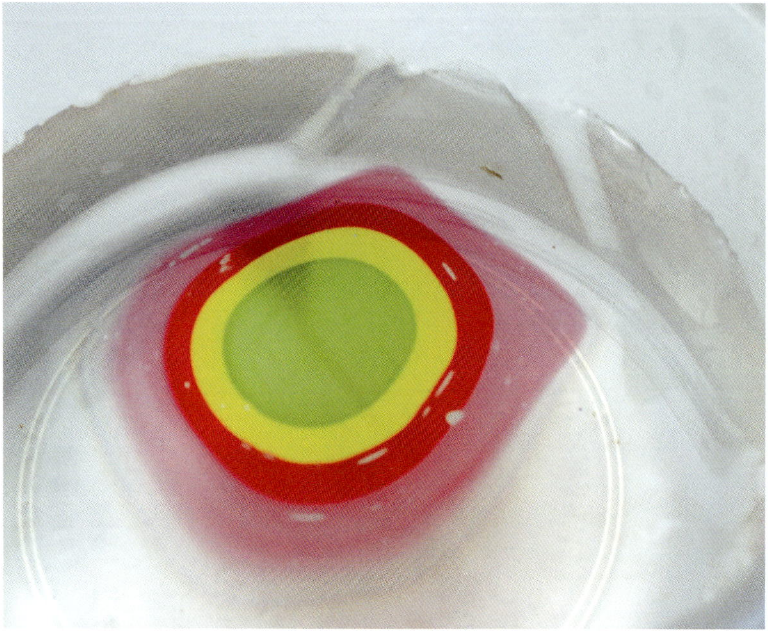

3. Den Pinsel dicht über das Wasser halten. Ist der Abstand zu groß, hat der Tropfen zu viel Schwung und sinkt auf den Grund des Behälters.

4. Du siehst sofort, ob es mit dem Nagellack klappt. Er muss sich schnell auf dem Wasser ausbreiten. Wenn er sinkt, ohne sich zu verteilen, funktioniert es nicht.

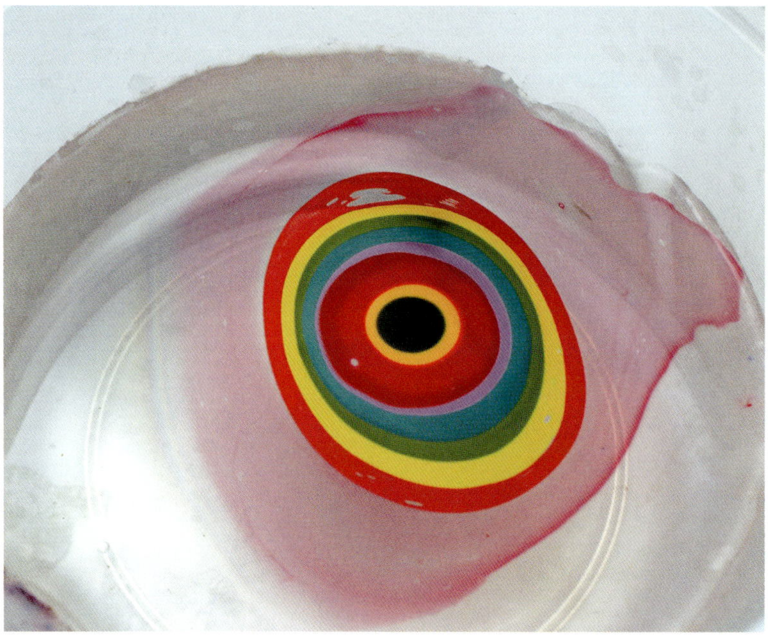

5. Weitere 10 bis 15 Tropfen Nagellack in verschiedenen Farben ins Wasser geben, sodass konzentrische Kreise entstehen.

6. Um den Lack auf dem Wasser zu verteilen, kannst du nach einigen Tropfen mit einem Zahnstocher ins Wasser außerhalb des Lacks stechen und das Wasser bewegen. Nicht den Nagellack berühren!

7. Manchmal genügt es auch, den Wasserbehälter leicht zu rütteln.

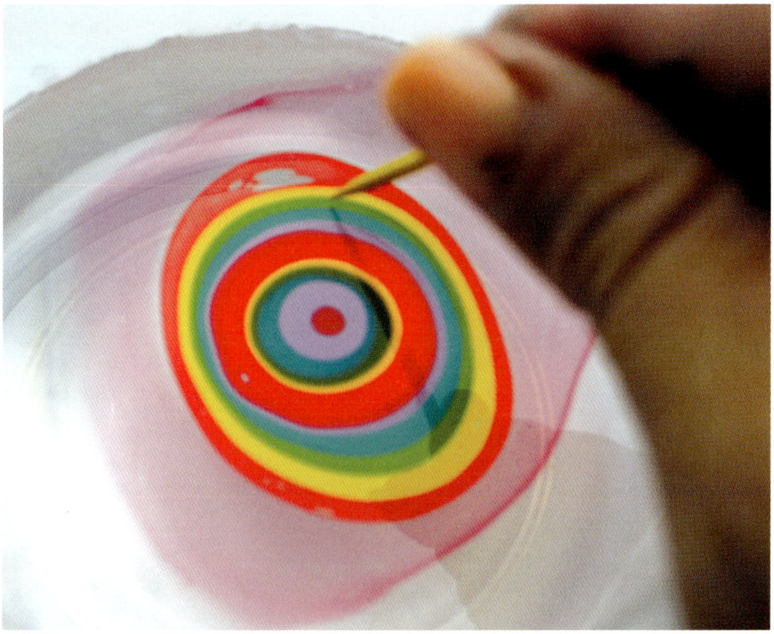

8. Mit dem Zahnstocher ein Muster im Lack gestalten, aber dabei NICHT in den drei äußeren Farbringen beginnen. Dort ist der Lack schon zu zäh. Wie Blüten- oder Zickzackmuster entstehen, siehst du auf den nächsten Seiten.

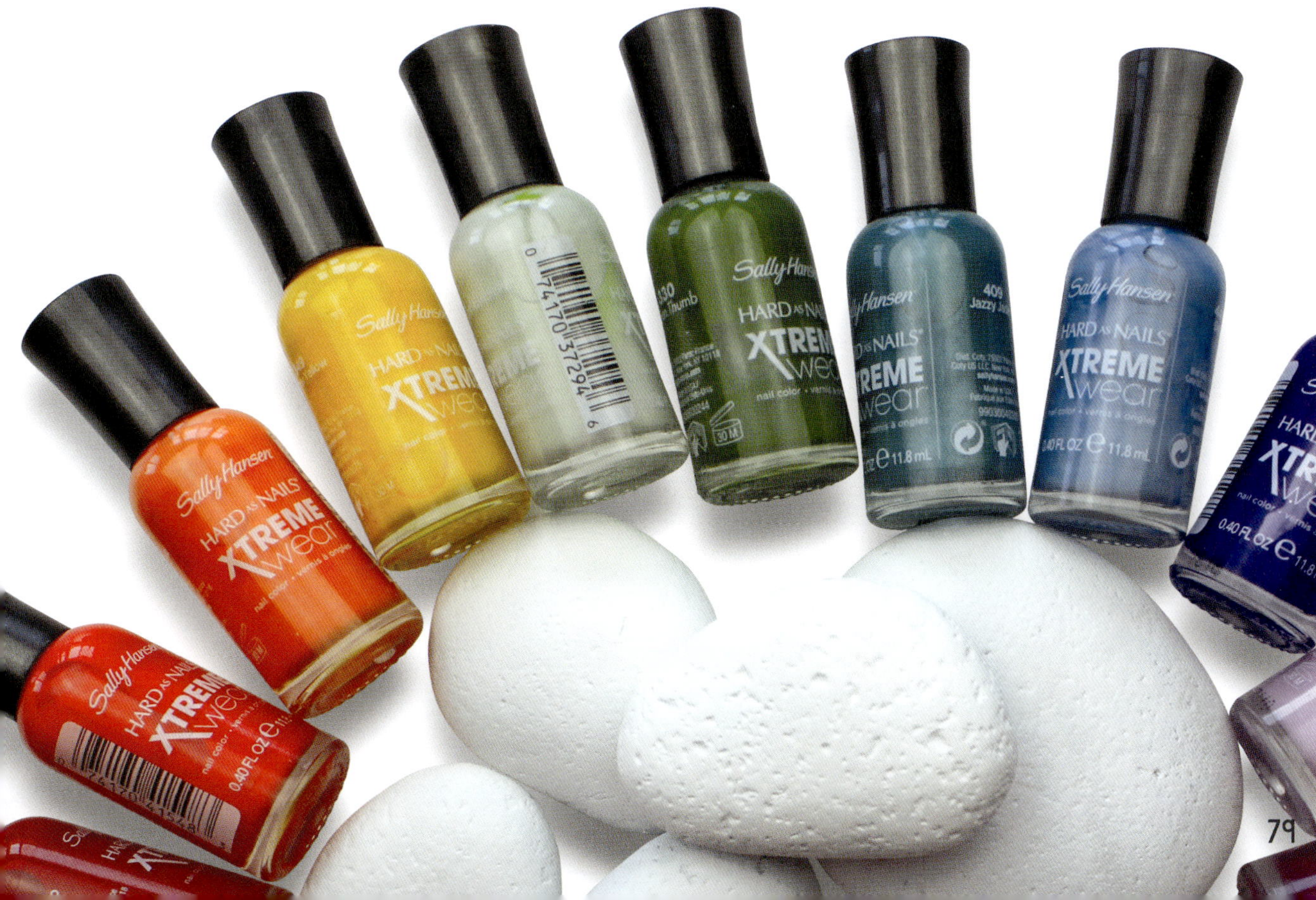

MARMORMUSTER GESTALTEN :

● Blumenmuster

- In mindestens drei Schichten Abstand vom äußeren Ring beginnen und mit einem Zahnstocher einen »Strich« zur Kreismitte ziehen. Die äußeren Ringe sind schon relativ trocken. Den Zahnstocher herausnehmen und abwischen.
- Ringsherum wiederholen.

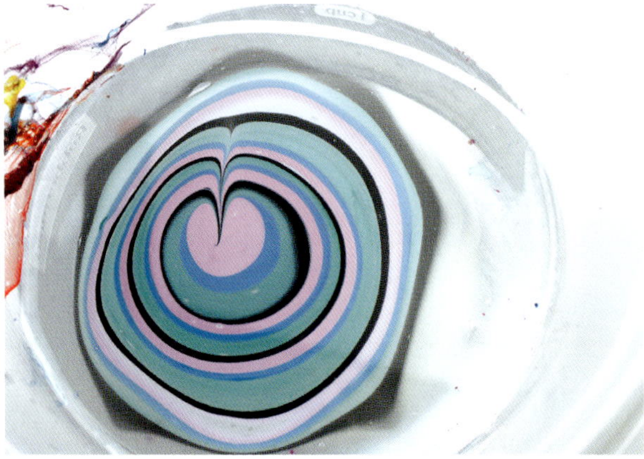
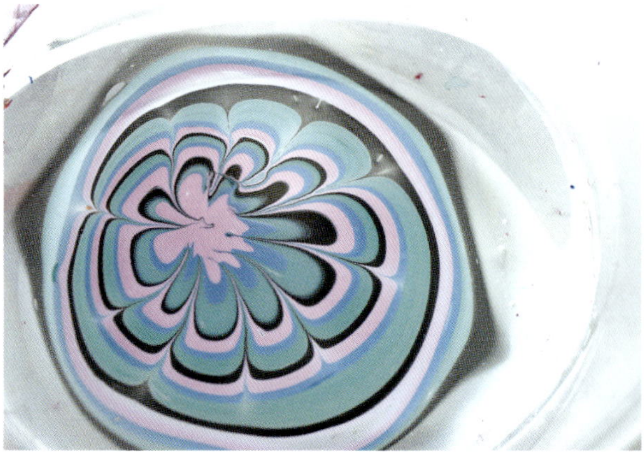
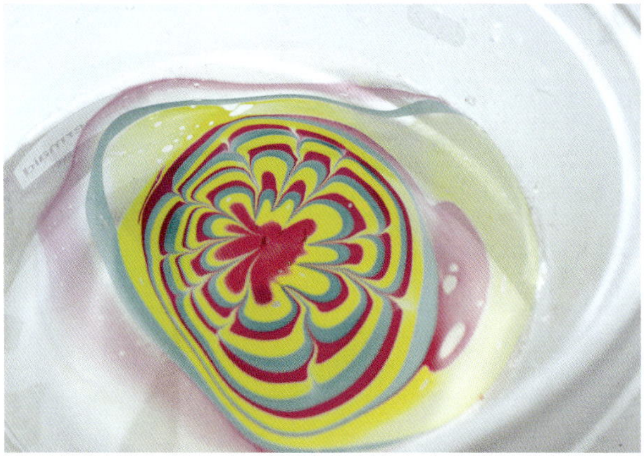
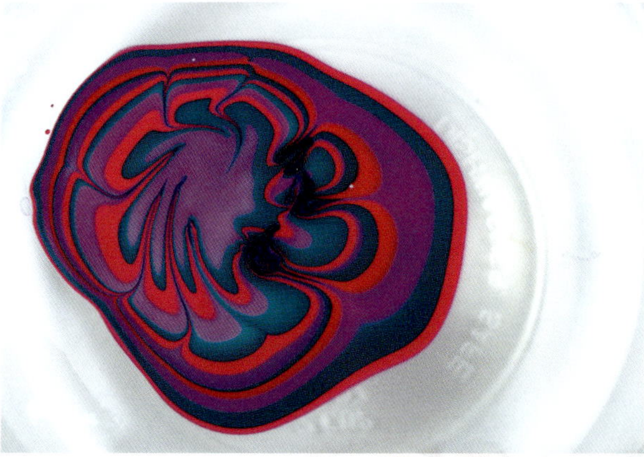
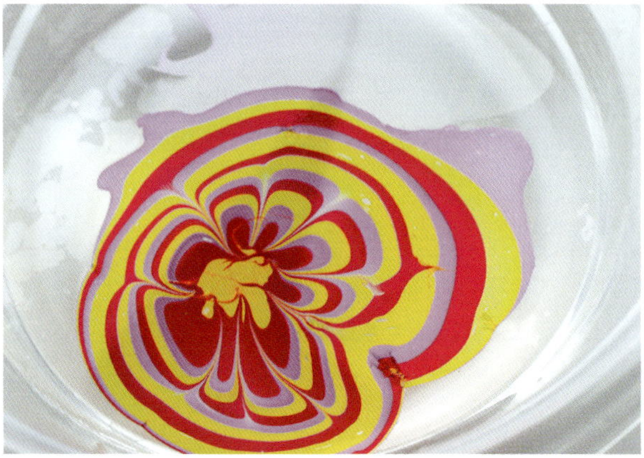
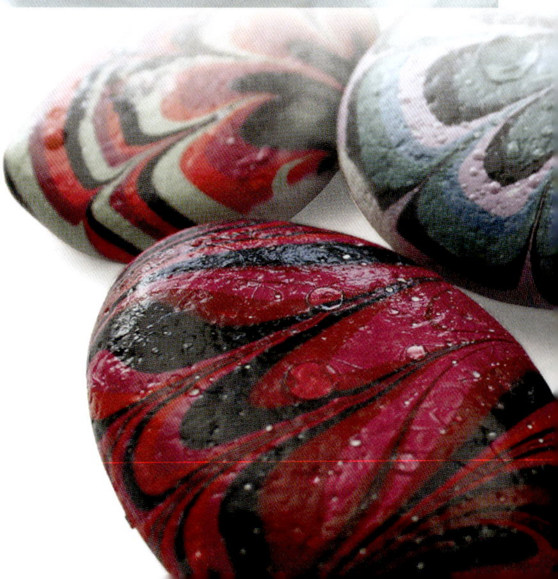

Zickzackmuster

- In mindestens drei Schichten Abstand vom äußeren Ring beginnen.
- Den Zahnstocher von oben nach unten im Zickzack durch den Lack ziehen. Nach jedem »Strich« den Zahnstocher abwischen.

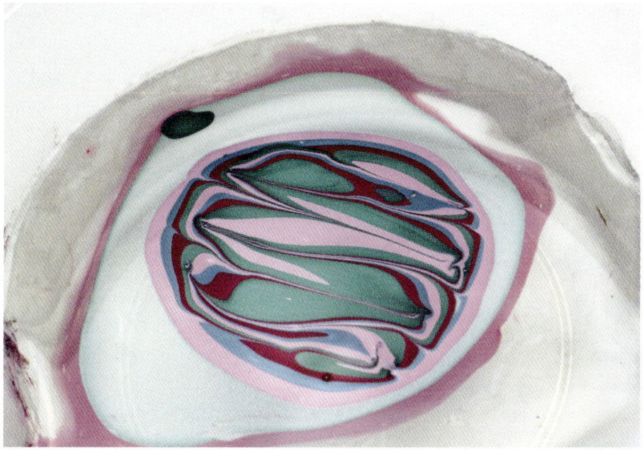

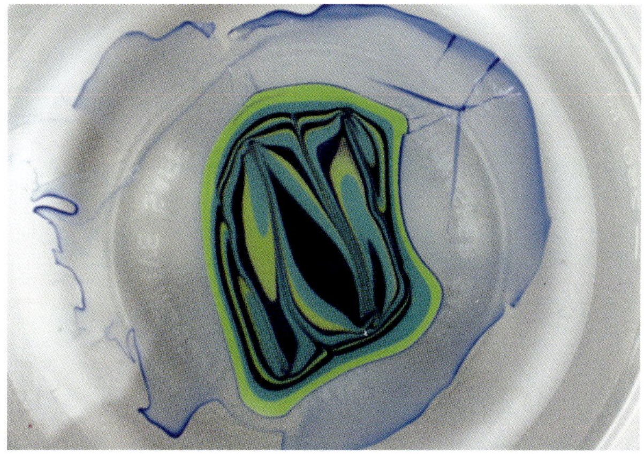

1. Eine Stelle mit schöner Marmorierung aussuchen und den Stein dort eintauchen. Er darf den Boden des Behälters nicht berühren.

2. Gleichzeitig mit der anderen Hand den restlichen Nagellack auf dem Wasser mit einem Wattebausch aufnehmen.

3. Den Stein aus dem Wasser nehmen und auf einem Gitter oder auf Backpapier trocknen lassen. Der Lack muss vollständig trocknen, auch wenn du Blasen auf deinem Muster siehst. Wenn du sie zu früh aufstichst, wird die weiße Grundierung sichtbar.

4. Den fertigen Stein versiegeln (siehe Kapitel 2).

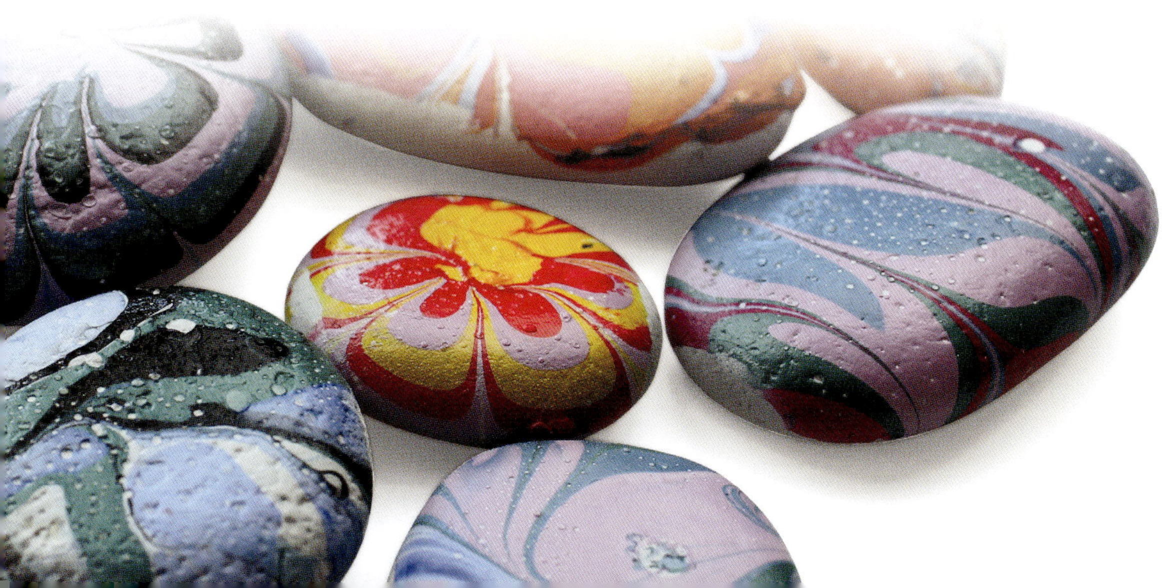

Marmorieren mit Acrylfarben

Mit Acrylfarben lassen sich interessante Marmoreffekte erzielen. Für viele andere Techniken werden zusätzliche Malmittel oder Zusatzstoffe benötigt. Dies ist eine einfachere Technik, die trotzdem sehr schöne Ergebnisse bringt.

Material:

- Acrylfarben
- Kleine Behälter für Farbe
- Eisstiele aus Holz zum Basteln (u. a. bei dm)
- Altes Kuchengitter oder Pappteller
- Universalleim (im Verhältnis 2 Teile Leim, 1 Teil Wasser verdünnt; eventuell noch weniger Wasser)
- Destilliertes Wasser
- Zahnstocher (nach Belieben)

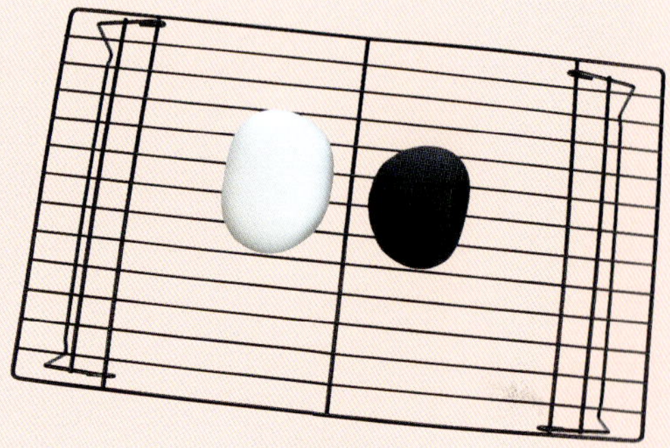

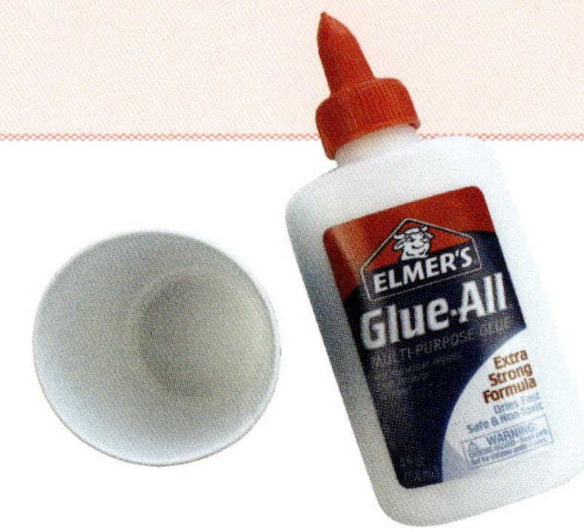

ANLEITUNG

1. Du brauchst rundum weiß grundierte Steine (siehe Seite 13).

2. Die Farben auswählen. Jede in ein separates Behältnis geben.

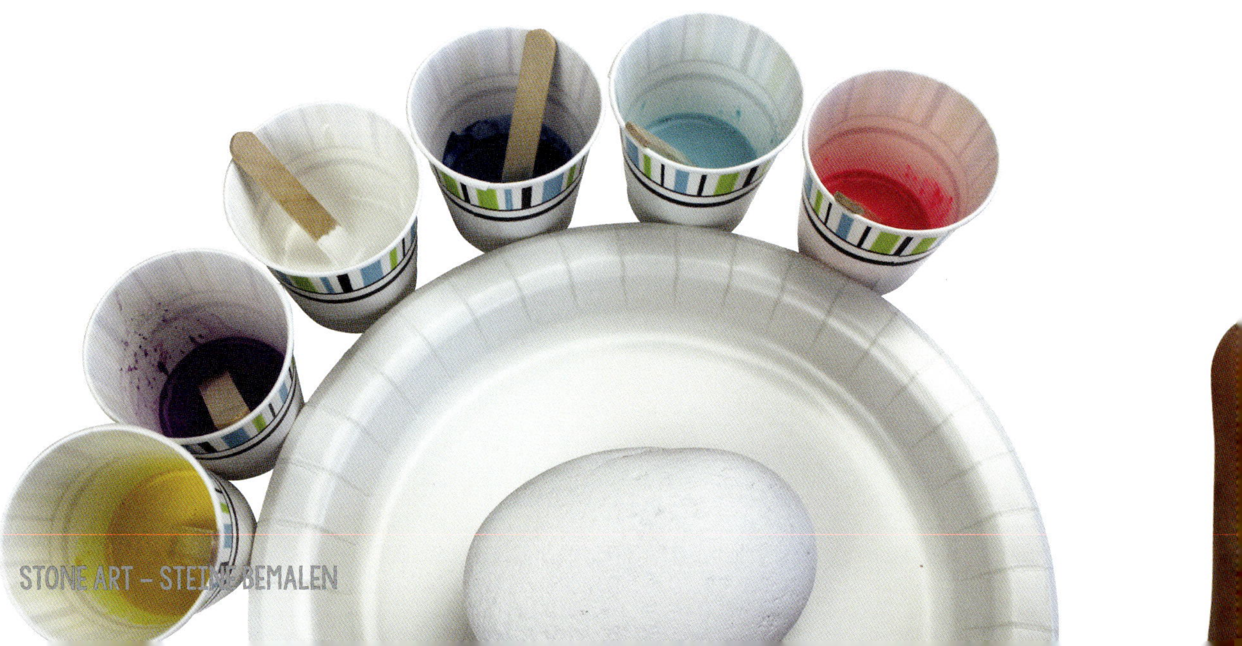

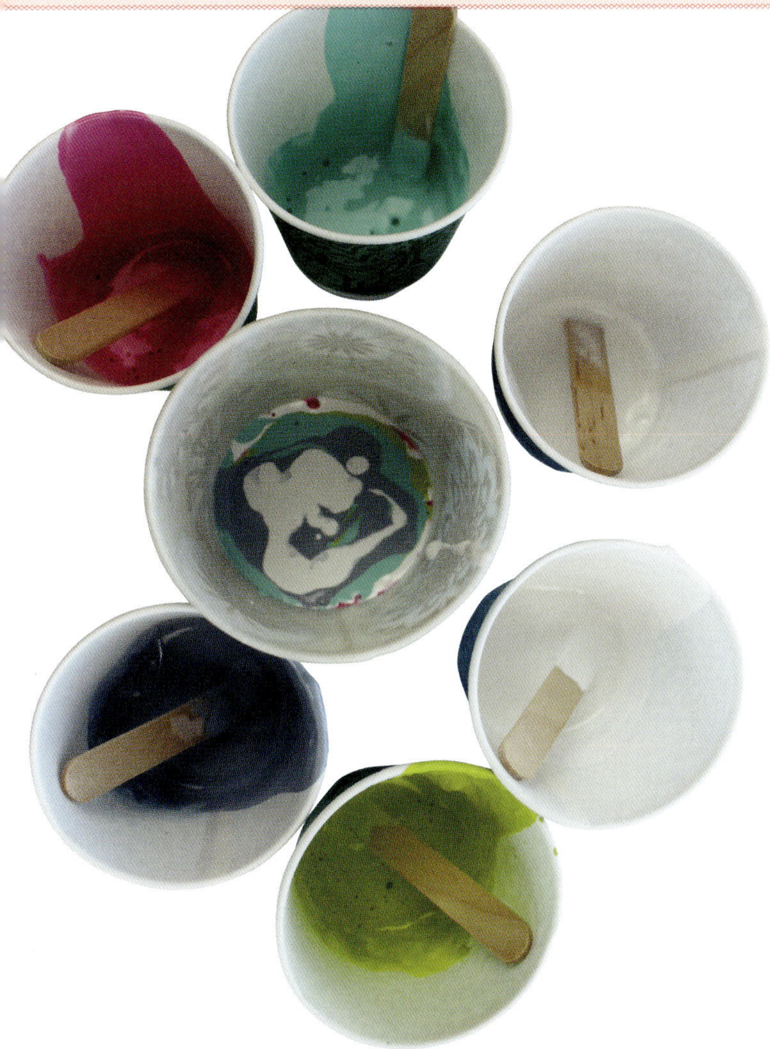

3. Leim und destilliertes Wasser im Verhältnis 2:1 mischen.

4. Die Menge der Leimmischung hängt davon ab, wie dick oder dünn die Farbe ist. Ich habe mit 1 Teil Leimmischung und 2 Teilen Farbe gearbeitet. Die Konsistenz soll an geschmolzene Eiscreme erinnern.

5. Die Farbmischungen in den einzelnen Behältern mit Eisstielen umrühren.

6. Nun von verschiedenen Farben kleine Mengen in einen leeren Becher gießen. NICHT umrühren!

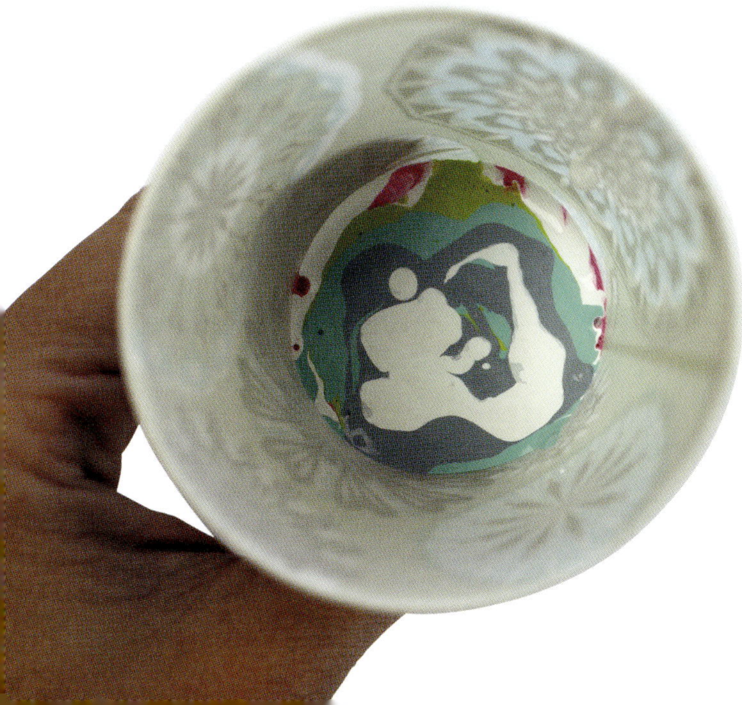

7. Die Steine auf einen Pappteller oder ein Küchengitter legen. Beim Küchengitter einen großen Lappen oder weitere Steine unterlegen, um die herabtropfende Farbe aufzufangen.

8. Nun den Becher, in dem sich mehrere Farben befinden, nehmen und die Mischung über die Steine gießen.

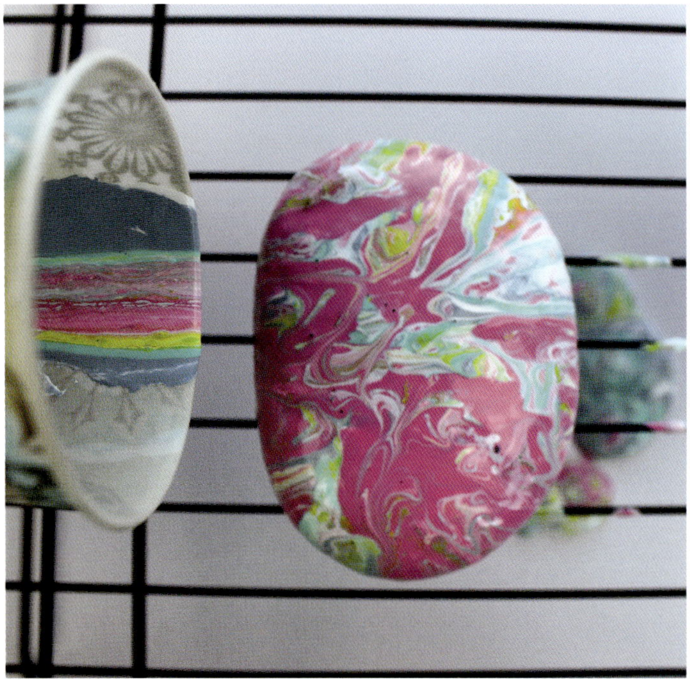

9. Um eine einzelne Farbe zu verstärken, kann diese direkt auf einen Stein gegossen werden.

10. Du kannst die Farben noch mit einem Zahnstocher ineinanderziehen.

11. Jetzt müssen die Steine trocknen, zum Beispiel auf Backpapier, auf einem leeren Eierkarton oder einem sauberen Bereich des Gitters.

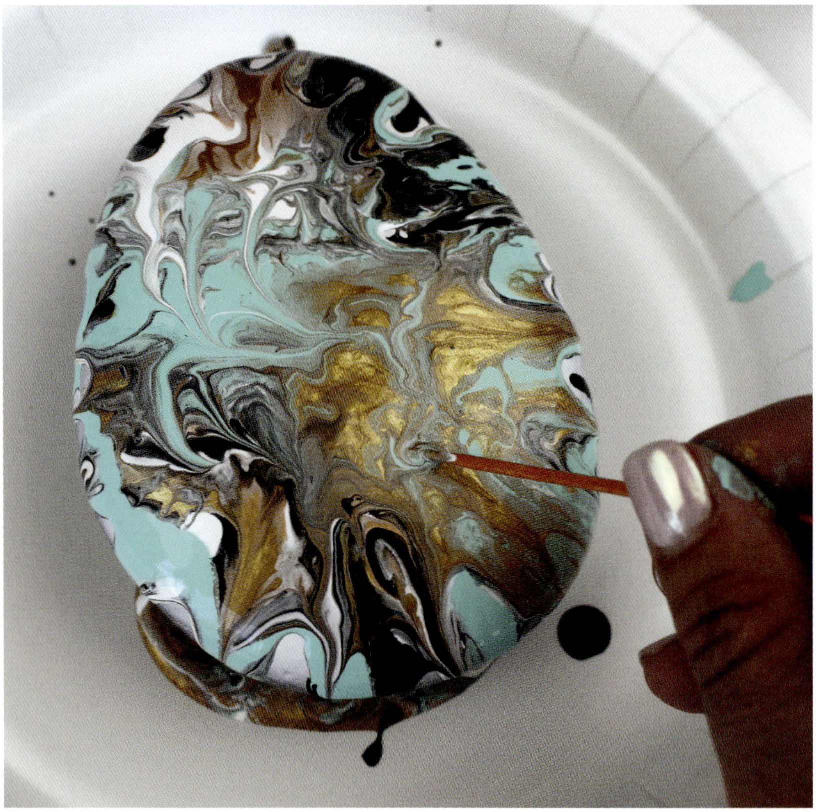

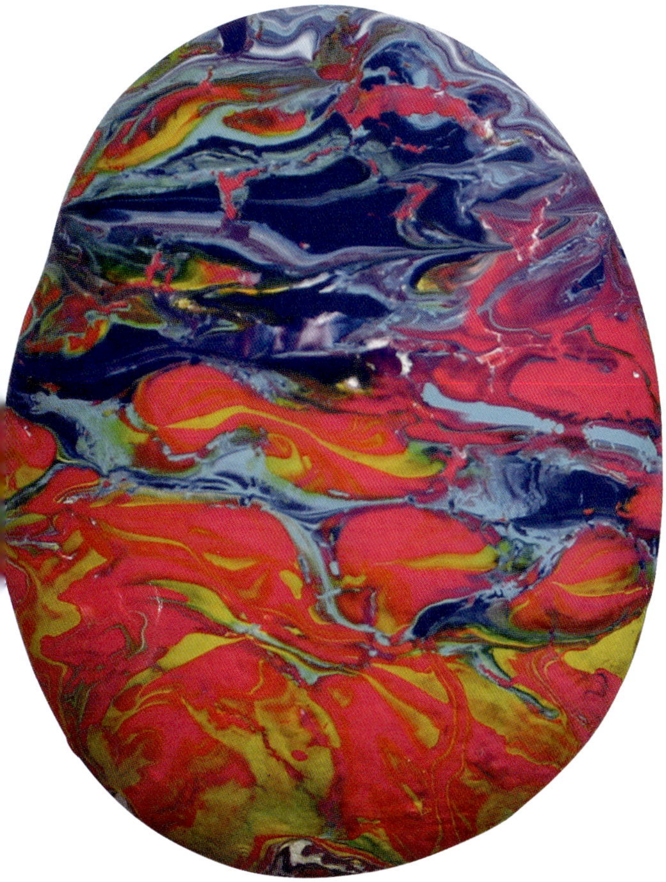

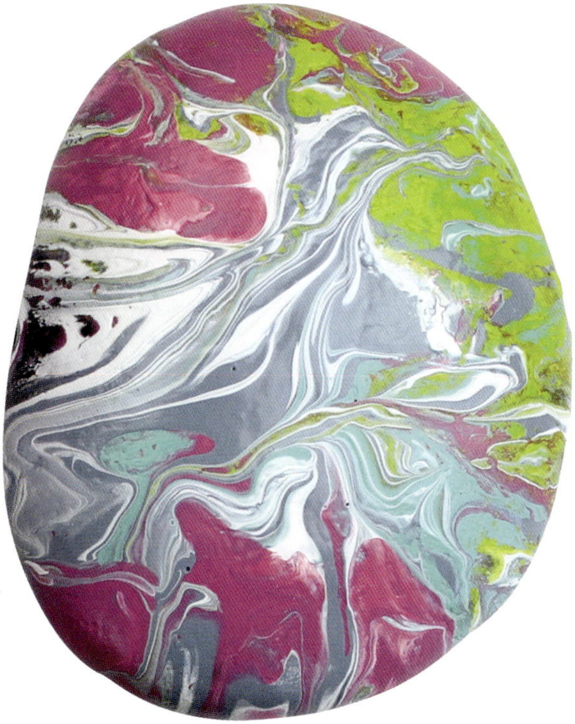

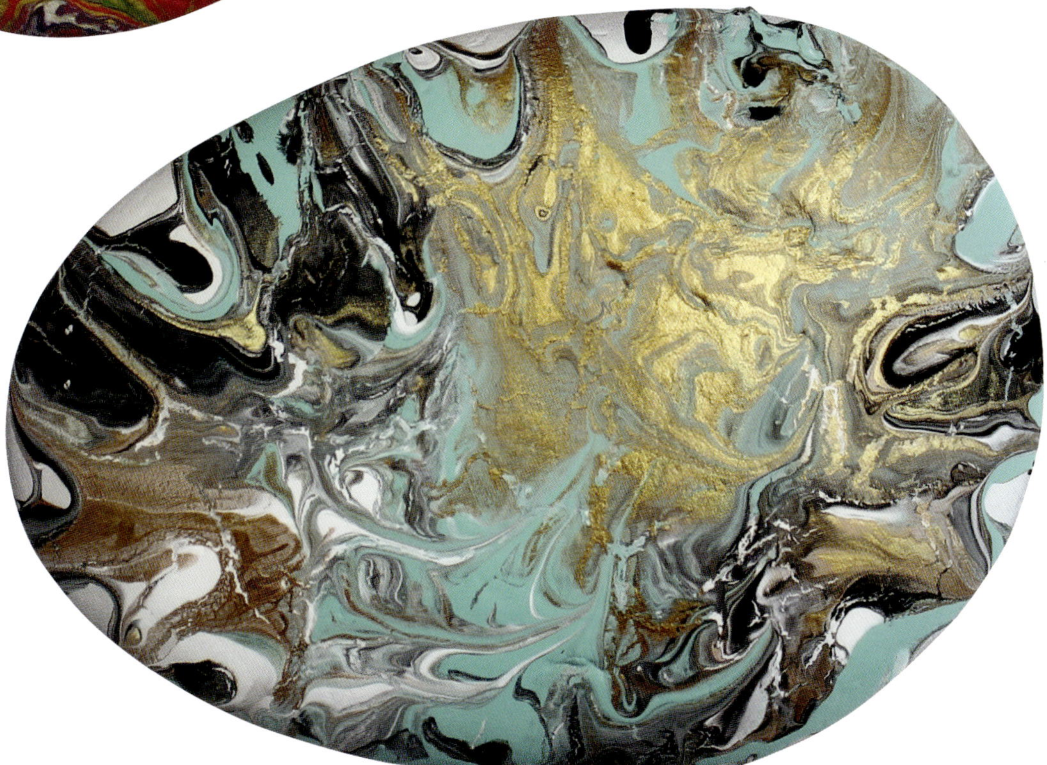

KAPITEL 7

FARBSTIFTE

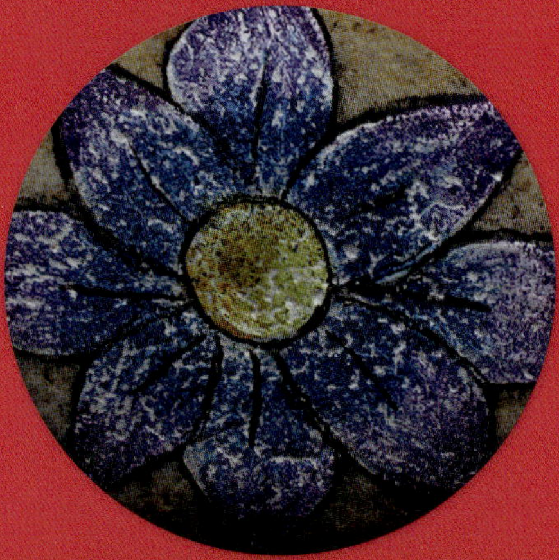

Dass sich Farbstifte zum Malen auf Steinen eignen, erwartet man gar nicht. Tatsächlich gelingen damit aber sehr schöne, zarte Dekorationen. Soll die Farbe stärker decken, übermalt man sie einfach mehrmals. Weil Steine immer rau sind, wird der Farbauftrag nie ganz gleichmäßig, aber gerade darin liegt der Reiz dieses Mediums.

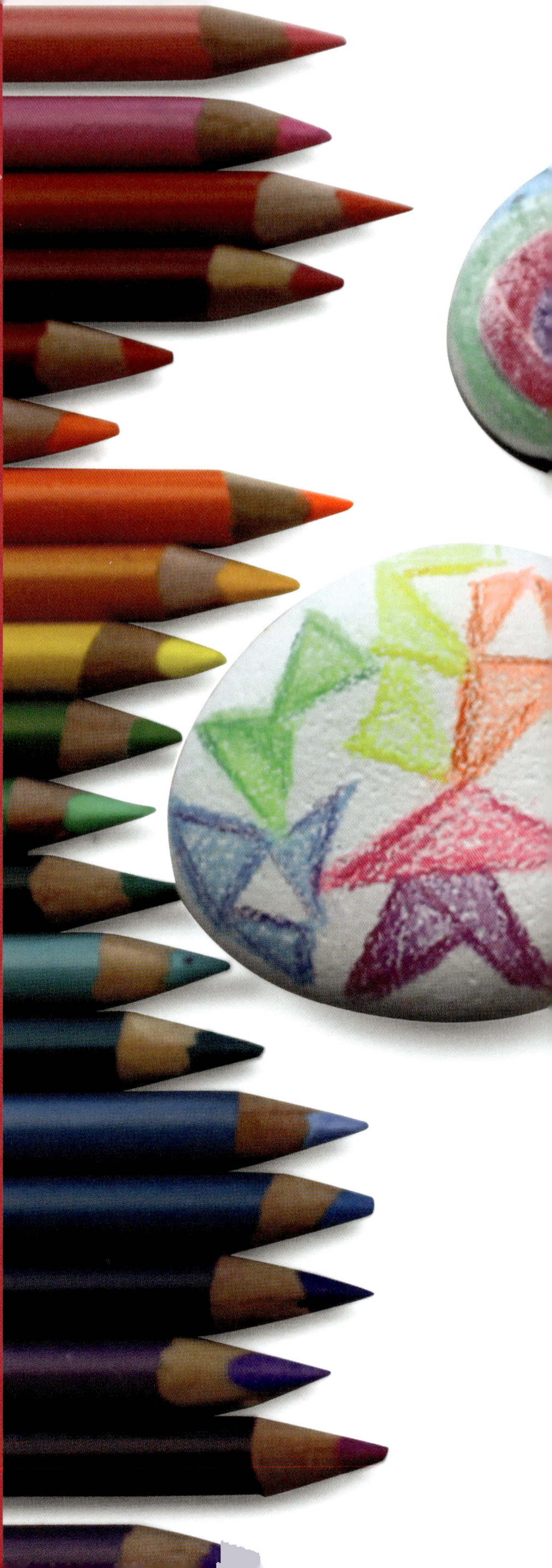

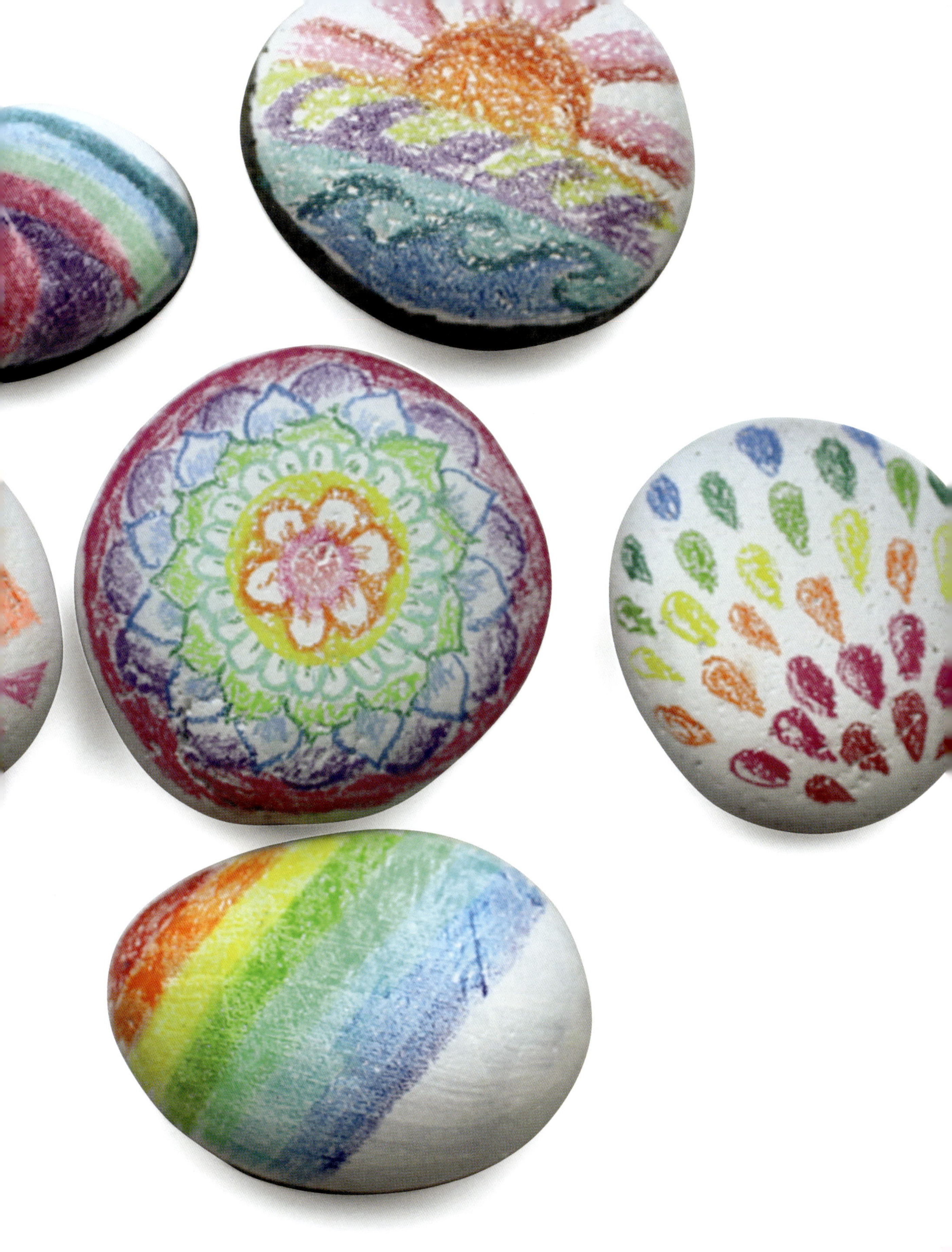

Für farbintensive Motive muss der Stein zuerst weiß grundiert werden (siehe Seite 13).

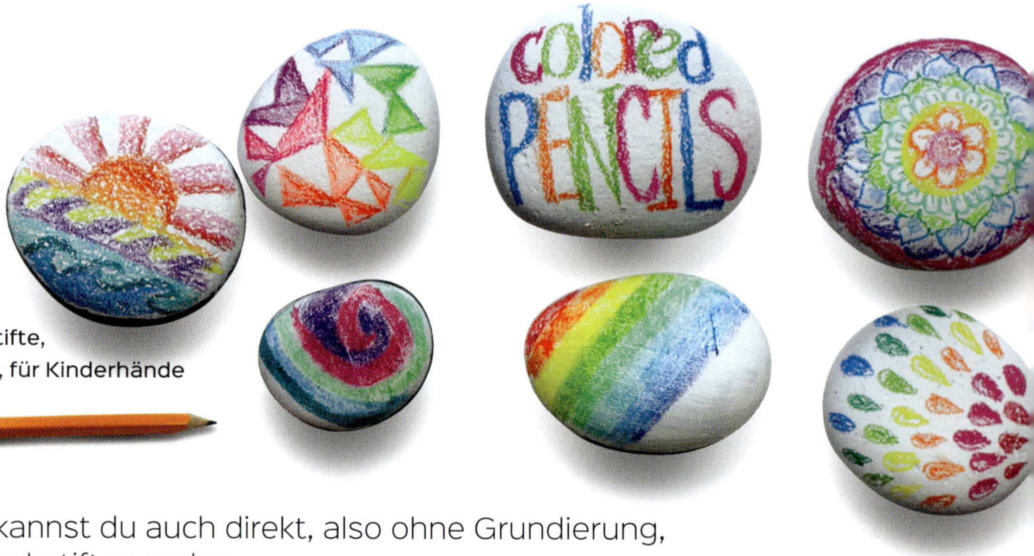

Verwendete Stifte:
eeBoo Fluorescent Farbstifte,
auch als Jumbo erhältlich, für Kinderhände

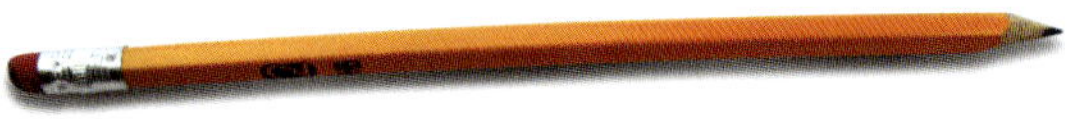

Auf hellen Steinen kannst du auch direkt, also ohne Grundierung, mit hochwertigen Farbstiften malen.

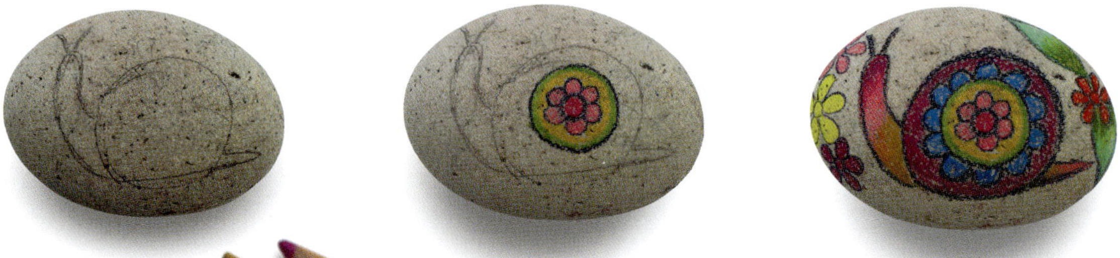

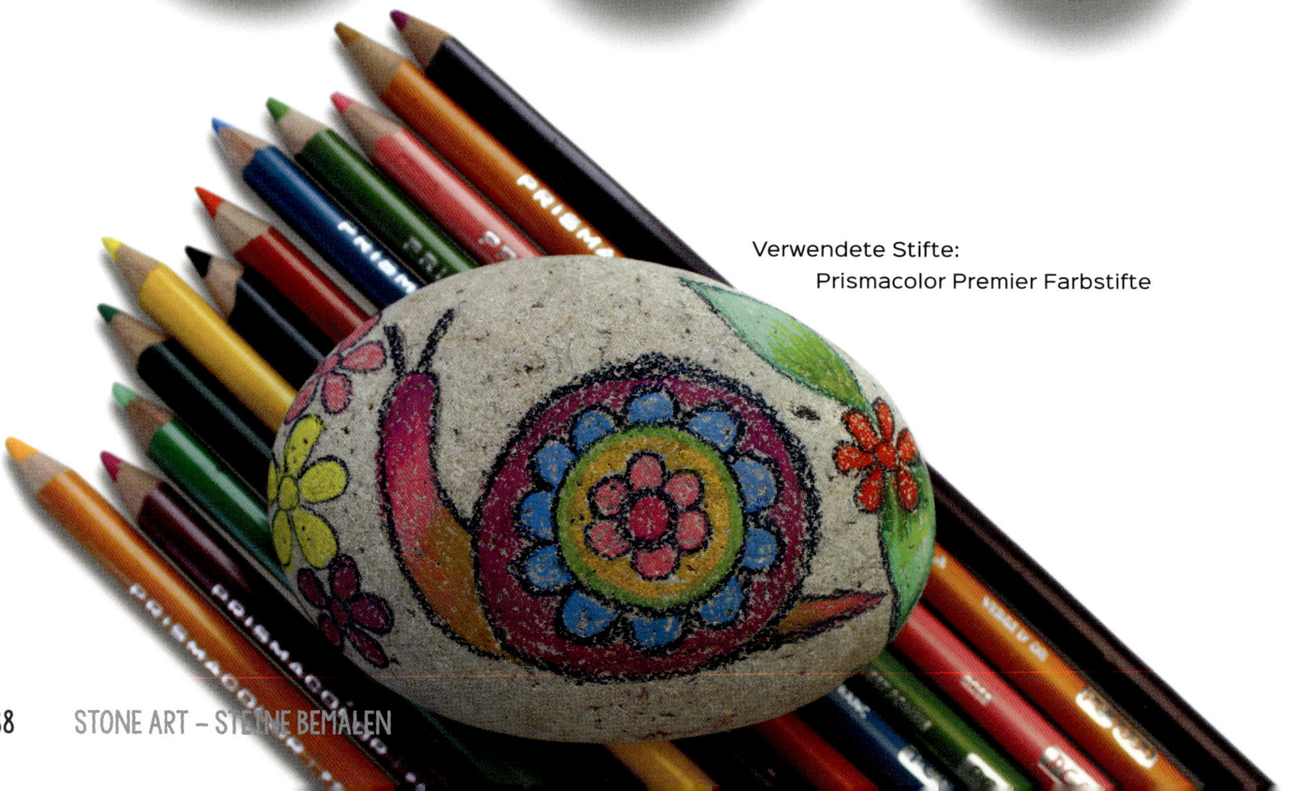

Verwendete Stifte:
Prismacolor Premier Farbstifte

Schattieren mit Farbstiften

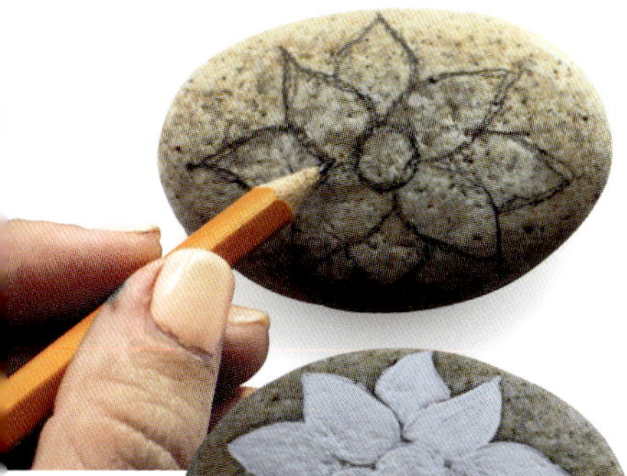

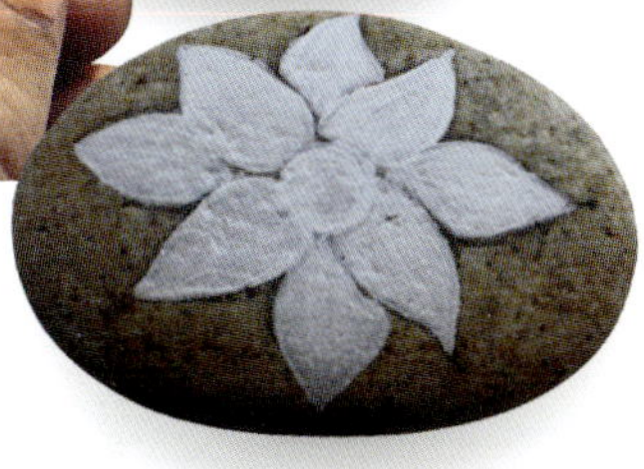

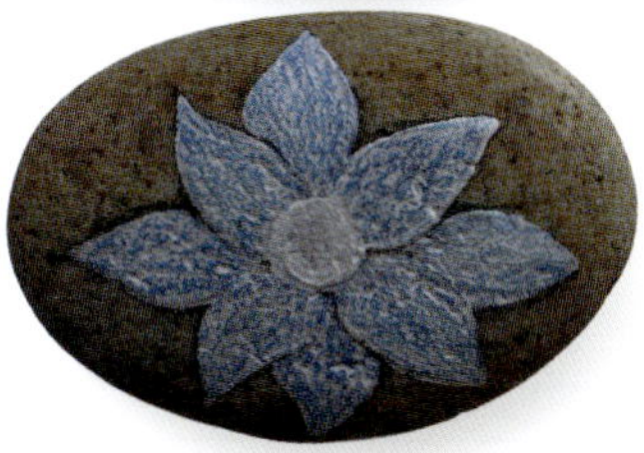

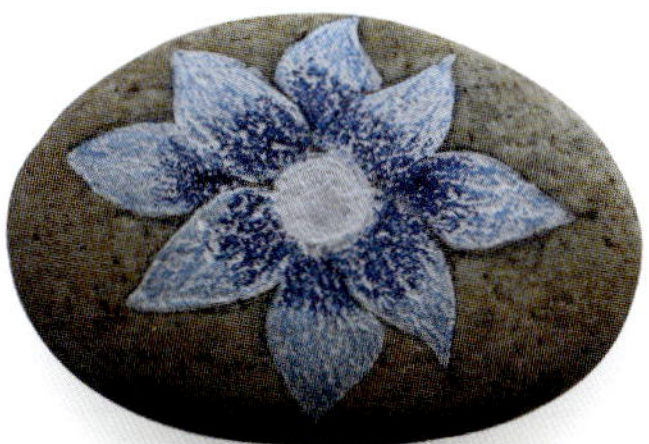

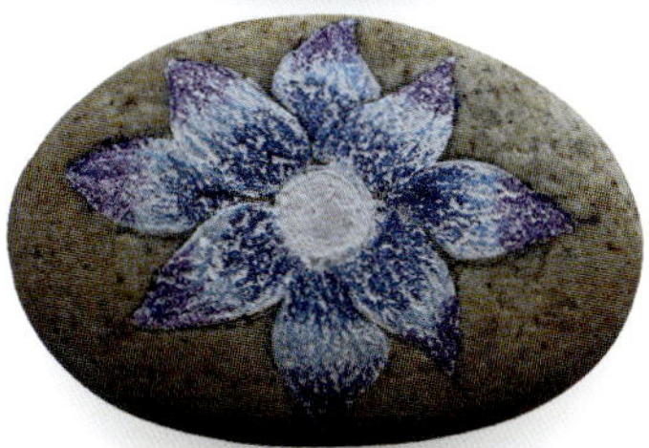

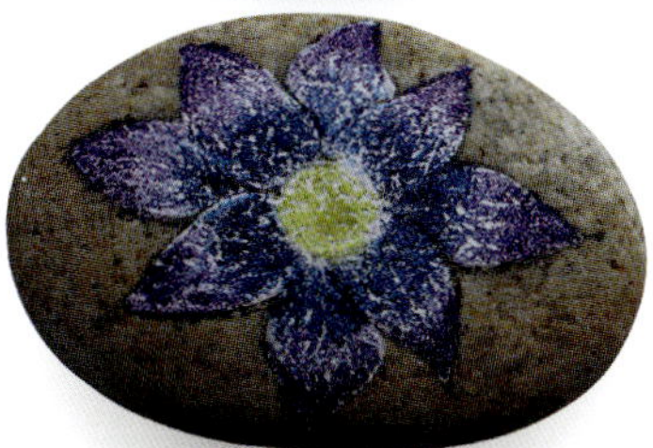

ANLEITUNG

1. Mit einem Bleistift 2B die Umrisse des Motivs auf dem Stein vorzeichnen.

2. Das Motiv mit weißer Acrylfarbe ausmalen. Vollständig trocknen lassen.

3. Mit dem hellsten Farbstift beginnen. Mit kleinen, kreisförmigen Bewegungen malen.

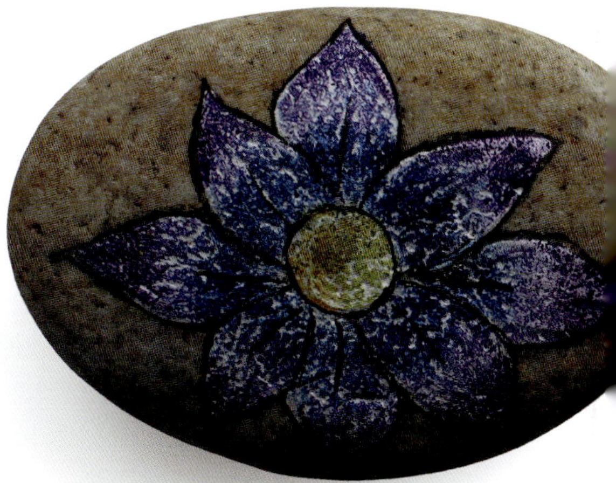

4. Dann folgt die nächstdunklere Farbe.

5. Mit der dunkelsten Farbe enden.

6. Einzelne Stellen, in denen der Farbübergang zu hart ist, nochmals nacharbeiten.

7. Die schwarze Kontur und die Details mit Acrylfarben und einem dünnen Pinsel malen.

Verwendete Stifte: Prismacolor Premier Farbstifte

Aquarellstifte

Mit Aquarellstiften kannst du auf Steinen wunderschöne Hintergründe und Motive malen.

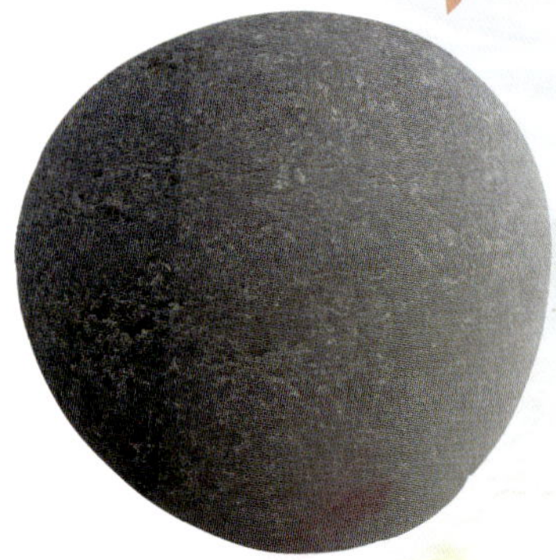

Material:

- Aquarellstifte, z.B. von Staedtler, Caran d'Ache oder Faber-Castell
- Pinsel

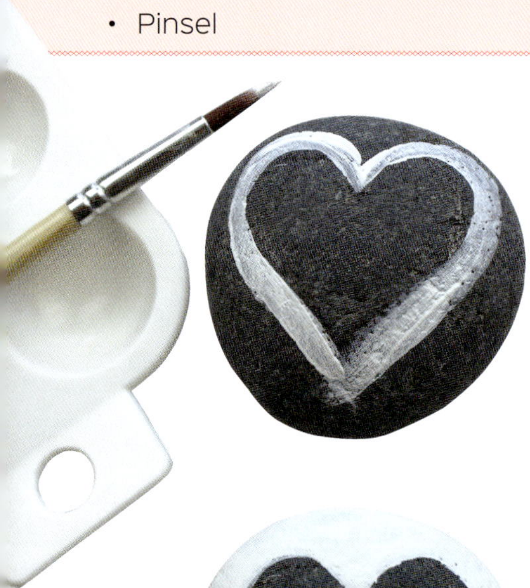

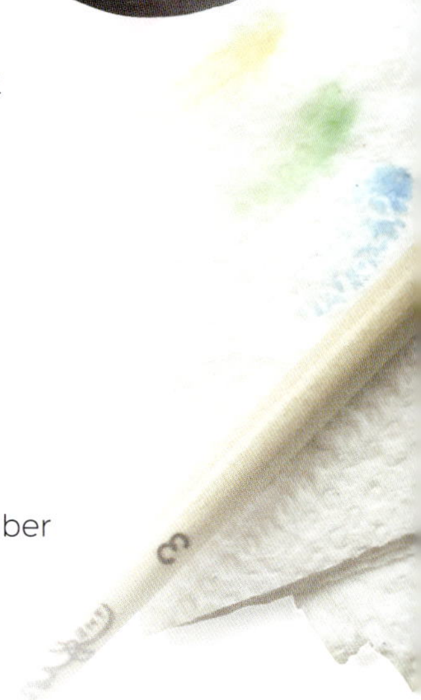

ANLEITUNG

1. Zuerst den Stein überall dort, wo er bemalt werden soll, weiß grundieren (siehe Seite 13).

2. Mit einem Aquarellstift direkt auf dem Stein zeichnen.

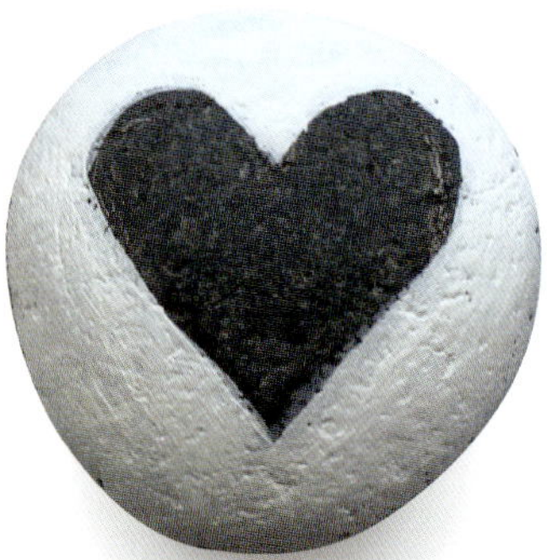

3. Den Pinsel in Wasser tauchen und damit über die Farbstiftstriche streichen.

4. Den Pinsel vor jedem Farbwechsel mit einem Papiertuch abwischen.

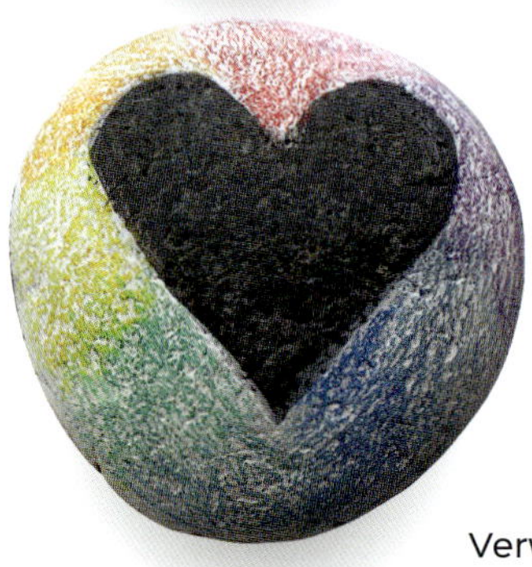

5. Das Motiv vollständig trocknen lassen.

6. Danach kannst du Details oder weitere Motive malen.

Verwendete Stifte: OOLY Color Splash Aquarellstifte

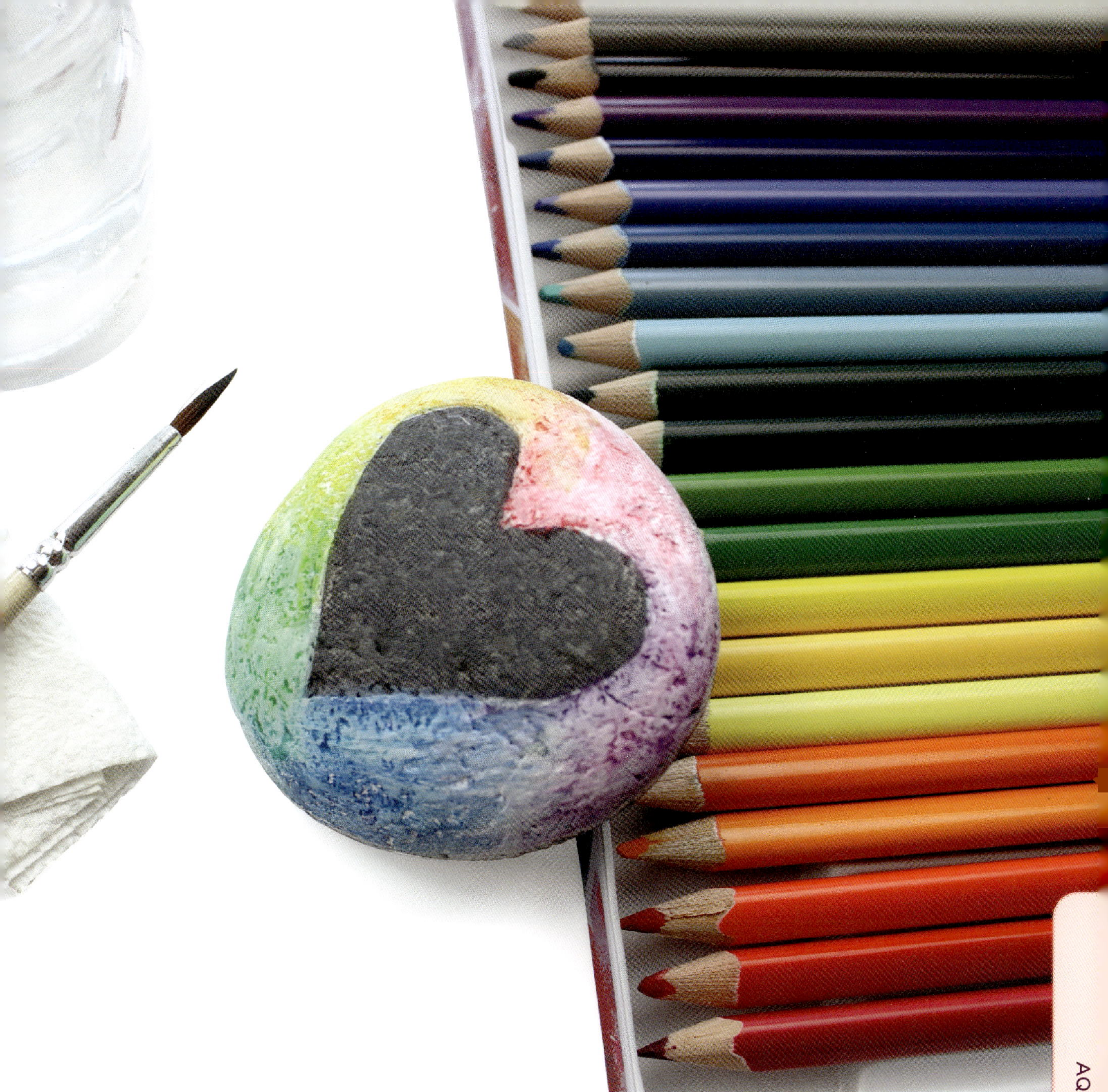

VERSIEGELN

Selbst ganz einfache Farbstiftmalereien sehen hinreißend aus, wenn man sie mit glänzendem Lack überzieht. Die Motive wirken, als betrachte man sie durch Glas. Für diesen Zweck verwende ich am liebsten den Sprühlack Rust-O-Leum Triple Thick Spray (siehe auch Kapitel 2).

KAPITEL 8

DÉCOUPAGE

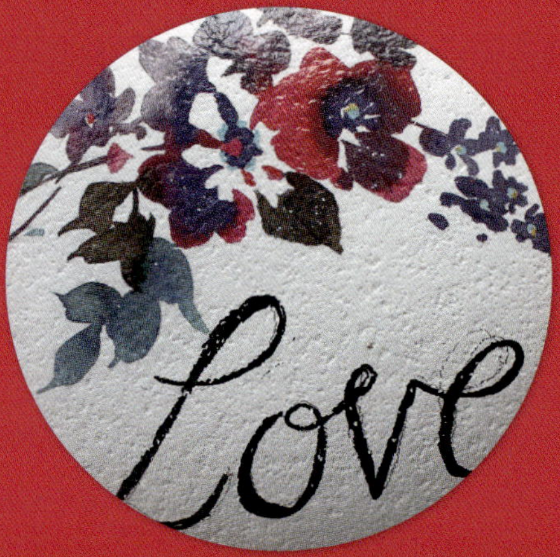

Steine sind für Découpage-Techniken wie geschaffen. Die Motive können aus vielen verschiedenen Materialien ausgeschnitten werden.

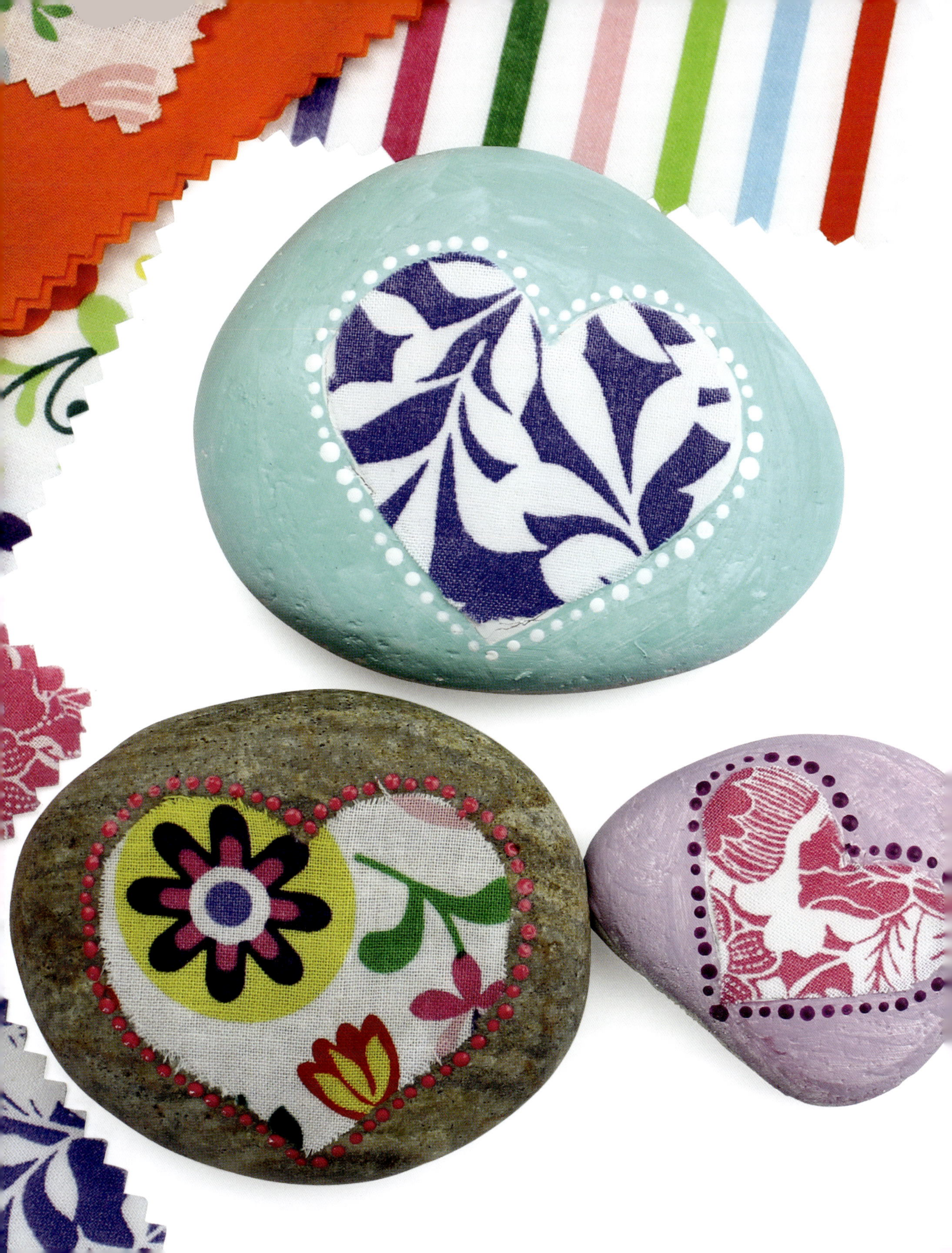

Diese Materialien eignen sich für die Découpage-Technik auf Steinen:

- Schmuckpapier – dünnere Qualitäten lassen sich leichter verarbeiten.
- Alte Buchseiten und Notenblätter – schau dich bei etsy nach Verkäufern um!
- Papierservietten
- Stoff
- Seiten aus Malbüchern
- Seidenpapier
- Temporäre Tattoos
- Geschenkpapier
- Origamipapier

Diese Materialien brauchst du außerdem:

- Découpagekleber
    - Im Fachhandel gibt es verschiedene Produkte. Ich arbeite gern mit Serviettenkleber von Mod Podge oder einem der Decou-Page-Produkte von DecoArt Americana. Andere Hersteller sind etwa Marabu und décopatch.
- Frischhaltefolie (Hilfsmittel für Servietten und Seidenpapier)
- Schaumstoffpinsel
- Pinsel
- Schere
- Eisstiel aus Holz zum Glätten (bei Bedarf)

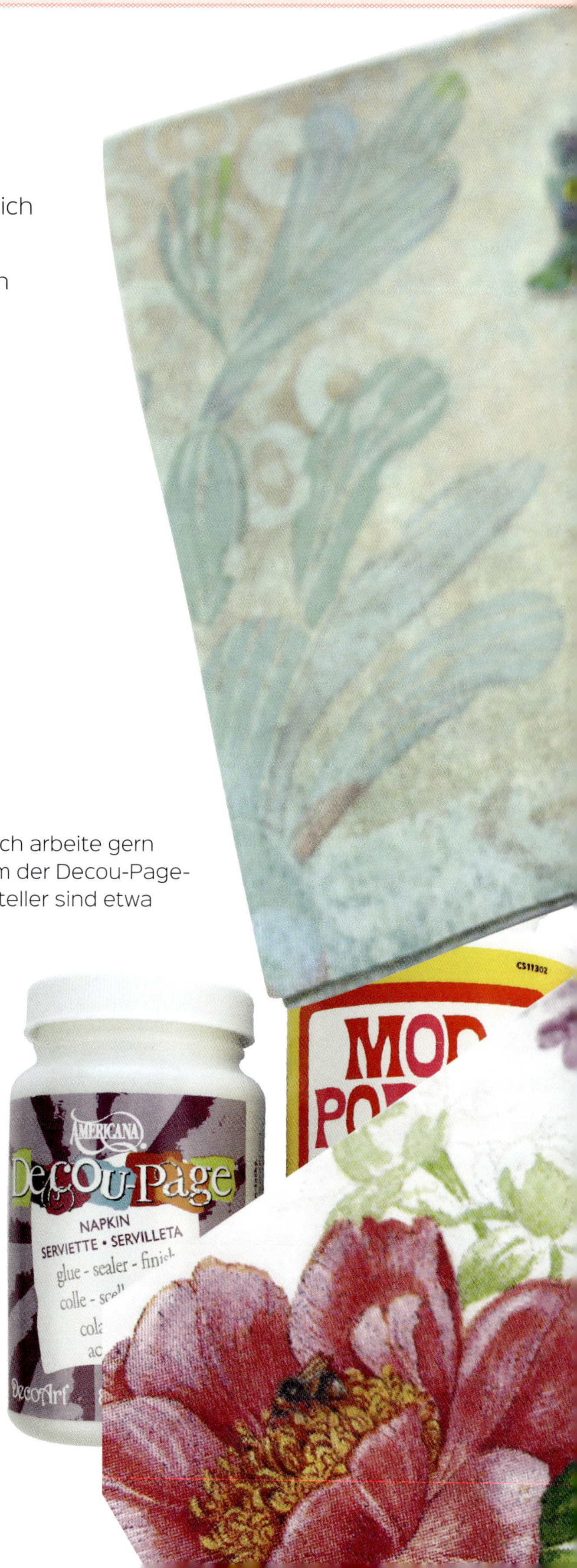

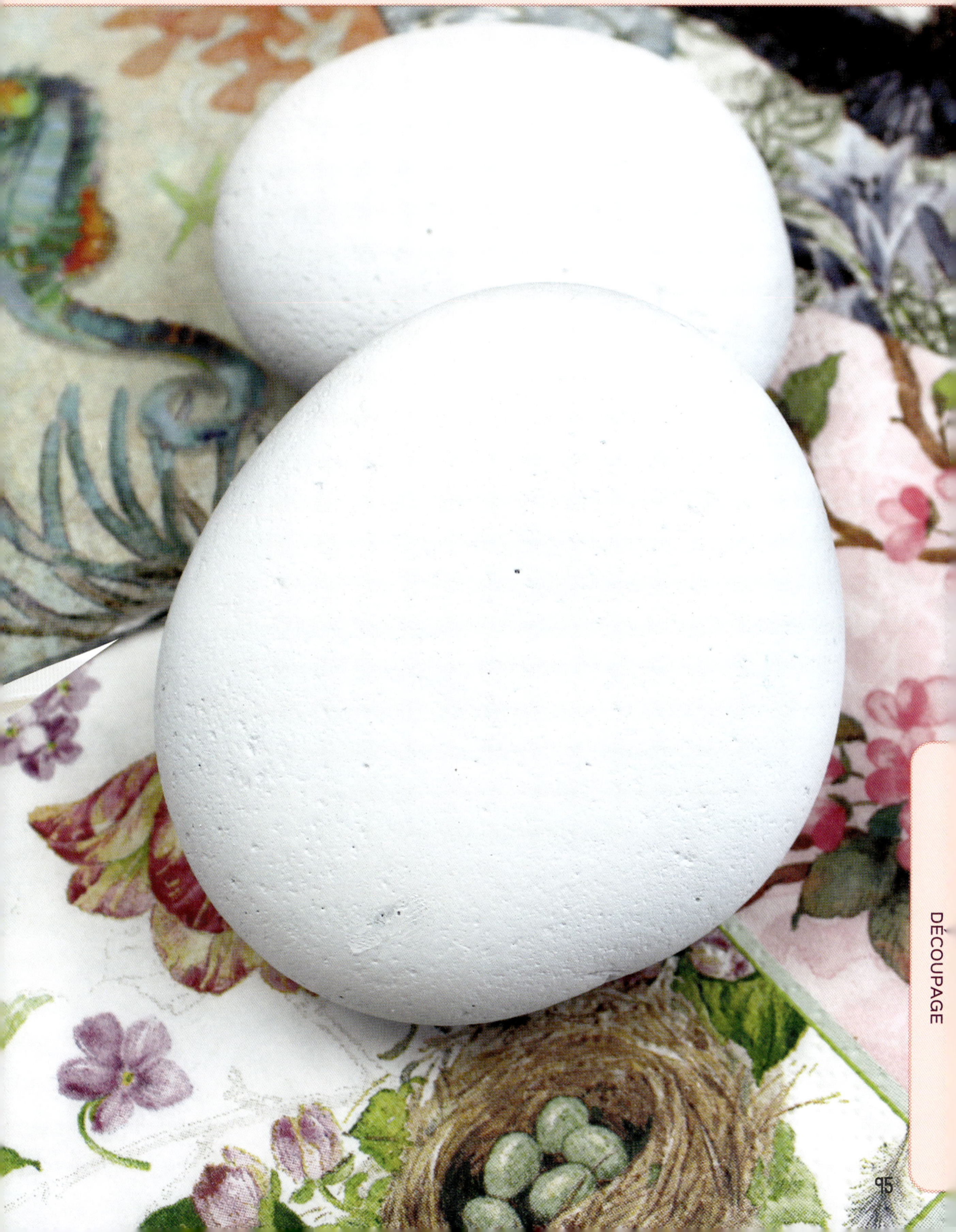

Papier

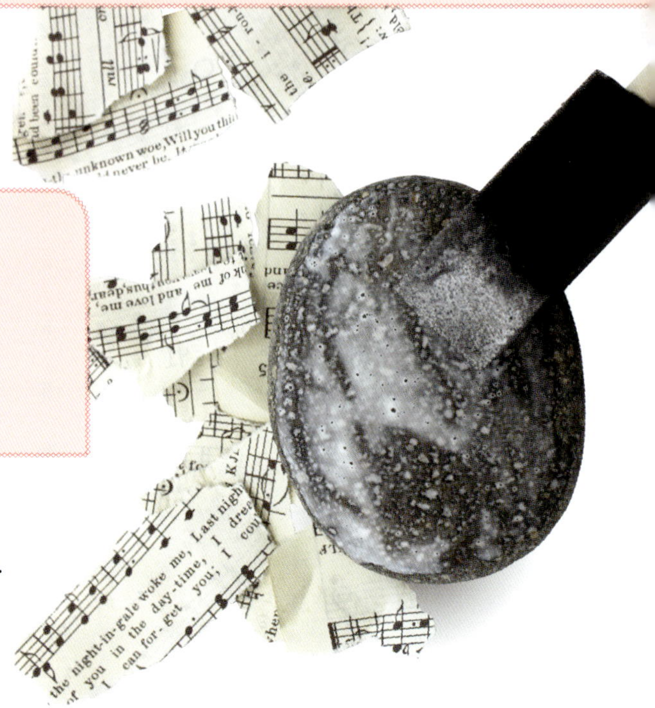

Material:

- Découpagekleber
- Dekoratives Papier
- Pinsel oder Schaumstoffpinsel
- Eisstiele aus Holz zum Basteln (bei Bedarf)

ANLEITUNG

1. Das Papier nicht in Stücke schneiden, sondern reißen. So fallen die Übergänge später weicher aus.

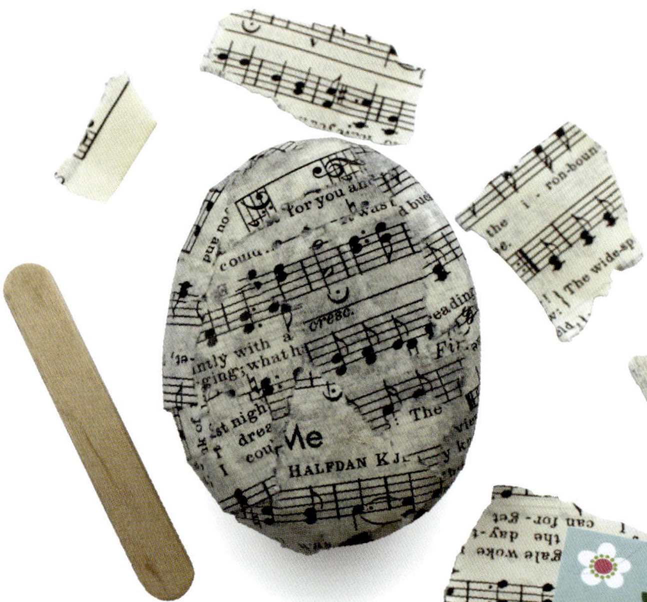

2. Den Stein mit Découpagekleber bestreichen und die Papierstücke aufkleben. Sie sollen sich überlappen, damit der Stein ganz bedeckt ist. Falten mit dem Holzstäbchen glätten.

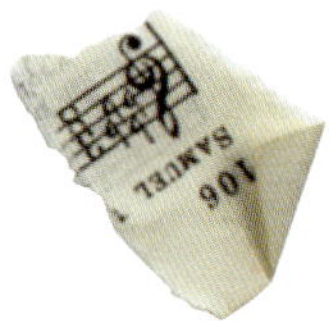

3. Weitere Papierstücke oder ausgeschnittene Formen aufkleben.

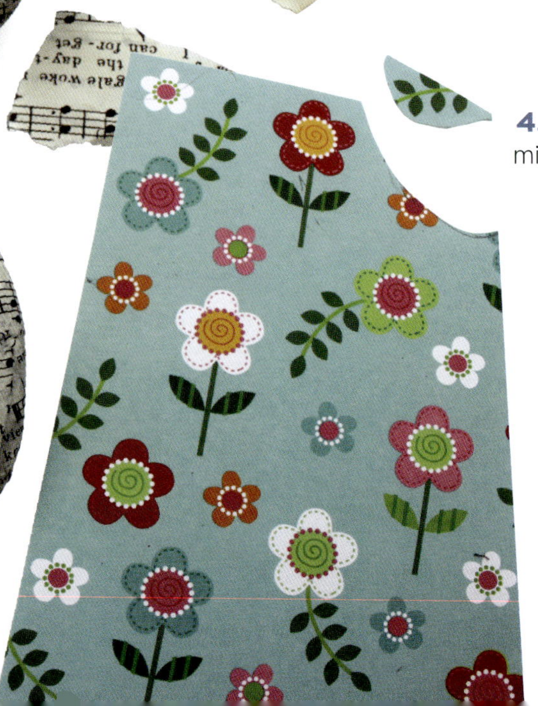

4. Du kannst auch Details mit Acrylfarbe aufmalen.

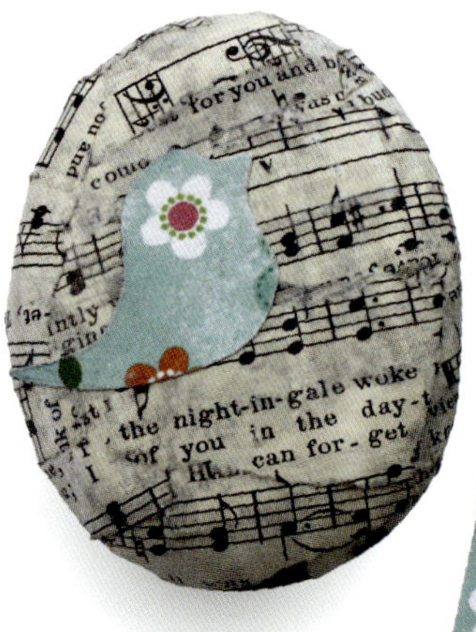

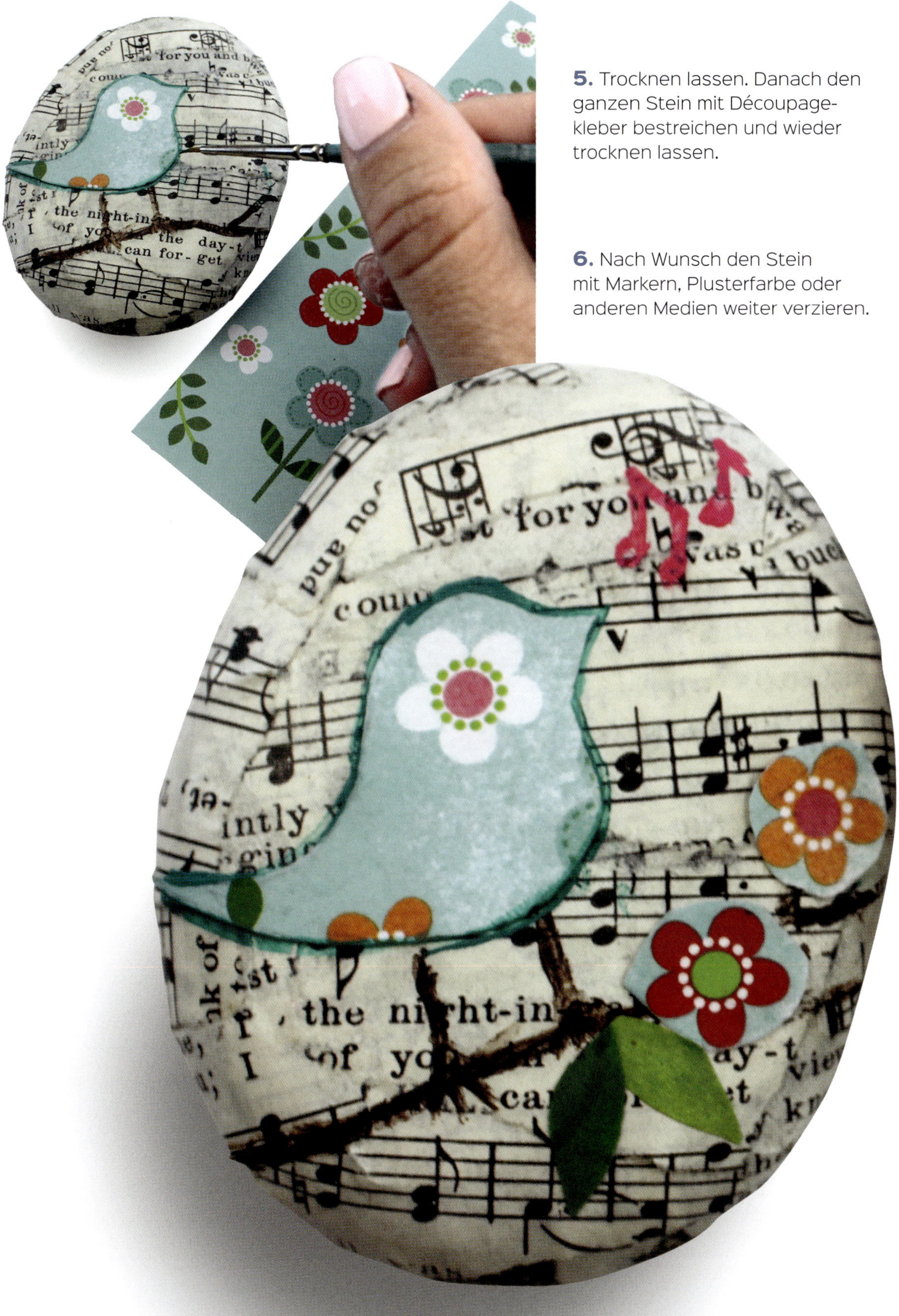

5. Trocknen lassen. Danach den ganzen Stein mit Découpagekleber bestreichen und wieder trocknen lassen.

6. Nach Wunsch den Stein mit Markern, Plusterfarbe oder anderen Medien weiter verzieren.

Servietten

Weil Servietten viel dünner als normales Papier sind, musst du hier ein wenig anders vorgehen.

Material:

- Découpagekleber
- Servietten
- Pinsel
- Frischhaltefolie

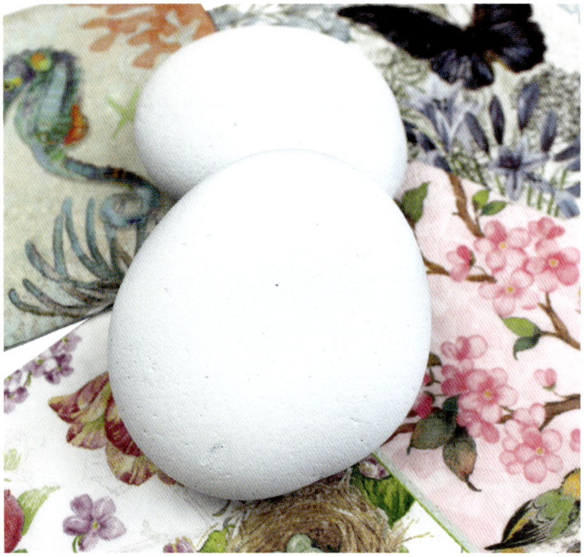

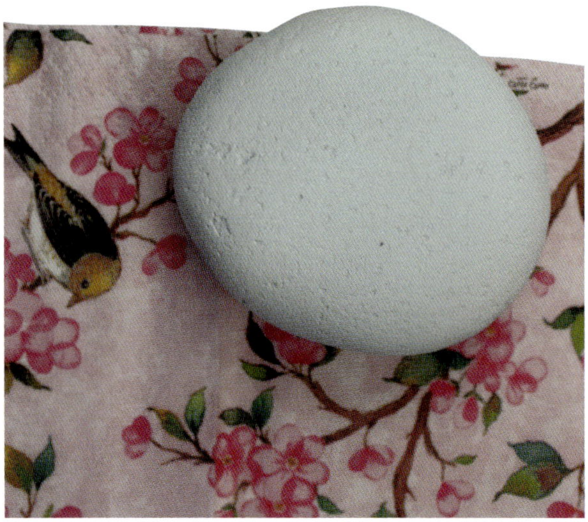

ANLEITUNG

1. Den Stein weiß grundieren, damit die Farben der Serviette gut zur Geltung kommen (siehe Seite 13).

2. Den Teil der Serviette aussuchen, der auf den Stein geklebt werden soll.

3. Einen Pinsel anfeuchten und mit Wasser einen Kreis um das gewählte Motiv malen. So lässt es sich kontrollierter ausreißen, ohne Schaden zu nehmen.

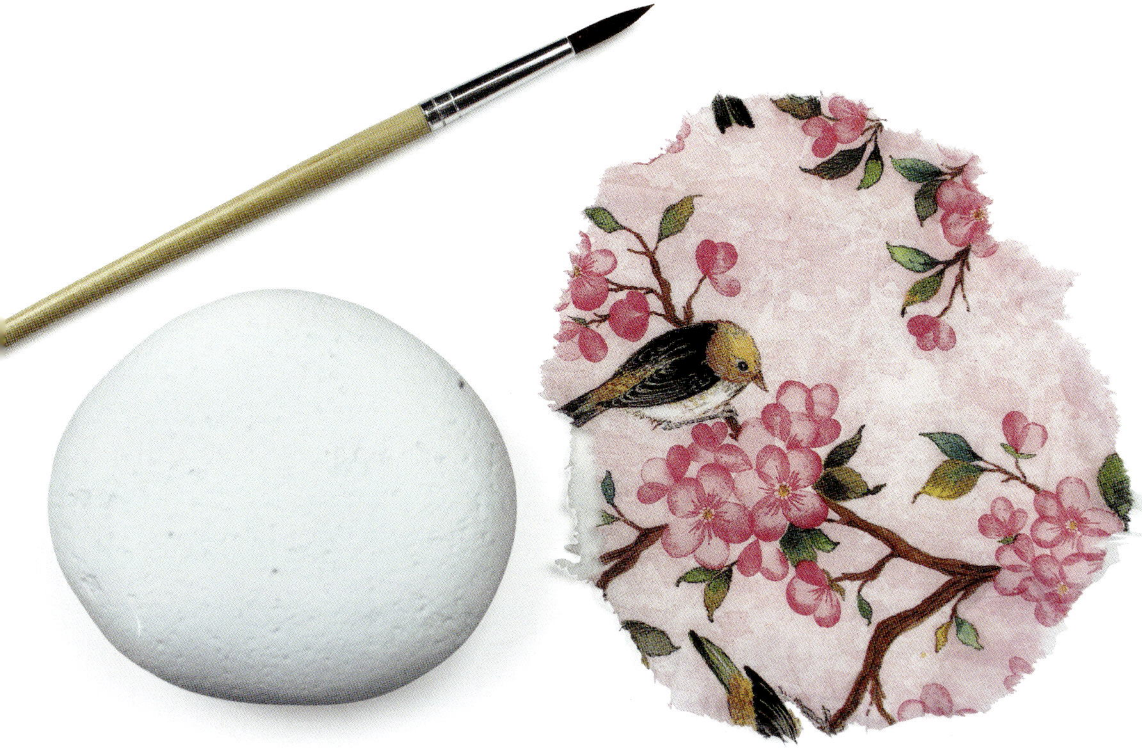

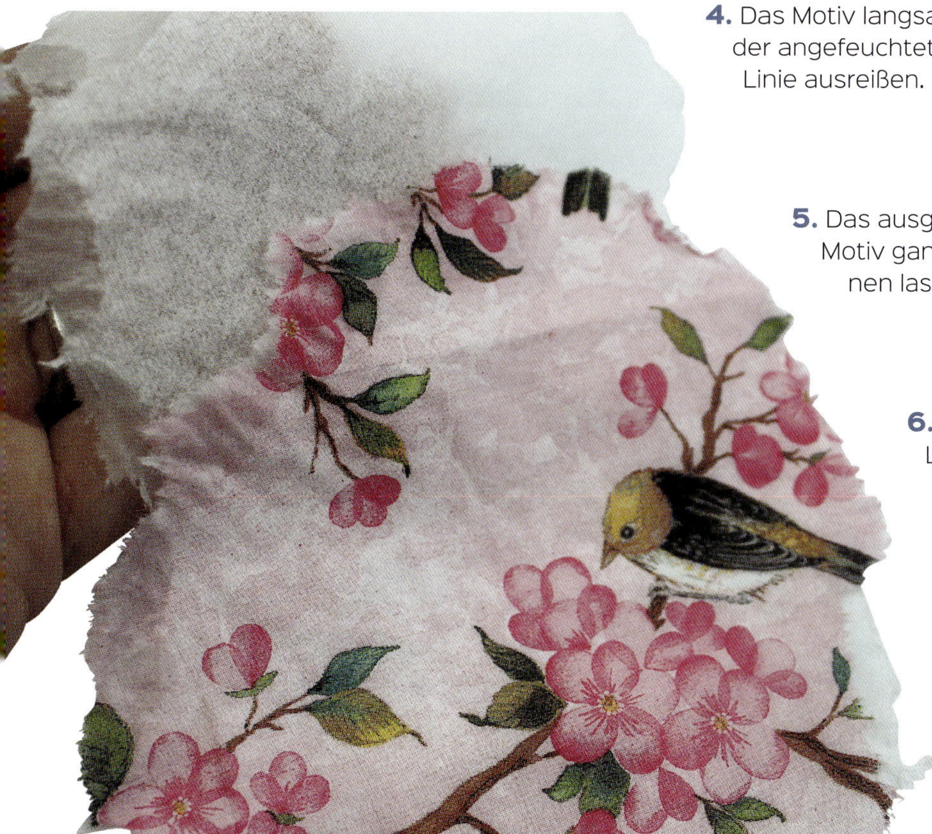

4. Das Motiv langsam entlang der angefeuchteten Linie ausreißen.

5. Das ausgerissene Motiv ganz trocknen lassen.

6. Die bedruckte Lage ablösen.

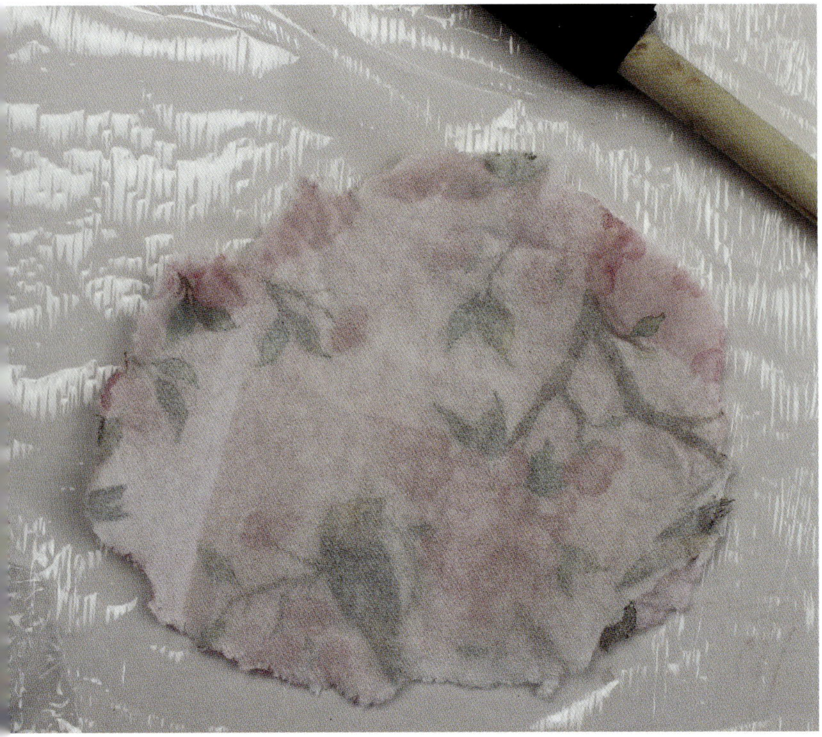

7. Das Serviettenmotiv mit der Bildseite auf ein Stück Frischhaltefolie legen.

8. Das Motiv dünn mit Découpagekleber bestreichen.

9. Nun die Folie anheben und mitsamt dem Motiv auf den Stein legen.

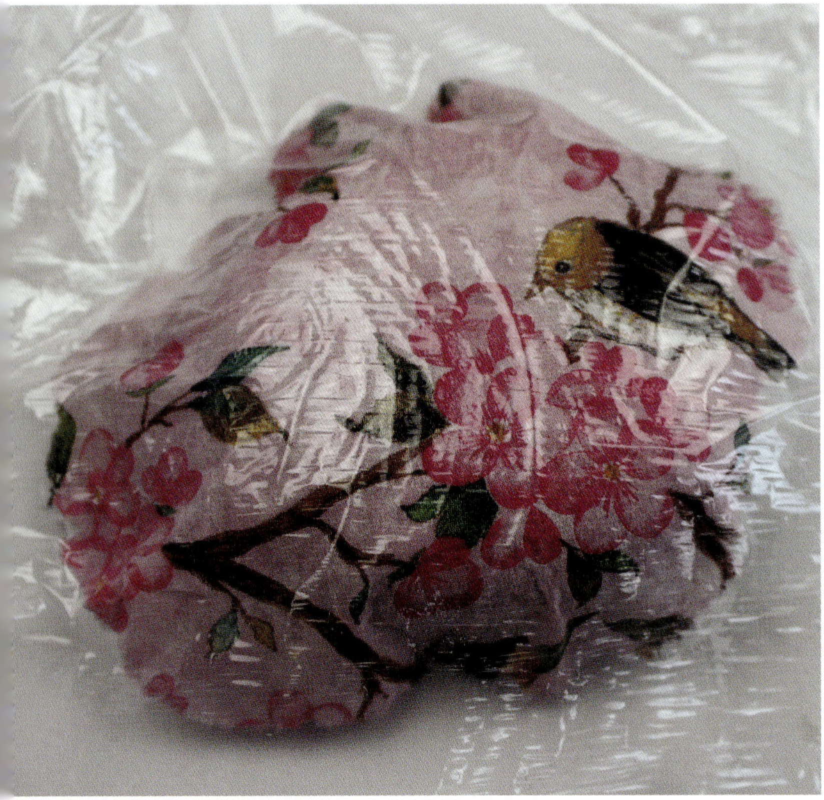

10. Das Motiv an die gewünschte Position schieben. Vorsichtig an den Rändern der Folie ziehen, um das Motiv zu glätten. Du kannst auch mit dem Finger über die Folie streichen.

11. Die Folie vorsichtig ablösen. Das Serviettenmotiv bleibt auf dem Stein haften.

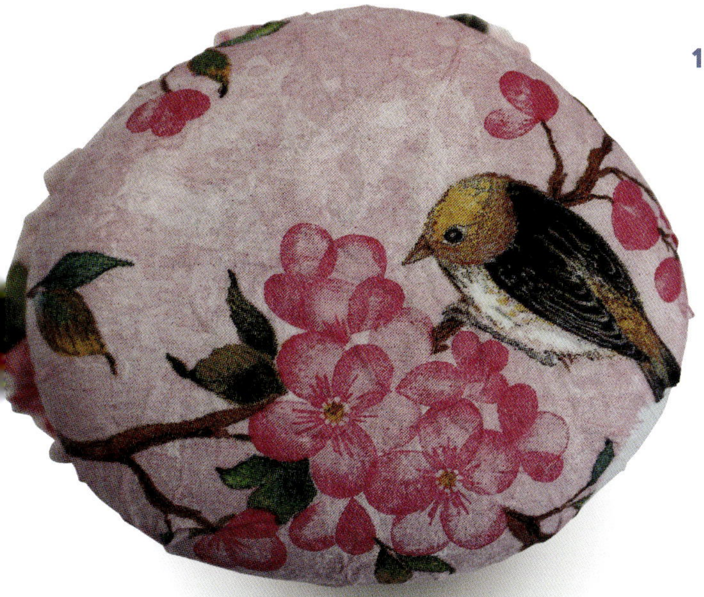

12. Lose Ränder kannst du trocknen lassen und mit einer Nagelfeile abfeilen. Alternativ kannst du sie auf der Unterseite des Steins mit etwas Découpagekleber befestigen.

13. Die Rückseite des Steins kannst du bemalen oder mit einem anderen Serviettenmotiv bekleben.

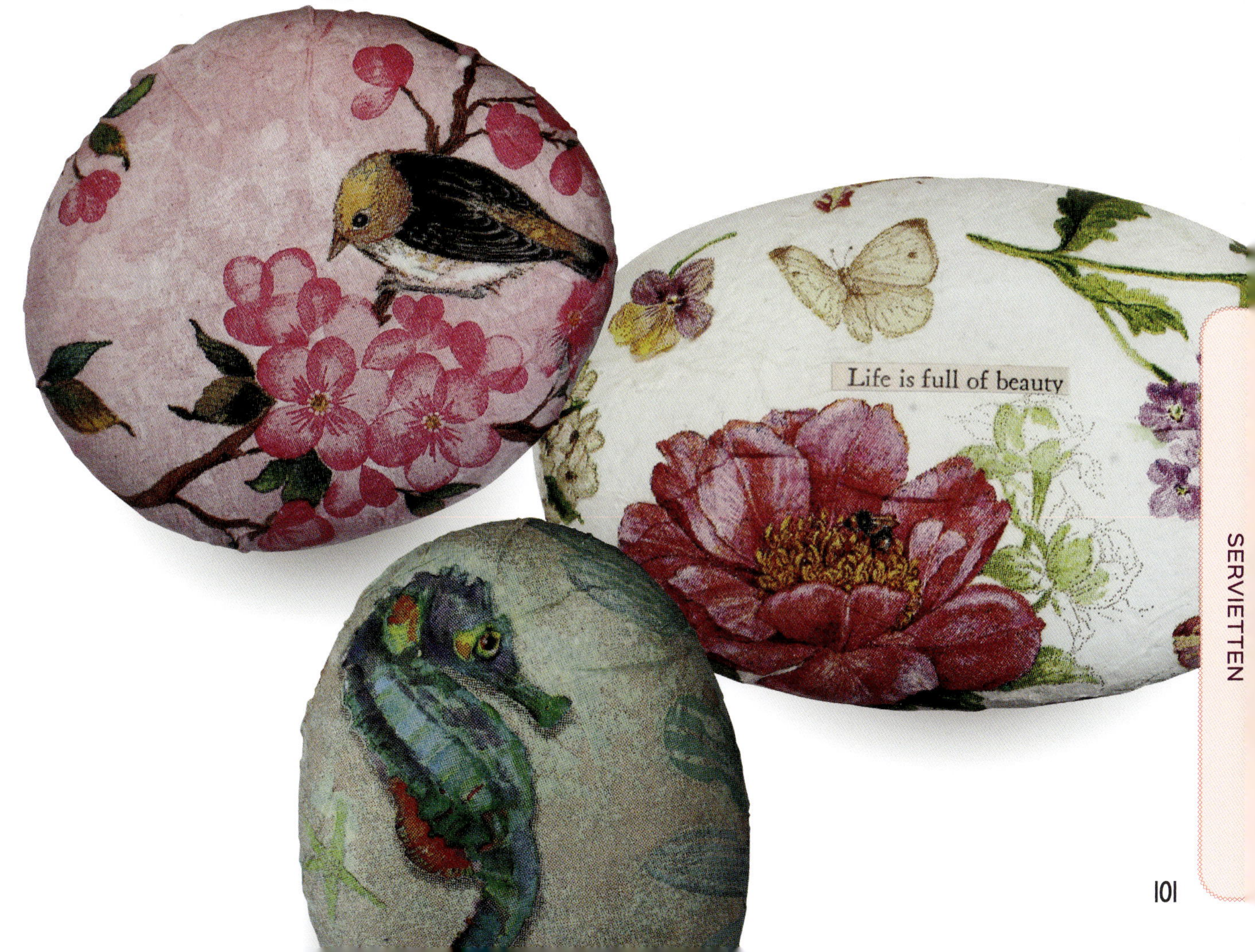

Stoff

Découpage mit Stoff kann wegen der Gewebetextur sehr reizvoll aussehen. Schneide zuerst einfache Formen aus dem Stoff aus.

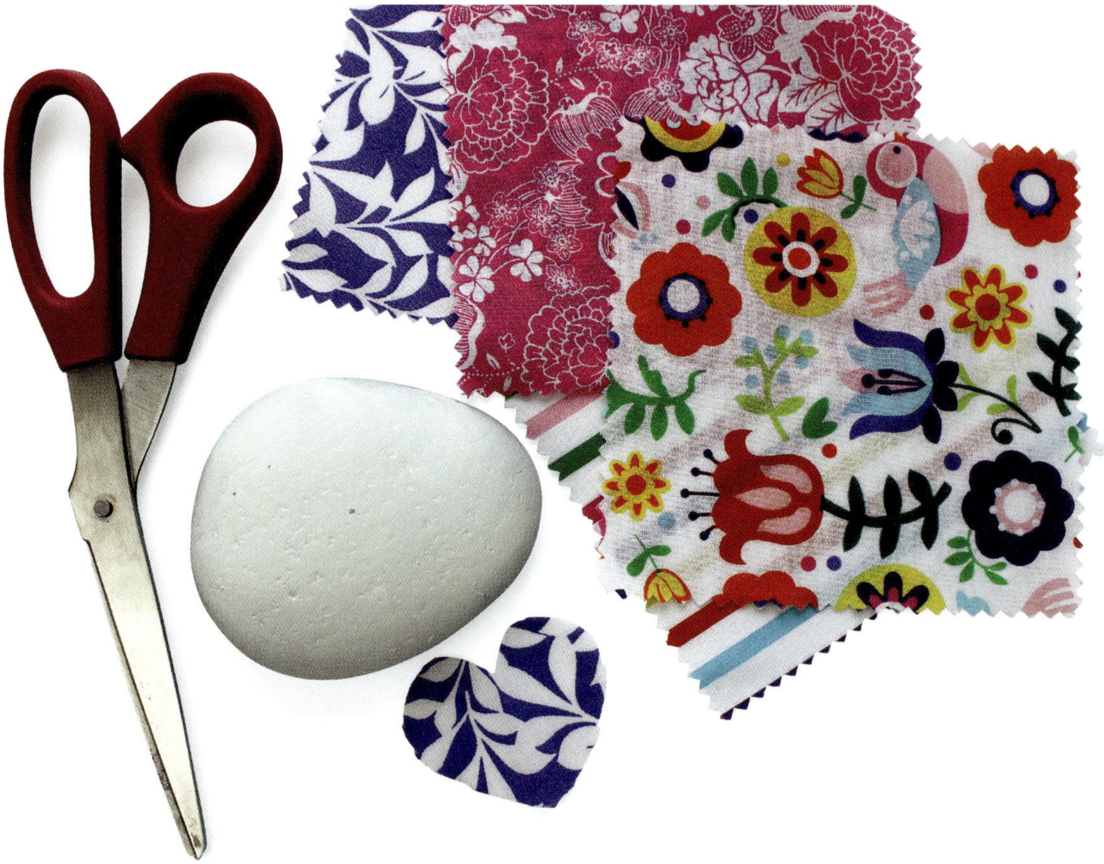

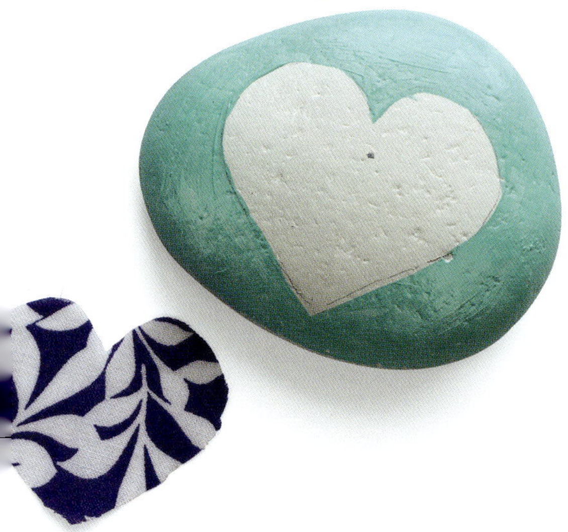

1. Den Stein weiß grundieren. Danach kannst du ihn mit einer weiteren Farbe bemalen.

2. Der Motivbereich muss ausgespart werden, damit die Hintergrundfarbe später nicht durch den Stoff schimmert.

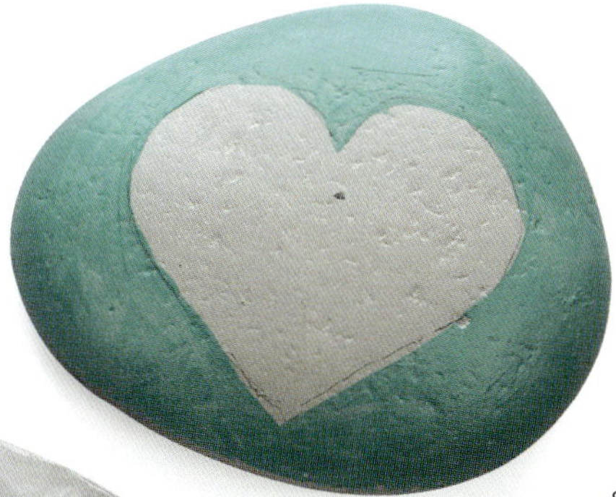

3. Wie bei der Serviettentechnik den Stoff nun mit der rechten Seite, der Motivseite, auf Frischhaltefolie legen und mit Kleber bestreichen (siehe Seite 100).

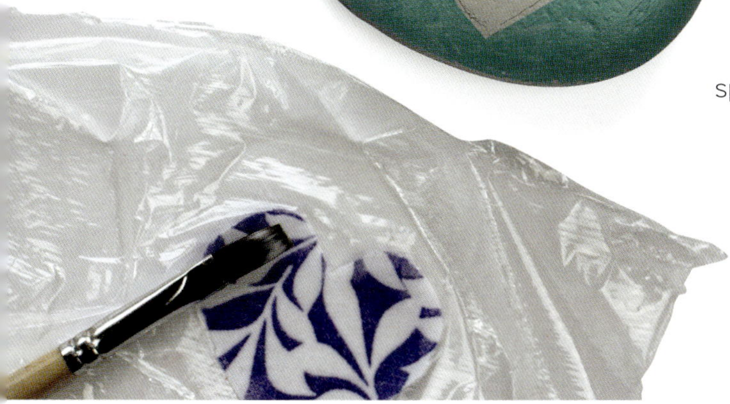

4. Den Stoff mithilfe der Folie auf den ausgesparten Bereich legen und andrücken.

5. Die Folie abnehmen und das Motiv trocknen lassen.

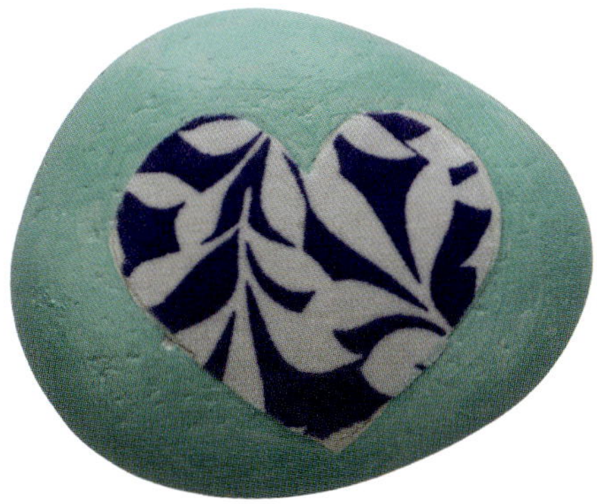

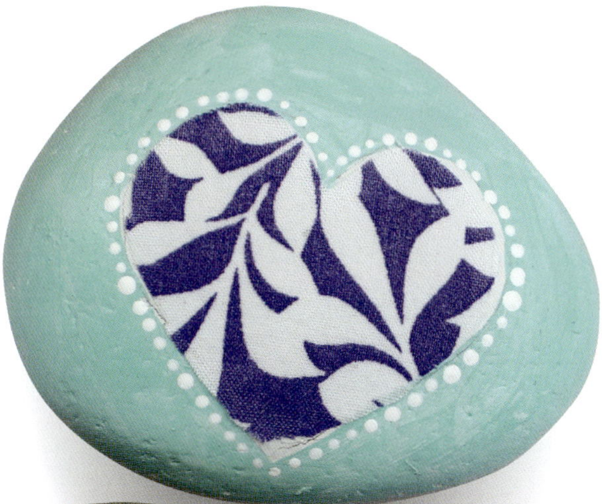

Verzierungen

Wenn du möchtest, kannst du dein Werk nun mit Punkten, Glitzersteinen, Stickern oder einem Schriftzug weiter verzieren. Weitere Ideen findest du in Kapitel 10.

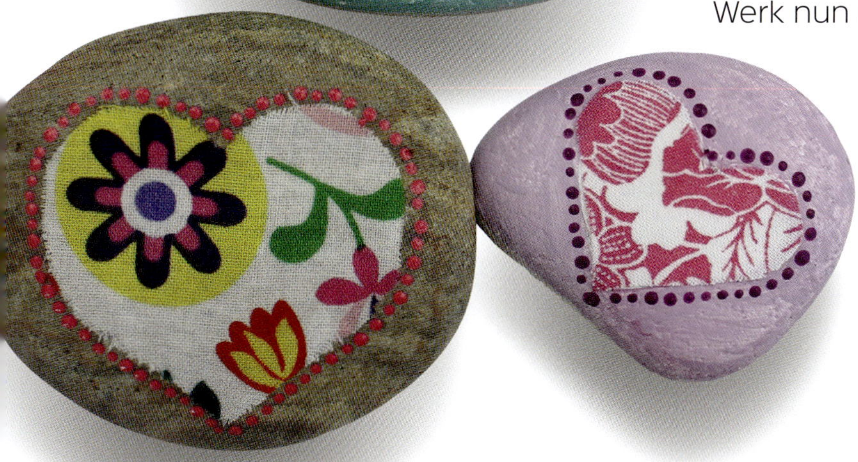

Seidenpapier

Man kann Seidenpapier wie Servietten verarbeiten, aber viel fröhlicher sieht eine Découpage mit buntem Papierkonfetti aus. Du kannst das Konfetti kaufen oder selbst Seidenpapier in kleine Stücke reißen oder schneiden.

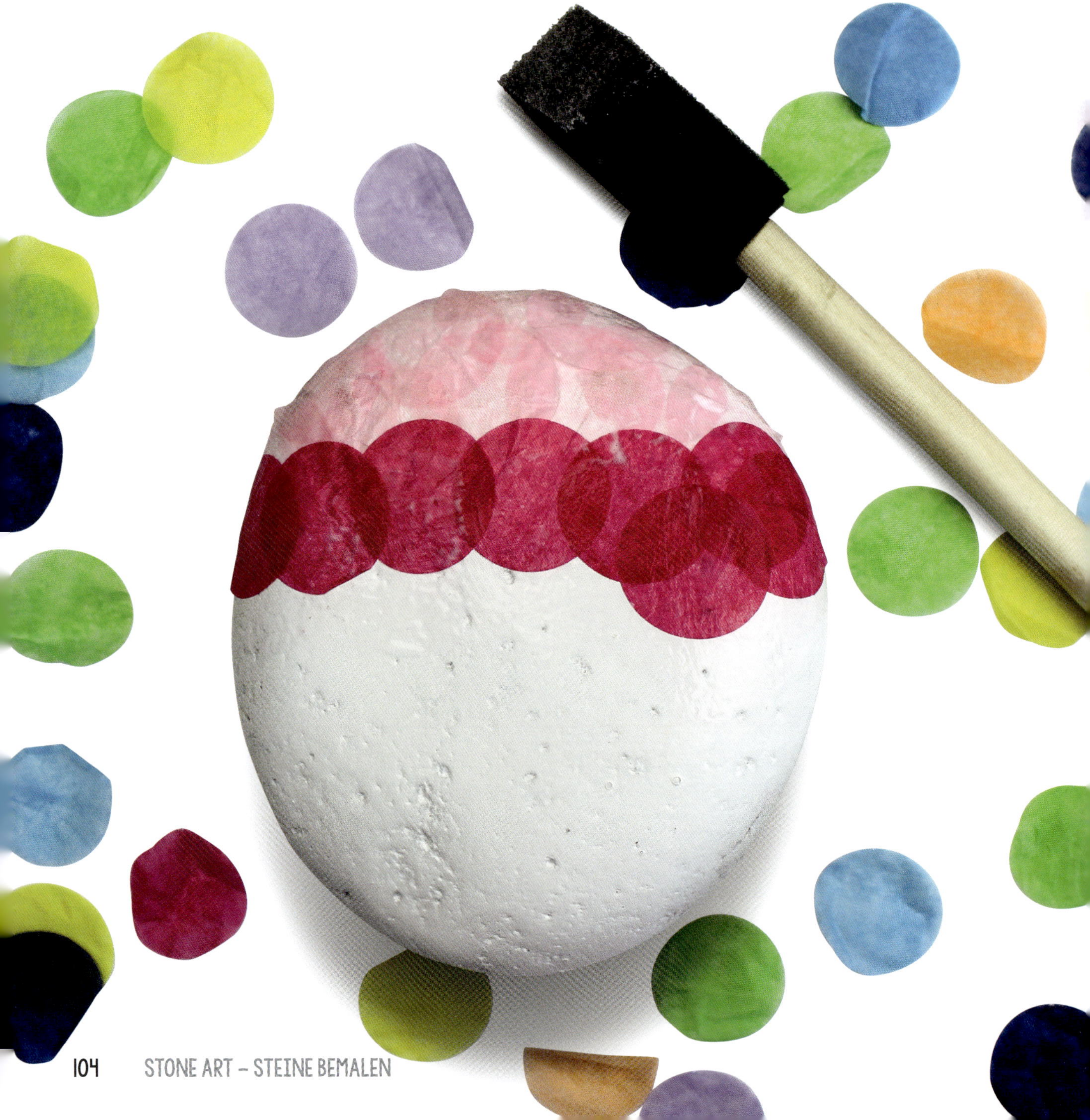

Am einfachsten ist es, den Stein mit Kleber zu bestreichen und ein Papierstück nach dem anderen aufzukleben. Jedes Papierstück gleich nach dem Aufkleben mit etwas Kleber überstreichen, damit es glatt anhaftet.

Den Stein vollständig trocknen lassen. Beim Versiegeln mit Sprühlack werden die Farben des Seidenpapiers etwas dunkler. Für den Innenbereich kann auf die Versiegelung verzichtet werden.

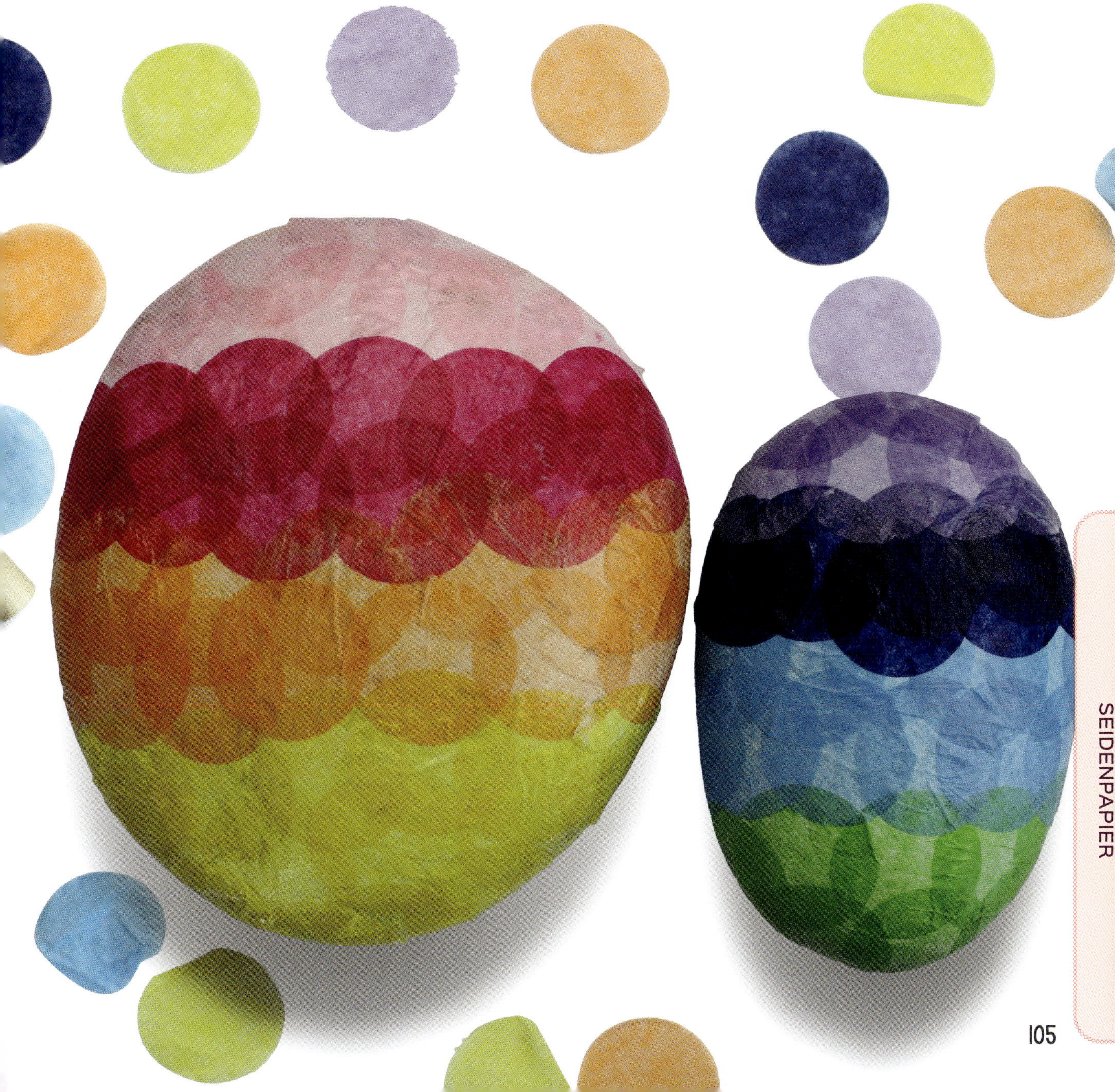

Temporäre Tattoos

Dies ist eine der einfachsten Techniken. Die Einmal-Tattoos werden einfach auf den rohen oder grundierten Stein übertragen. Die Auswahl – mit oder ohne Glitzer – ist riesig. Tattly.com beispielsweise bietet temporäre Tattoos an, die auf Motiven von professionellen Künstlern basieren.

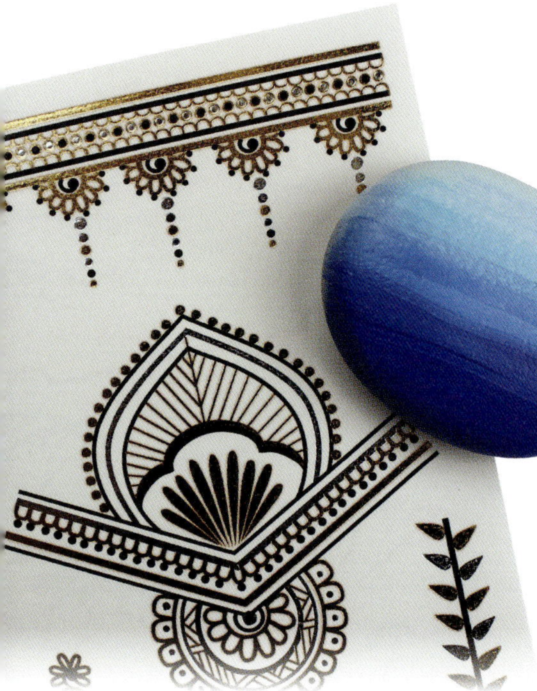

ANLEITUNG

1. Eine Grundierung ist nicht unbedingt nötig, aber dunkle, farbige Motive kommen auf weißem Grund besser zur Geltung. Helle oder Metallicmotive sehen auf farbigem Hintergrund fantastisch aus (Farbverlauf siehe Seite 34).

2. Die Schutzfolie vorsichtig vom Tattoo ablösen.

3. Falls nötig, das gewünschte Motiv aus einem größeren Bogen ausschneiden.

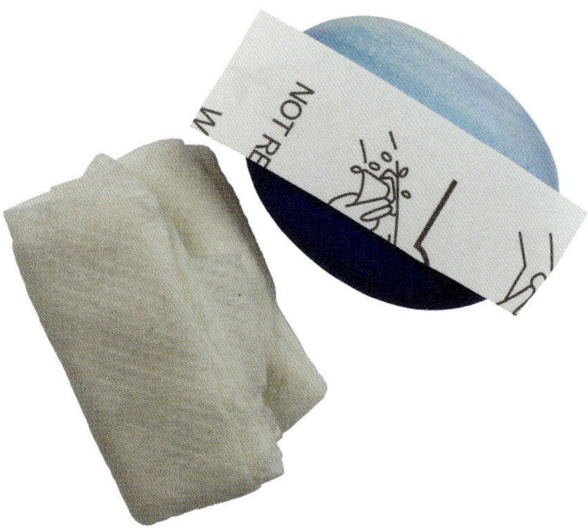

4. Das Tattoo mit der Motivseite auf den Stein legen.

5. Ein feuchtes Tuch oder Küchenpapier fest auf die Rückseite des Tattoos drücken.

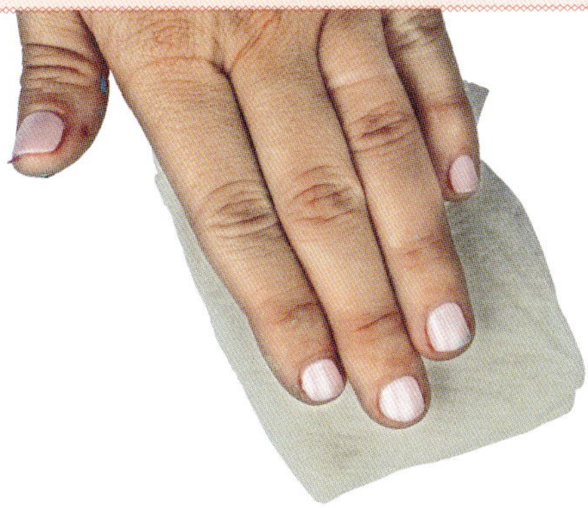

6. 30 bis 45 Sekunden festhalten.

7. Vorsichtig das Trägerpapier abziehen.

8. Trocknen lassen. Danach kannst du den Stein weiter verzieren, beispielsweise mit einem Schriftzug, und dann versiegeln (siehe Kapitel 2).

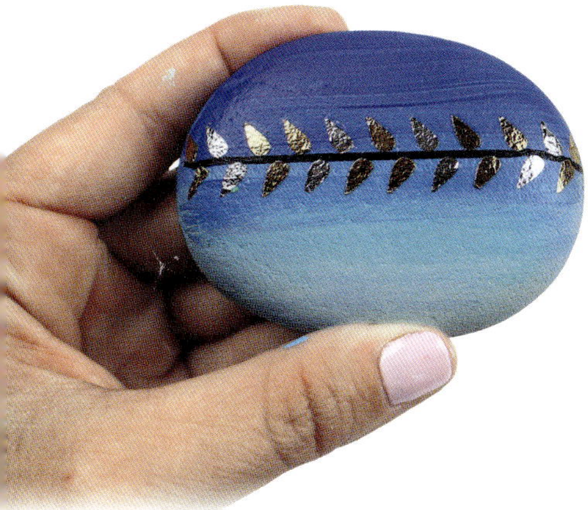

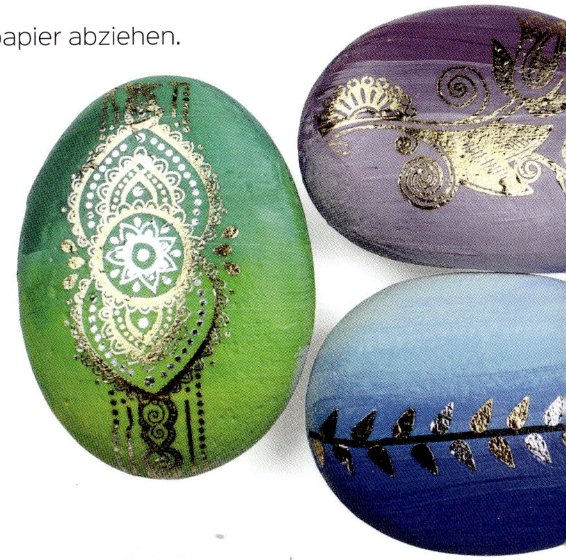

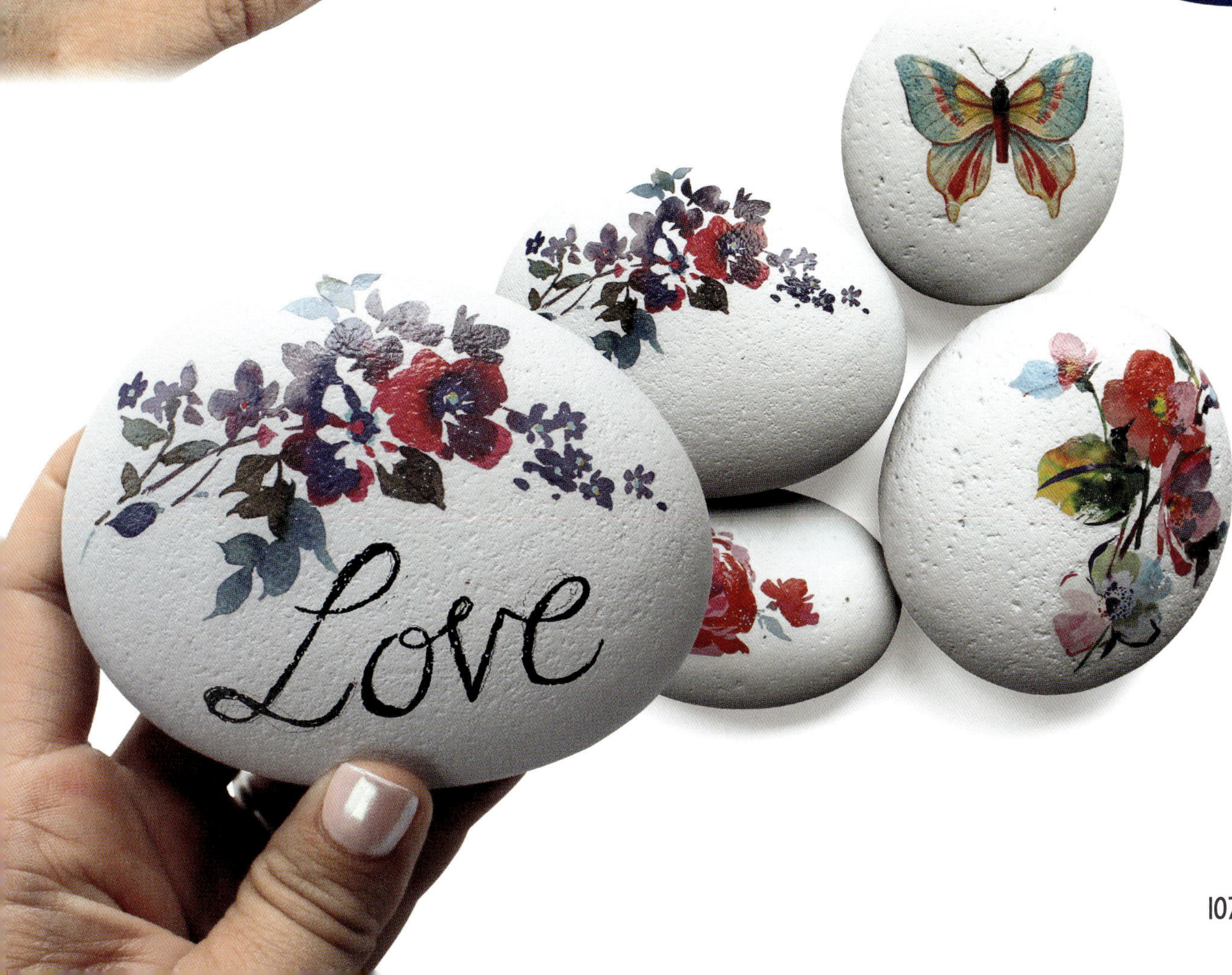

KAPITEL 9

HINTER-GRÜNDE

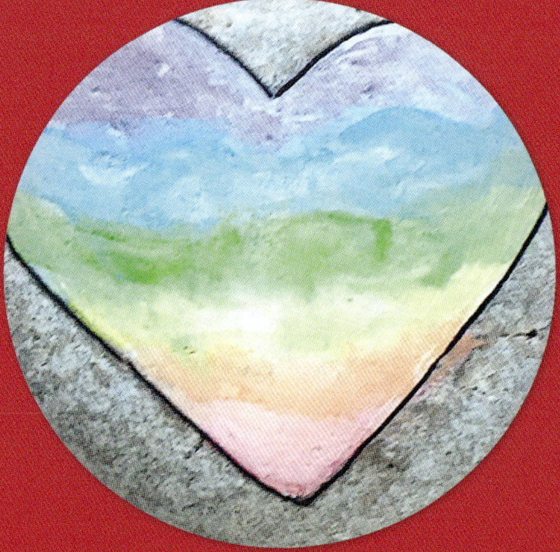

Der Hintergrund muss nicht immer schwarz, weiß oder einfarbig sein. In diesem Kapitel werden weitere Möglichkeiten der Hintergrundgestaltung vorgestellt. Manche Hintergründe sehen für sich schon so schön aus, dass man gar kein zusätzliches Motiv daraufmalen muss.

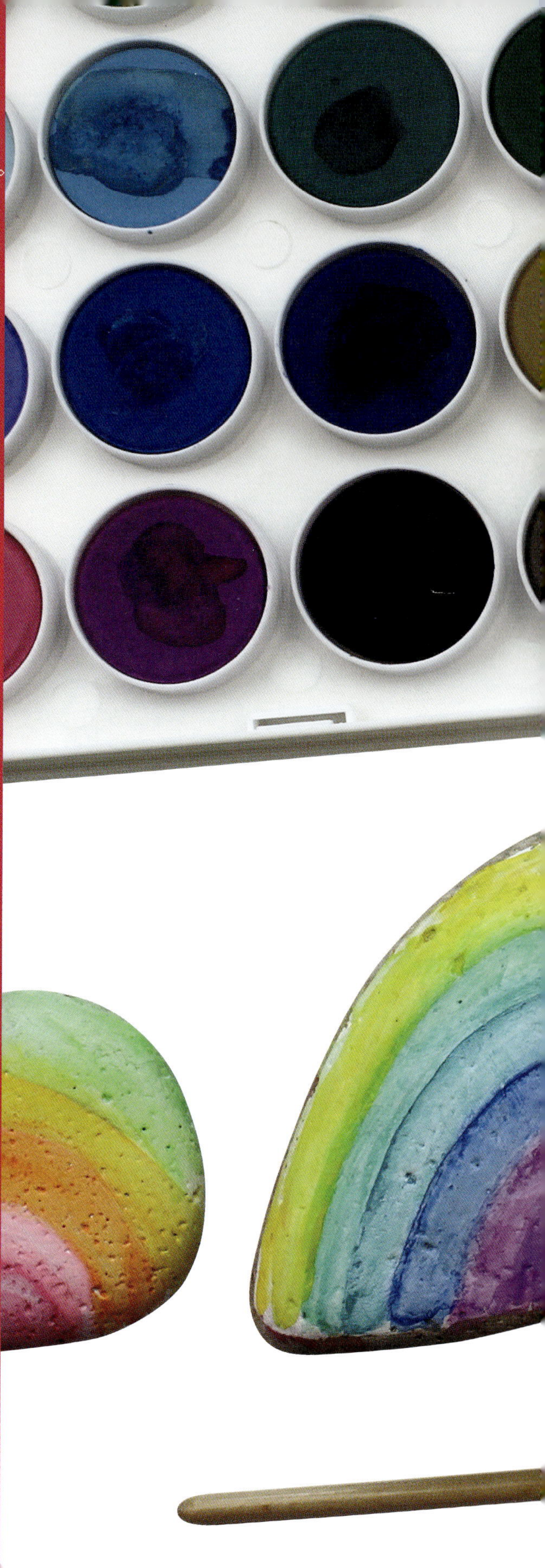

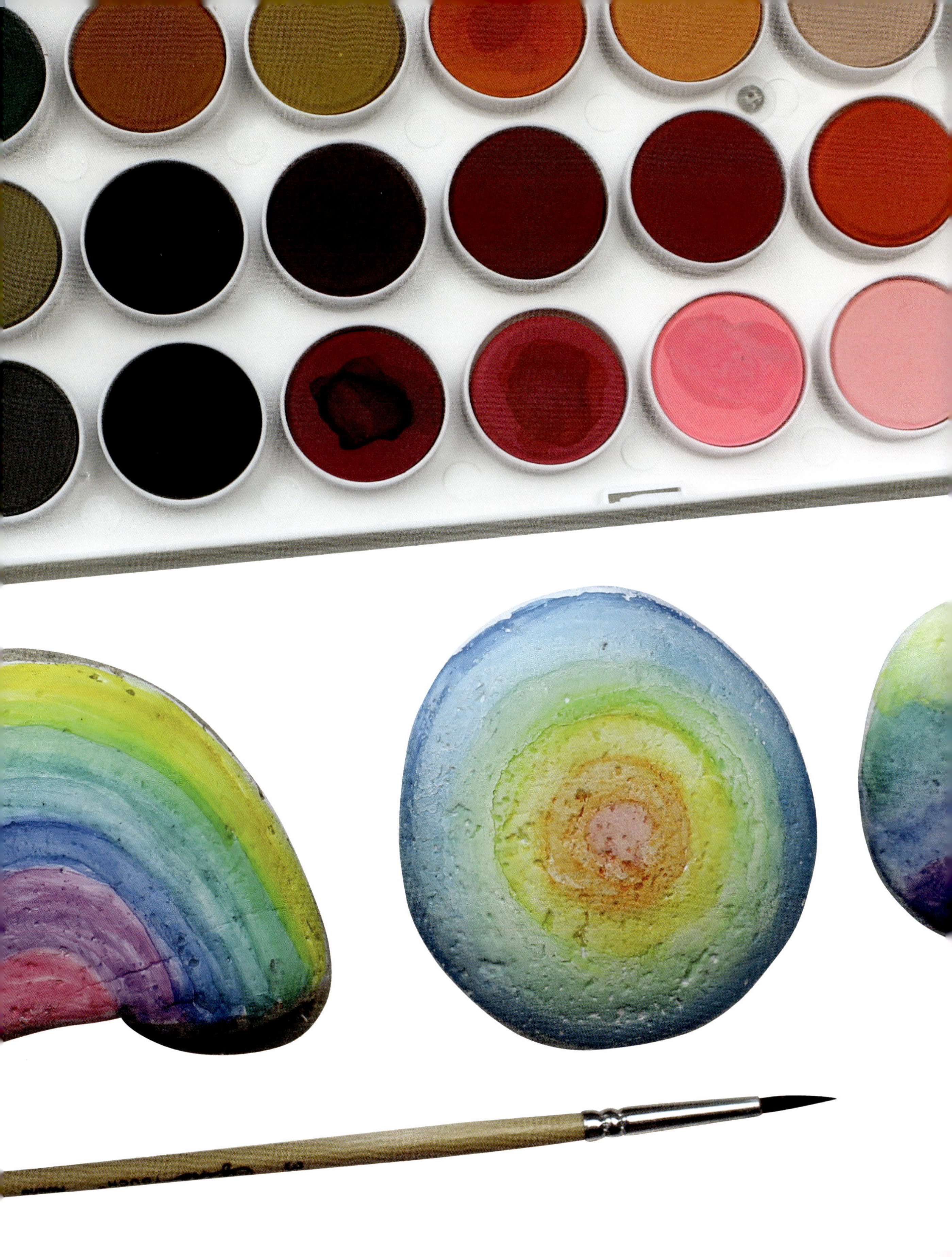

Wasserfarben

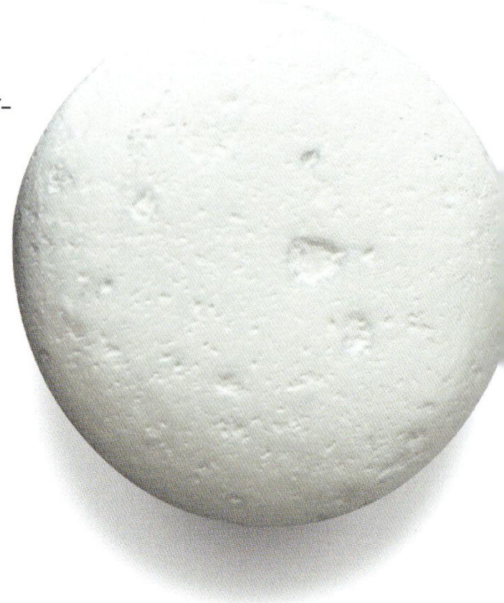

Mit Wasserfarben kannst du schöne, eher zarte Hintergründe für Schriften, Motive oder Mandalas gestalten, aber du kannst mit ihnen auch eigenständige Motive auf deine Steine malen. Du brauchst dir keine teuren Aquarellfarben anzuschaffen, ein einfacher Schulmalkasten genügt vollkommen. Damit die natürliche Farbe des Steins die zarten, durchscheinenden Wasserfarben nicht verfremdet, muss der Stein weiß grundiert werden.

TIPPS FÜR DAS MALEN MIT WASSERFARBEN:

- Die Steine oder der Motivbereich müssen immer zuerst weiß grundiert werden (siehe Seite 13).
- Zum Malen sollte der Pinsel nicht zu nass sein.

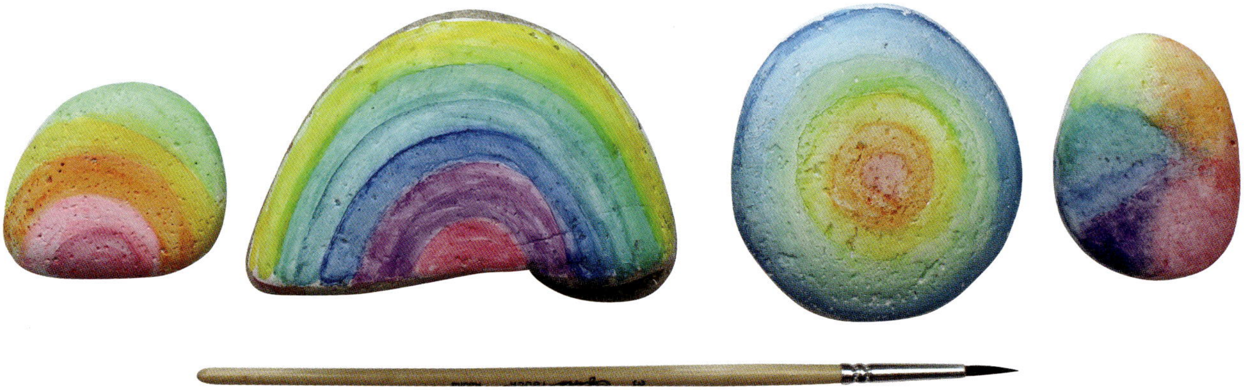

- Küchenpapier oder Stofflappen immer griffbereit halten, um Farbe abzutupfen oder überschüssiges Wasser aufzunehmen. Außerdem muss der Pinsel vor jedem Farbwechsel gut ausgedrückt werden.
- Wenn intensivere Farben gewünscht sind, werden sie mehrschichtig aufgetragen.

- Für Mandalas (siehe Seite 64) in der Mitte beginnen und nach außen Kreise in anderen Farben anschließen.

- Wenn der Hintergrund ganz getrocknet ist, kannst du darauf mit einem schwarzen Konturstift (siehe Seite 55) Motive oder Schriftzüge gestalten.

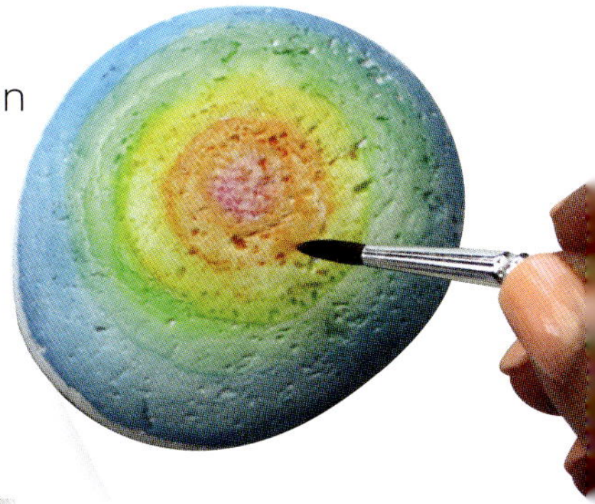

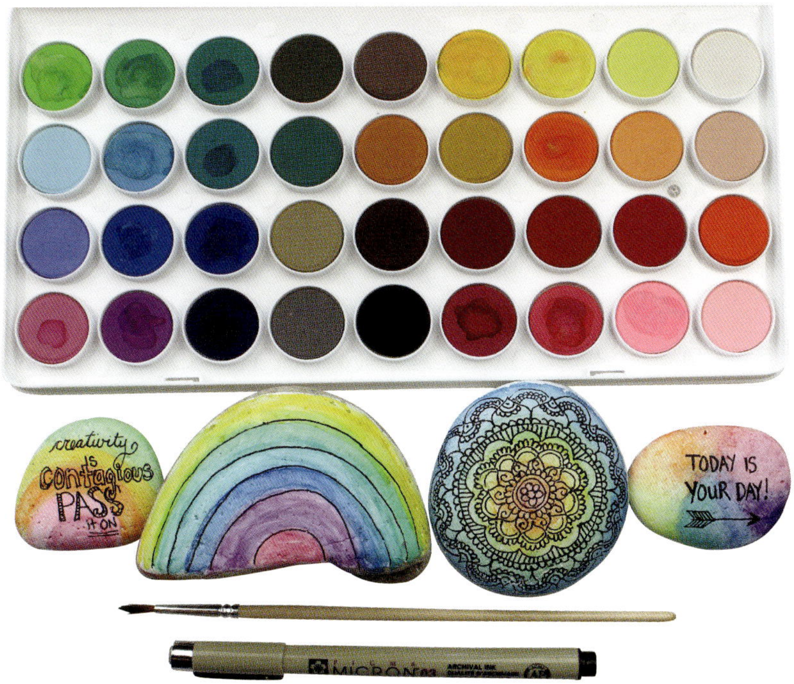

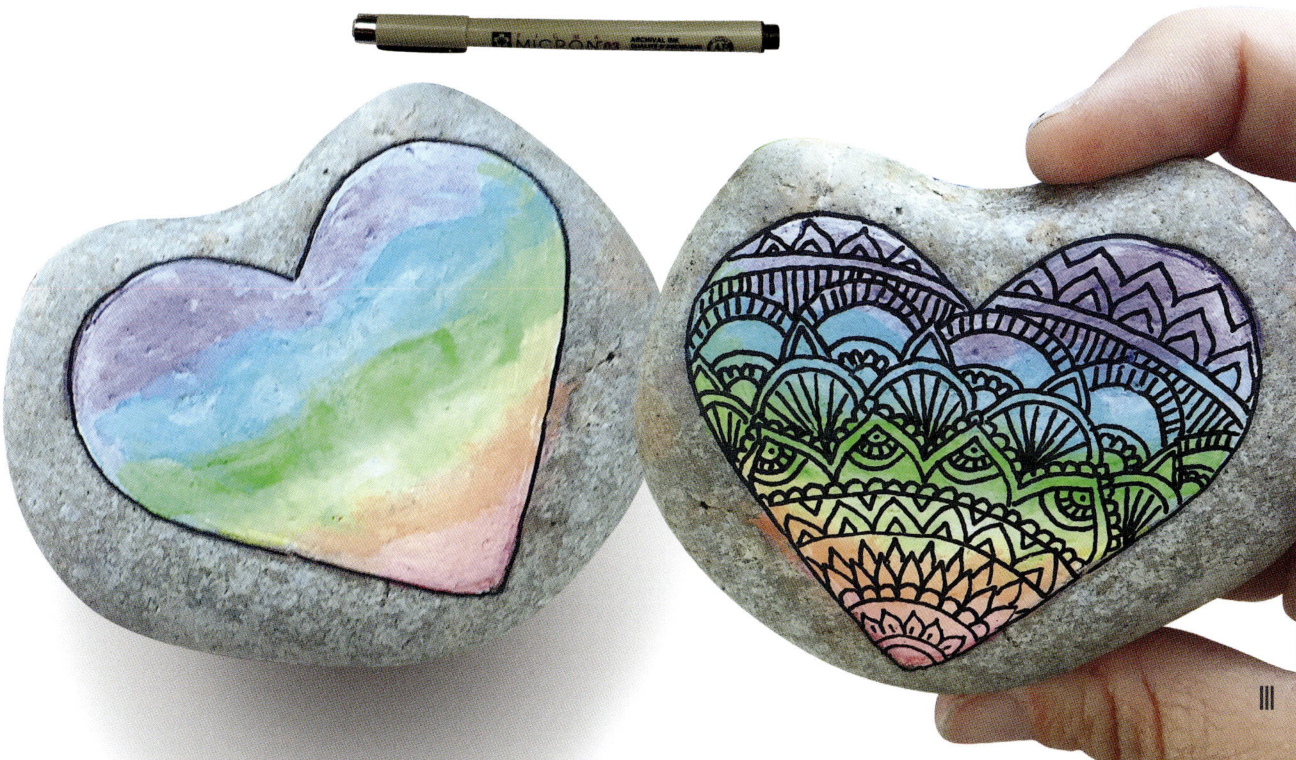

Alkoholtusche

Viele Künstler verwenden für farbige Hintergründe auf Karton oder Papier alkoholhaltige Tusche. Sie eignet sich auch gut für die Steinmalerei. Die Tusche wird in sehr kleinen Flaschen verkauft und ist nicht gerade günstig, aber keine Sorge: Sie ist sehr konzentriert und sparsam im Gebrauch. Der Umgang mit Tusche ist nicht schwierig. Im Grunde erledigt sie einen Großteil der Arbeit von selbst.

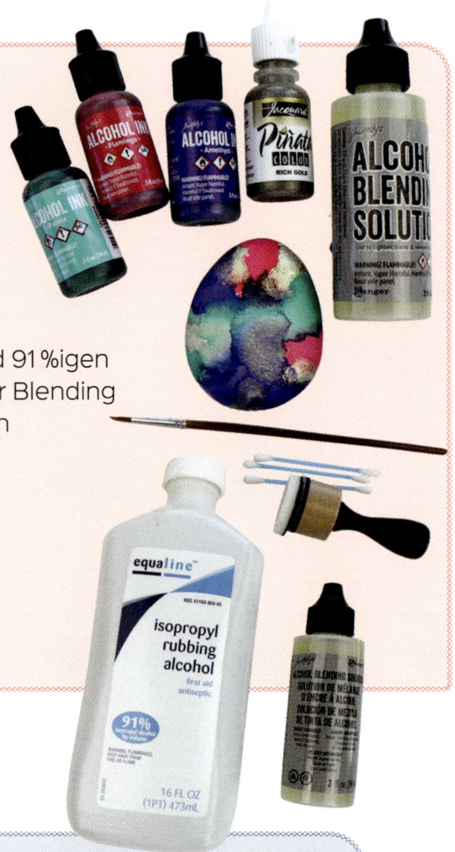

Material:

- Alkoholhaltige Tusche
    - Diese Tusche gibt es in Standard- und Metallicfarben. Ich arbeite gern mit Produkten von Ranger und Jacquard Pinata. Auch Alternativen lohnen einen Versuch, etwa von Pentart.
- Blending Solution und/oder Isopropanol 91 %
    - Ich verwende die Tim Holtz Blending Solution von Ranger und 91 %igen Alkohol (aus der Apotheke). Mir gefallen die Ergebnisse mit der Blending Solution meist besser. Alternativen sind Blending Solution von Octopus fluids, aber Ranger ist recht verbreitet.
- Pinsel
- Applikator (bei Bedarf)
    - Schaumstoffapplikatoren mit Holzgriff gibt es im Fachhandel.

Tipp

- *Bei der Arbeit immer Einweghandschuhe tragen. Ich habe bei meinen ersten Versuchen die Erfahrung gemacht, dass Flecken an den Fingern sehr hartnäckig sind.*
- *Den Arbeitsplatz abdecken. Ich lege meine Steine auf Pappe oder Pappteller, wenn ich mit Alkoholtusche arbeite. Die Tusche fließt von der gewölbten Steinoberfläche ab und sammelt sich unter dem Stein. Wenn ich mit meinem Werk zufrieden bin, lege ich den Stein auf ein altes Kuchengitter und lasse ihn trocknen.*
- *Gibt man Blending Solution oder Alkohol auf den bemalten Stein, wird die Tusche heller und es entstehen interessante Effekte.*

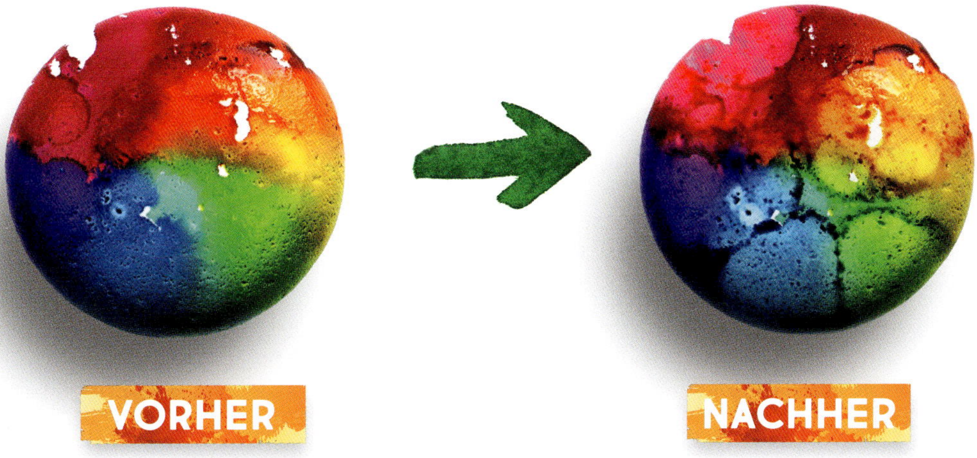

Für die Arbeit mit Alkoholtusche gibt es keine festen Regeln. Einfach loslegen und experimentieren! Die Tusche ist nach dem Trocknen wasserfest, lässt sich aber mit Alkohol wieder anlösen.

ANLEITUNG

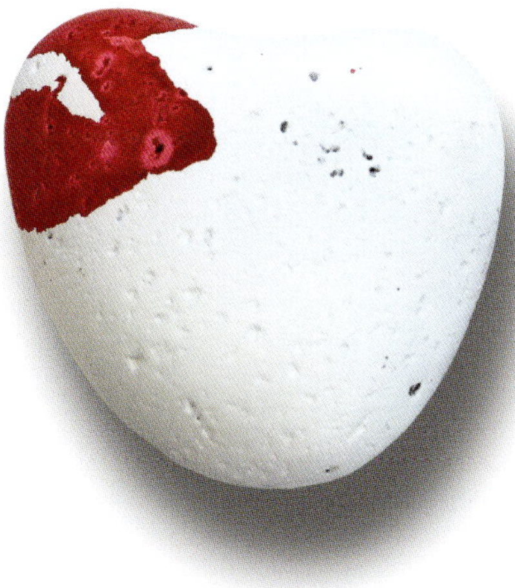

1. Zuerst den Stein weiß grundieren (siehe Seite 13).

2. Etwas Tusche aus der Flasche direkt auf den Stein geben. Du kannst die Tusche auch auf einen Applikator geben und dann auf den Stein tupfen.

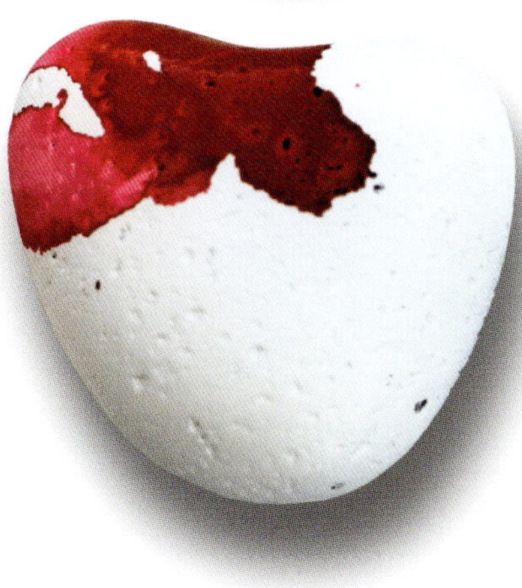

3. Ich beginne meist mit wenigen Farben und streiche dann mit einem Pinsel, der in Blending Solution getaucht wurde, darüber. Manchmal träufele ich die Lösung auch direkt auf den Stein. Gibt man Alkohol oder Blending Solution auf die Tusche, verändern sich die Farben und werden heller.

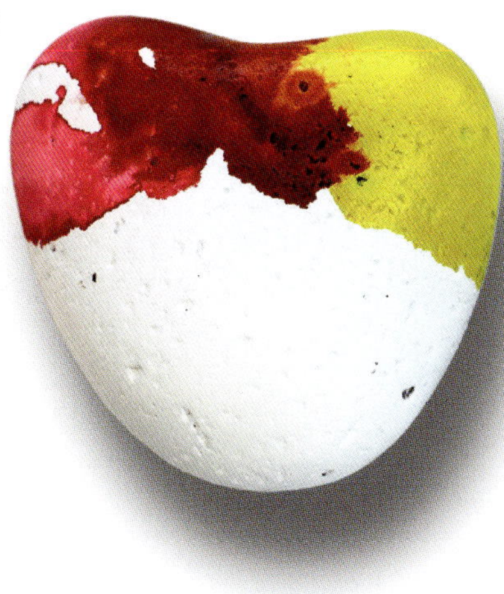

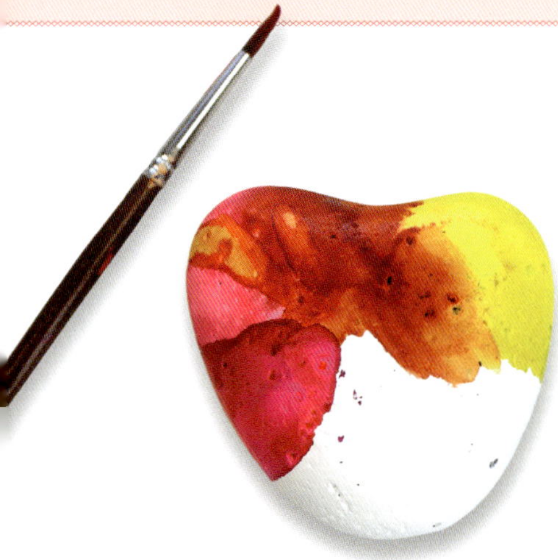

4. Weitere Farben direkt oder mit einem Applikator auftragen und mit einem Pinsel bearbeiten.

5. Wenn das Ergebnis dir gefällt, die Tusche gut trocknen lassen.

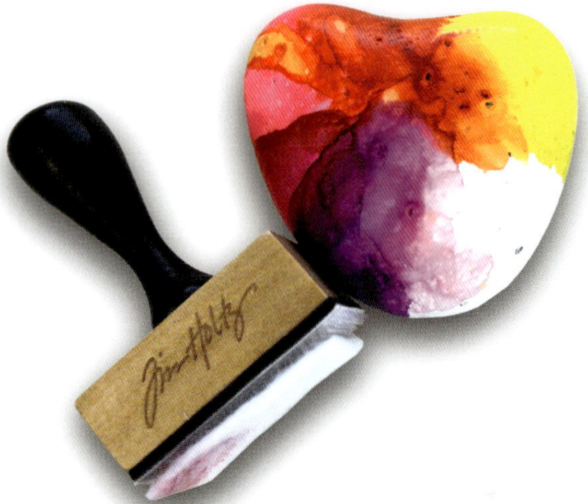

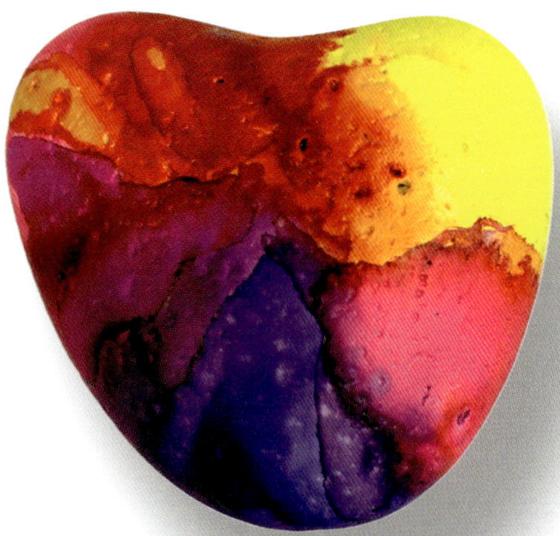

Nach dem Trocknen kannst du mit Markern, Stiften oder Farbe weitere Motive oder Muster auf den Stein malen. Hier siehst du einige Beispiele mit verschiedenen Stiften. Weitere Informationen zu Markern und Stiften findest du ab Seite 50, zu Mandalas und Zentangle® ab Seite 62.

VERSIEGELN

Alkoholtusche reagiert chemisch mit vielen Klarlacken. Der Lack löst die Tusche dann an, sie kann verblassen oder verlaufen. Solche Pannen sind mit dem Krylon Kamar Varnish Sprühlack (siehe Seite 22) nicht zu erwarten. Mehr Infos zum Versiegeln in Kapitel 2.

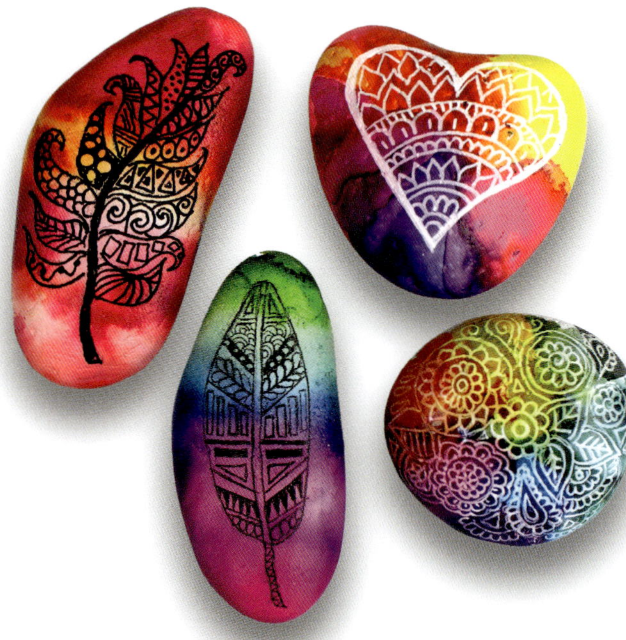

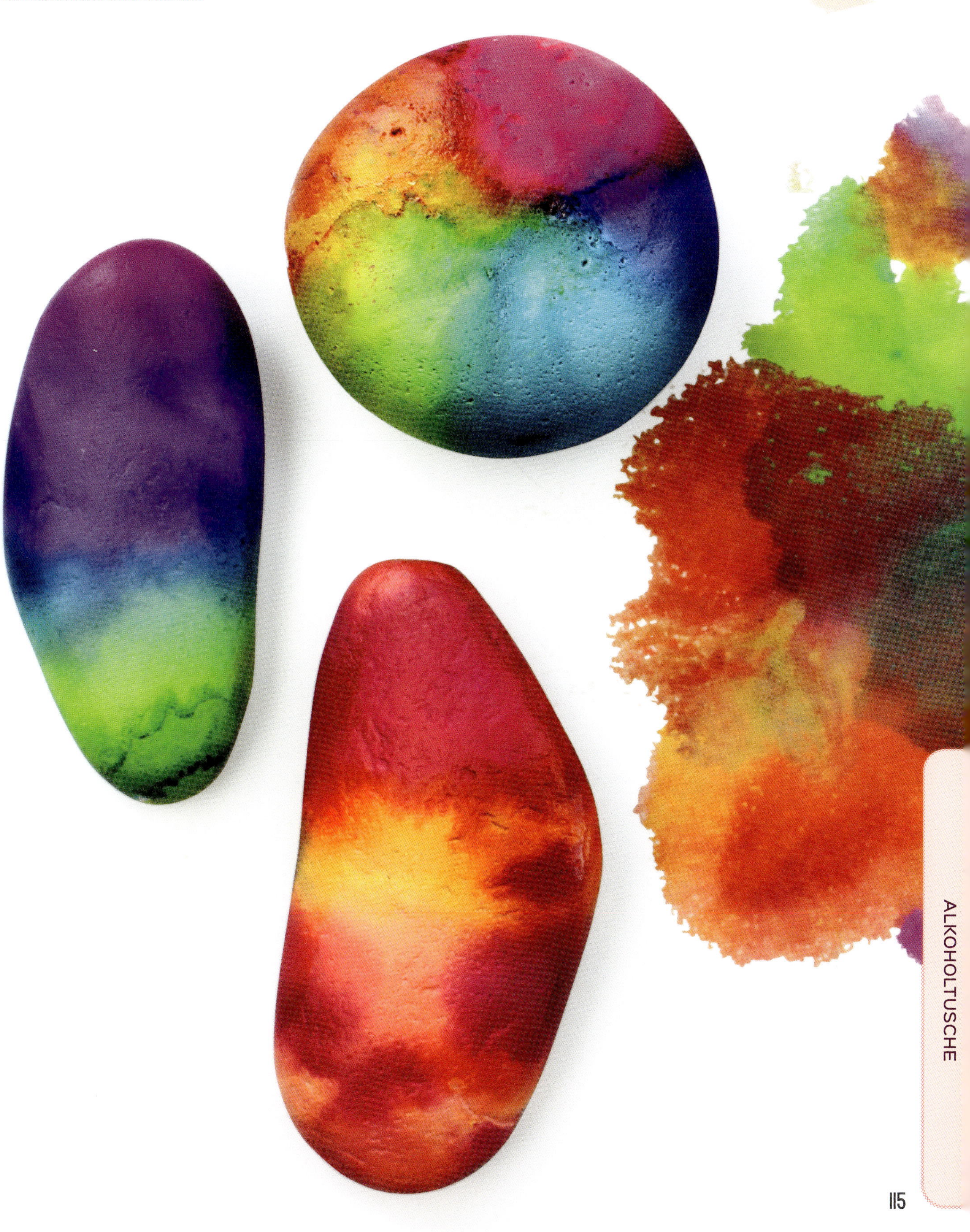

Sharpies und Alkohol

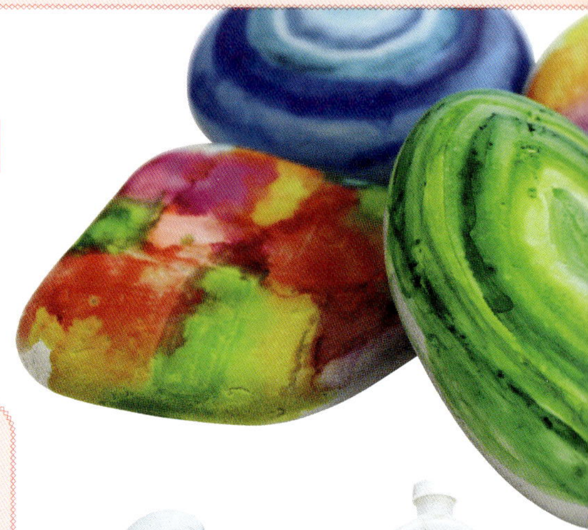

Mit Sharpie-Permanentmarkern und Alkohol gelingen tolle Batikeffekte, die sich gut als Hintergrund für Schriftzüge, Muster und Motive eignen.

Material:

- Sharpies – ich bevorzuge die mit der dünnen Spitze
- Isopropylalkohol 91 %
- Wattestäbchen oder Pinsel
- Pipette oder Tropfflasche (bei Bedarf))

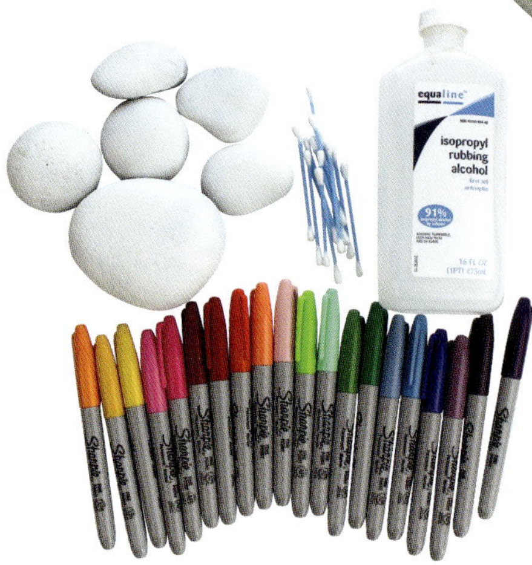

ANLEITUNG

Damit die Leuchtkraft der Farben erhalten bleibt, werden die Steine zuerst weiß grundiert (siehe Seite 13).

Abstraktes Muster

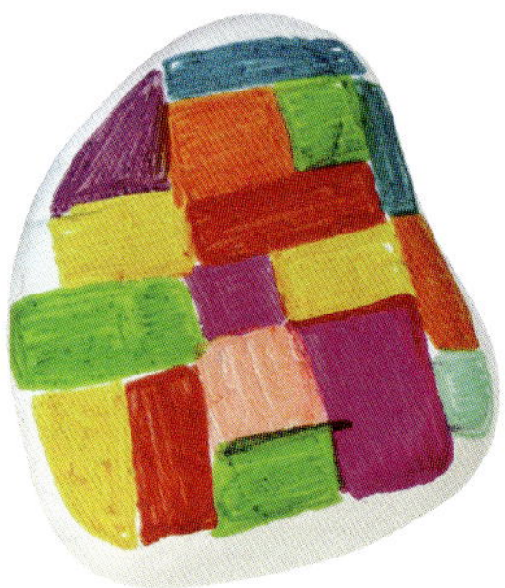

1. Suche Farben aus, die gut miteinander harmonieren. Du kannst auch gern experimentieren.

2. Bemale den ganzen Stein mit verschiedenfarbigen Vierecken.

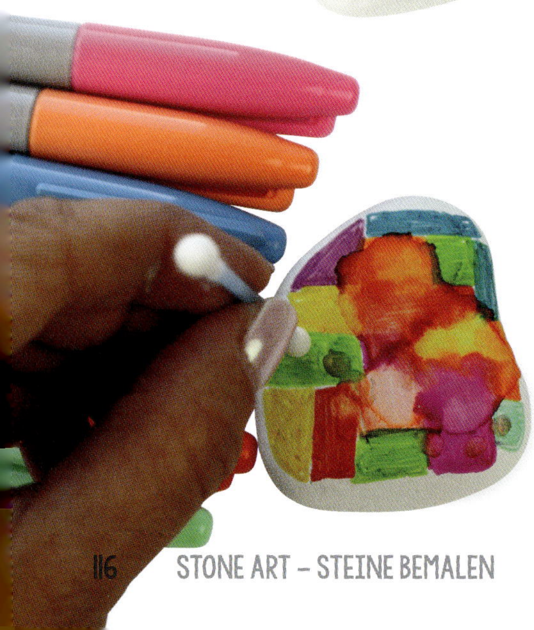

3. Ein Wattestäbchen in Alkohol tauchen und über die Farben wischen. Alternativ Alkohol mit einer Pipette direkt auf den Sein träufeln.

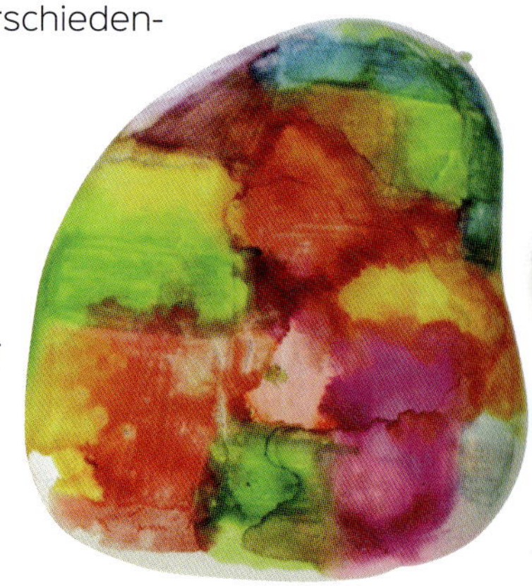

4. Je mehr Alkohol du nimmst, desto stärker verlaufen die Farben.

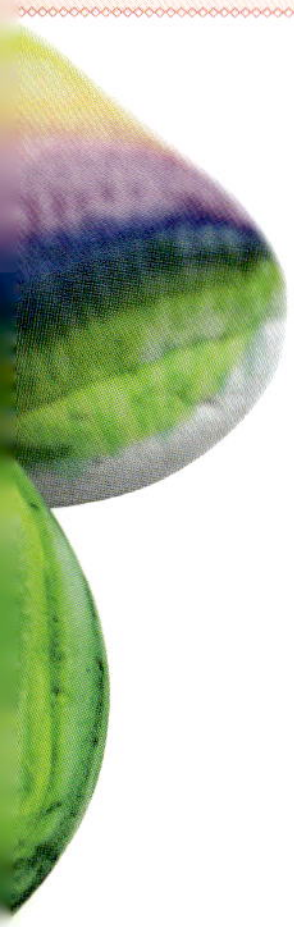

Geodenmuster

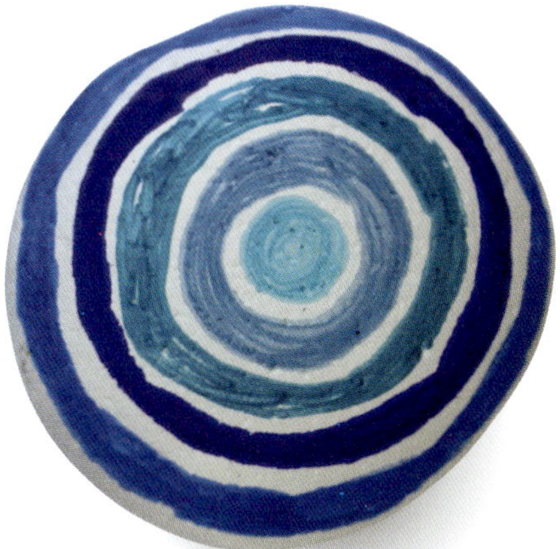

1. In die Mitte des Steins einen ausgefüllten Kreis malen.

2. Mit anderen Tönen derselben Farbe konzentrische Kreise um den mittleren malen. Dazwischen jeweils einen kleinen Abstand lassen.

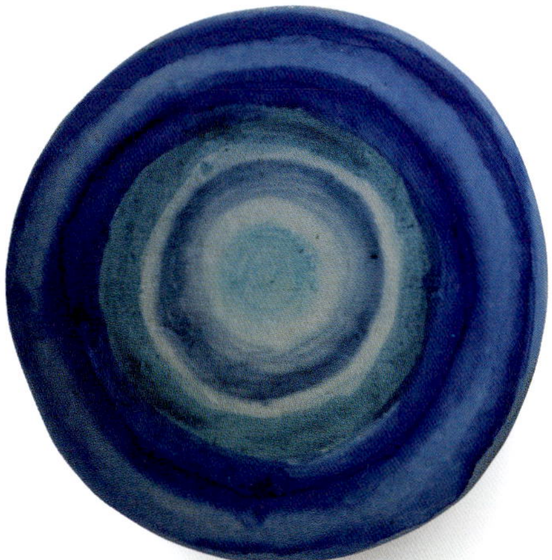

3. Ein Wattestäbchen (oder einen Pinsel) in Alkohol tauchen.

4. Langsam mit dem Wattestäbchen um den Mittelkreis streichen.

5. Mit dem Wattestäbchen ebenso über alle weiteren Kreise streichen, sodass die Farben etwas ineinanderlaufen. Bei jedem Farbwechsel ein sauberes Wattestäbchen verwenden.

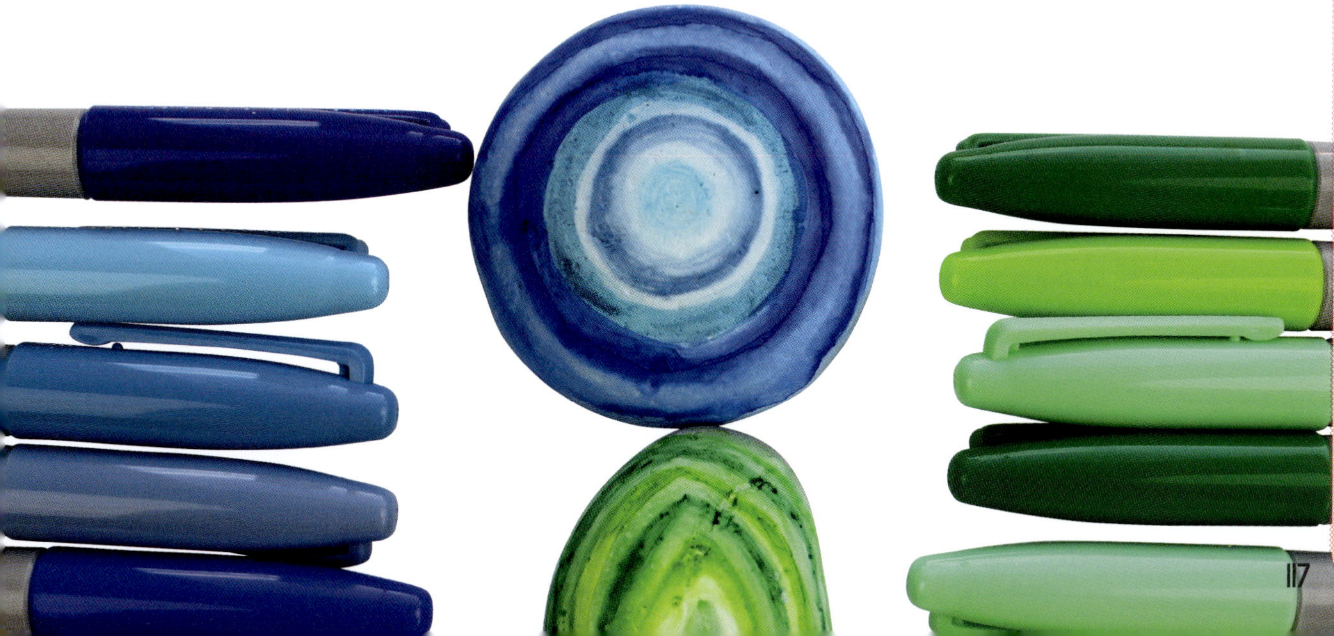

Streifen

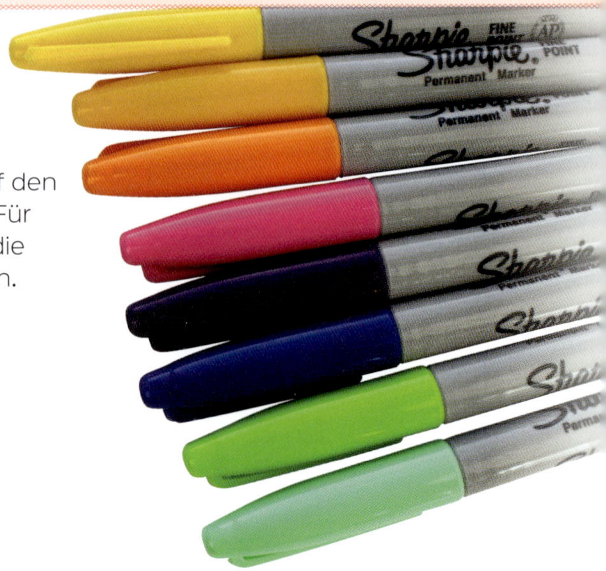

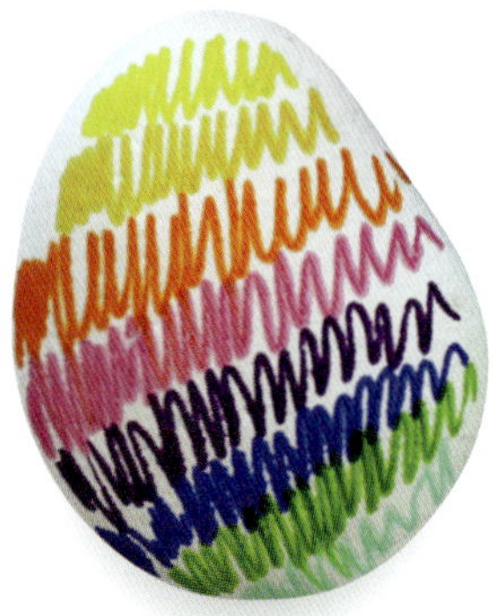

1. Zuerst Blockstreifen auf den grundierten Stein malen. Für eine interessante Textur die Streifen locker schraffieren.

2. Ein Wattestäbchen in Alkohol tauchen.

3. Die Streifen mit dem Wattestäbchen verwischen.

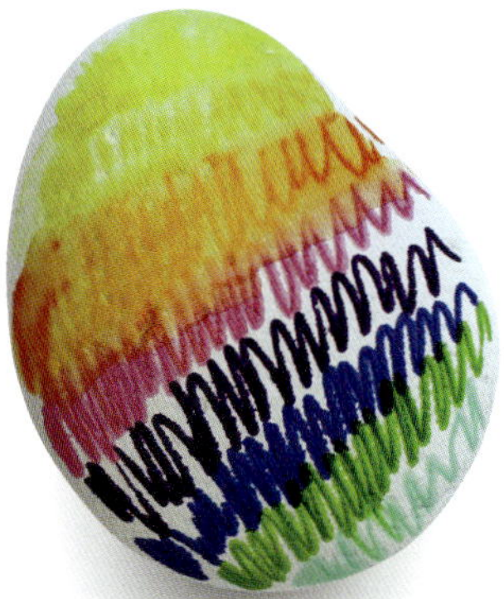

Du kannst das Streifenmuster so lassen oder mit einem Paint Marker oder schwarzen Konturstift weiter verzieren. Informationen zu Markern und Stiften findest du ab Seite 50.

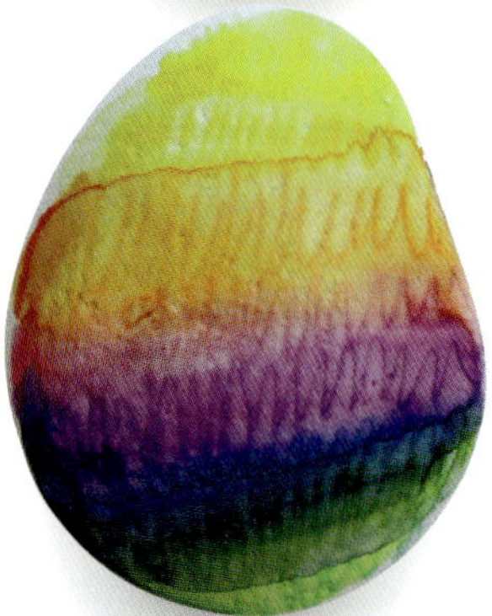

VERSIEGELN

Viele Klarlacke lösen die Farben an und bewirken, dass sie unkontrolliert verlaufen. Solche Probleme treten mit dem Sprühlack Krylon Kamar Varnish nicht auf. Den Stein dünn mit dem Lack einsprühen, trocknen lassen und nochmals einsprühen. Falls gewünscht, kann nach dem Trocknen eine dritte Lackschicht folgen. Weitere Informationen zum Versiegeln in Kapitel 2.

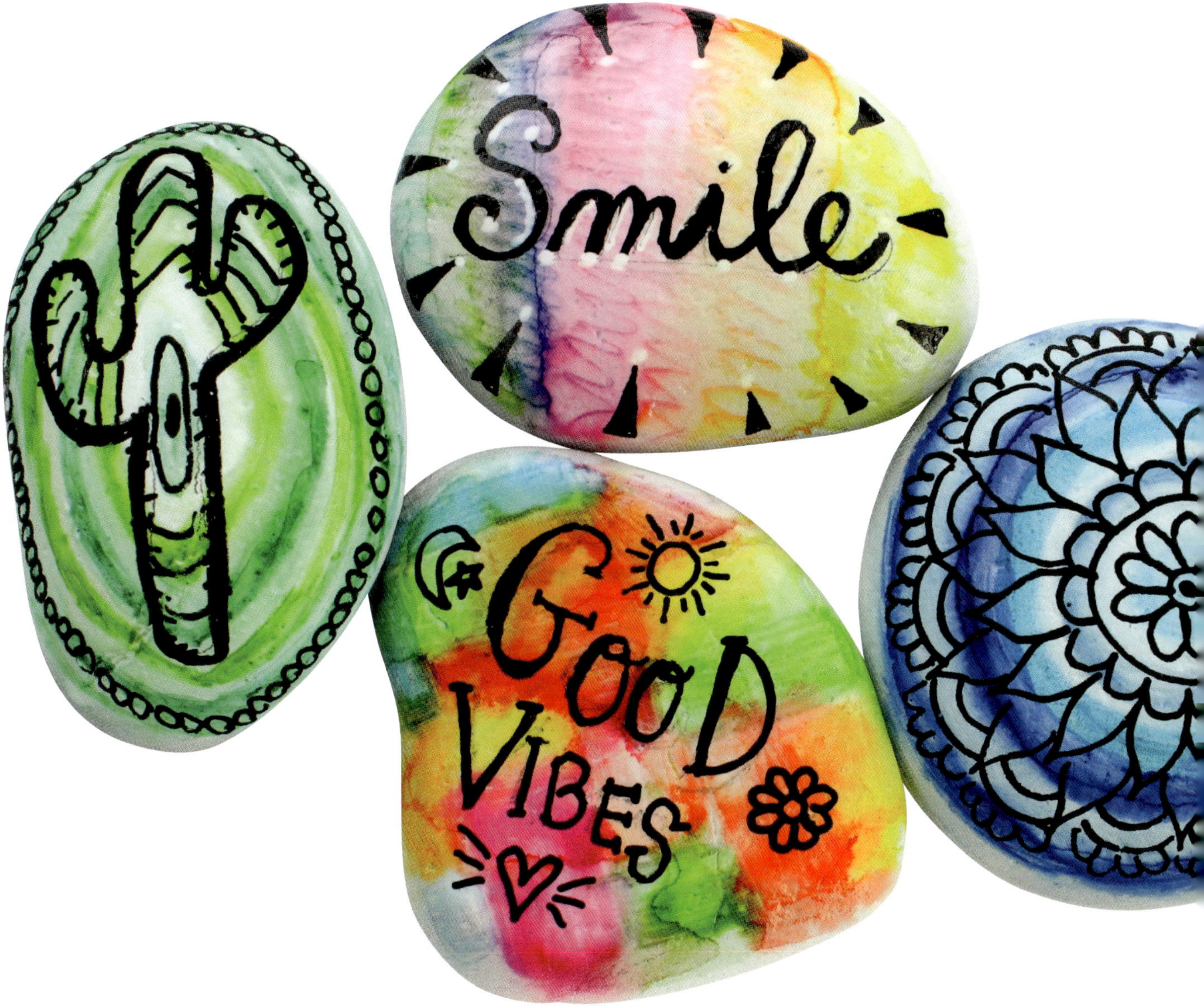

Hier wurde für Muster und Schrift ein ultrafeiner schwarzer Posca Paint Marker verwendet.

Gelatos

Diese Aquarellkreiden von Faber-Castell sind noch recht neu auf dem Markt. Sie haben eine cremige Konsistenz, sind farbintensiv und können mit oder ohne Wasser verarbeitet werden. Auf Steinen ergeben sie wunderbar weiche Aquarelleffekte, die für sich gut aussehen oder als Hintergrund für weitere Dekorationen dienen können.

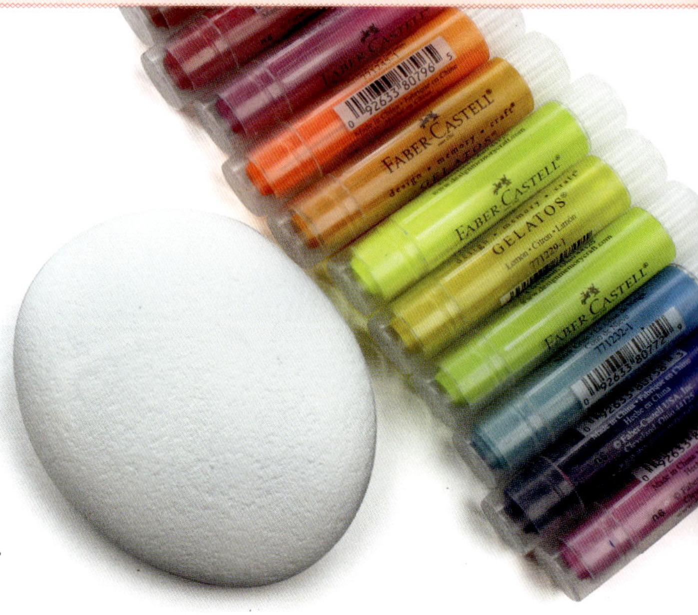

Material:

- Gelatos – erhältlich in verschiedenen farblich harmonierenden Sets
- Pinsel – am besten mehrere, auch Schaumstoffpinsel, abgestimmt auf die Größe der zu bemalenden Steine

ANLEITUNG

1. Den Stein weiß grundieren oder eine weiße Silhouette aufmalen (siehe Seite 13).

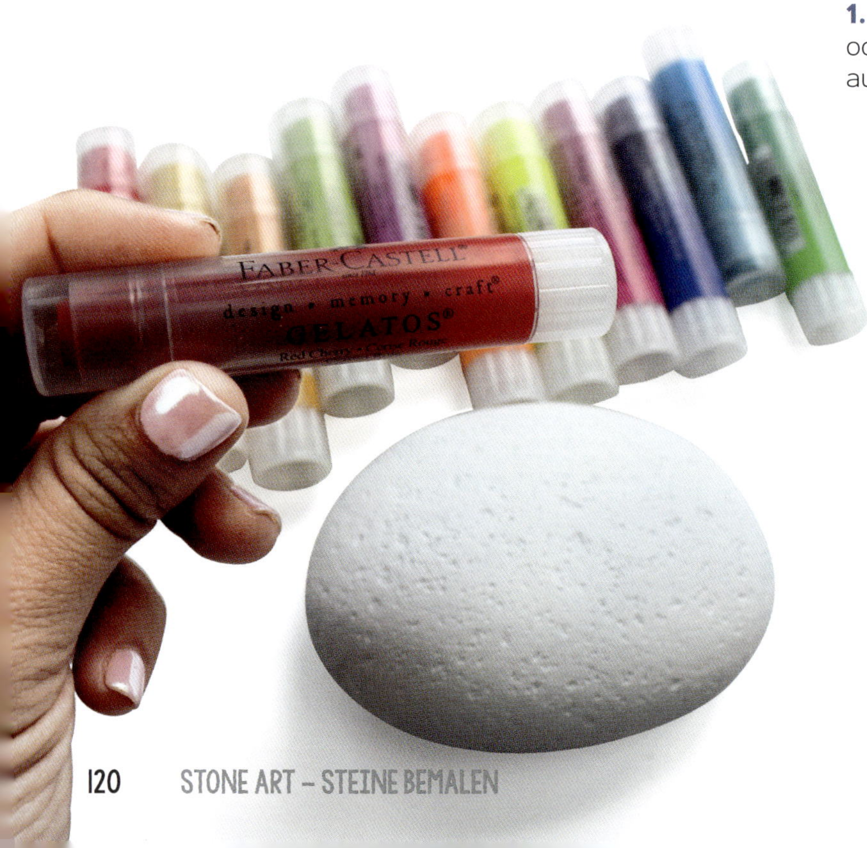

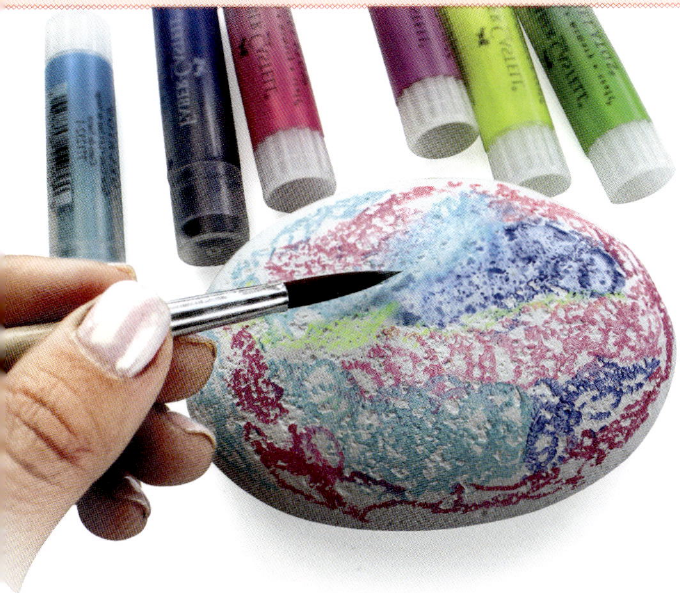

2. Nun mit den Kreidesticks direkt auf den Stein malen.

3. Für die Aquarelloptik einen Pinsel mit Wasser befeuchten und damit über die Striche der Kreidesticks streichen.

4. Du kannst mit den Gelatos auch Striche auf Papier malen, die Farbe mit einem feuchten Pinsel aufnehmen und auf den Stein auftragen. So fällt der Farbauftrag gleichmäßiger aus.

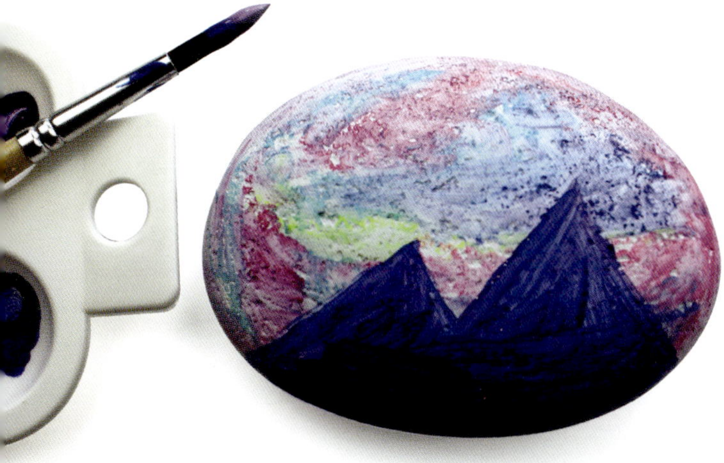

5. Auf dem fertigen Hintergrund mit anderen Medien weitere Elemente malen. Für die Berggipfel habe ich Acrylfarbe (siehe Seite 24) verwendet, für das Muster einen weißen Gelstift (Uni-Ball Signo UM-153). Weitere Informationen zu Markern und Stiften sind in Kapitel 4 zu finden.

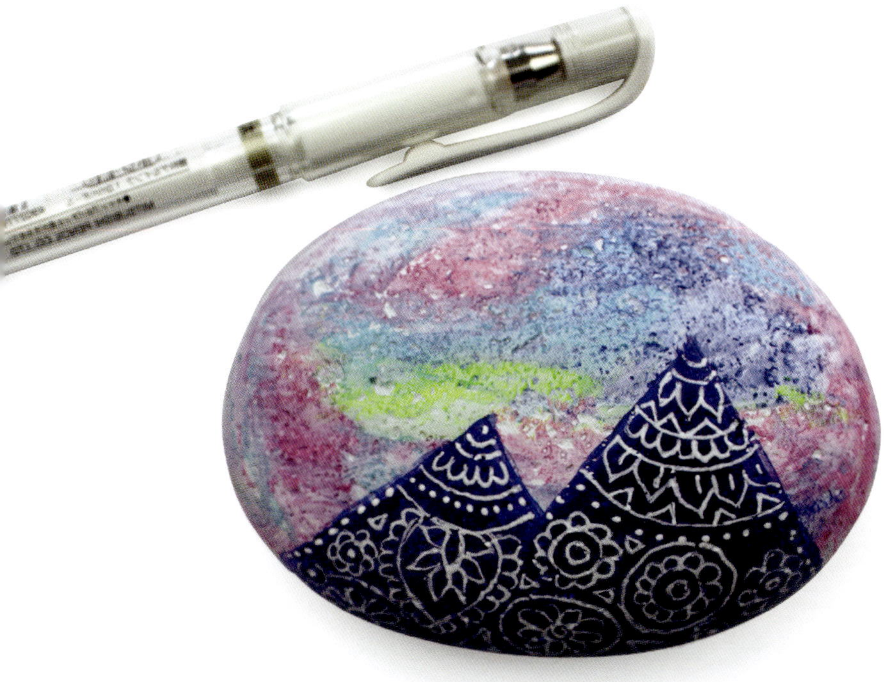

Weitere Beispiele für Hintergründe mit Gelatos:

MANDALA AUF REGENBOGENHINTERGRUND

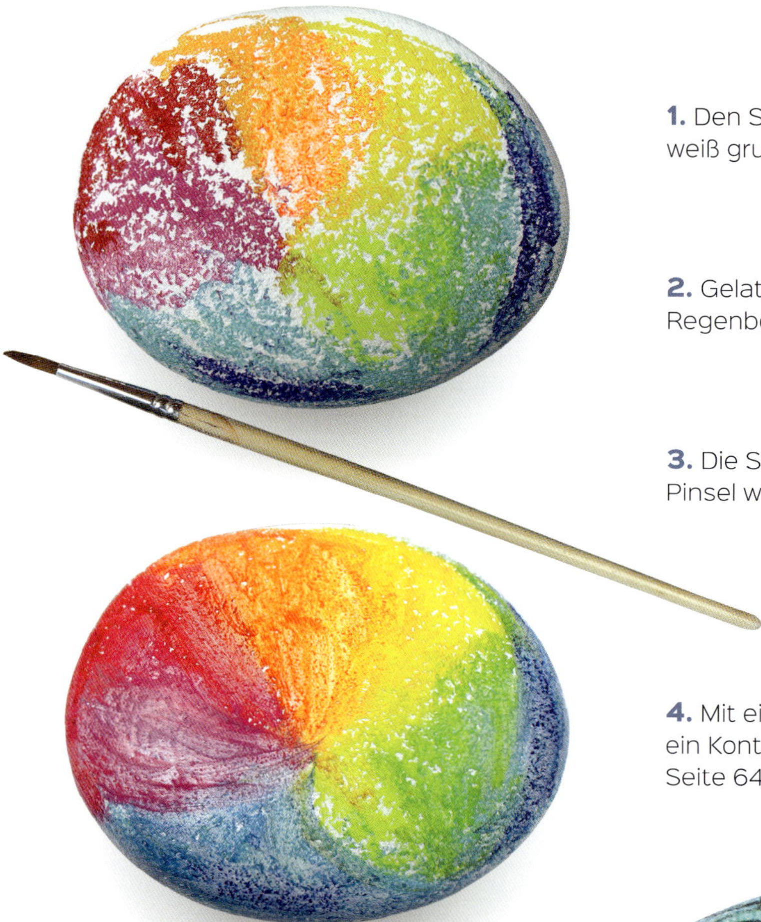

1. Den Stein zuerst weiß grundieren.

2. Gelatos in der Reihenfolge der Regenbogenfarben auftragen.

3. Die Striche mit einem feuchten Pinsel weich verwischen.

4. Mit einem schwarzen Fineliner ein Konturmandala zeichnen (siehe Seite 64).

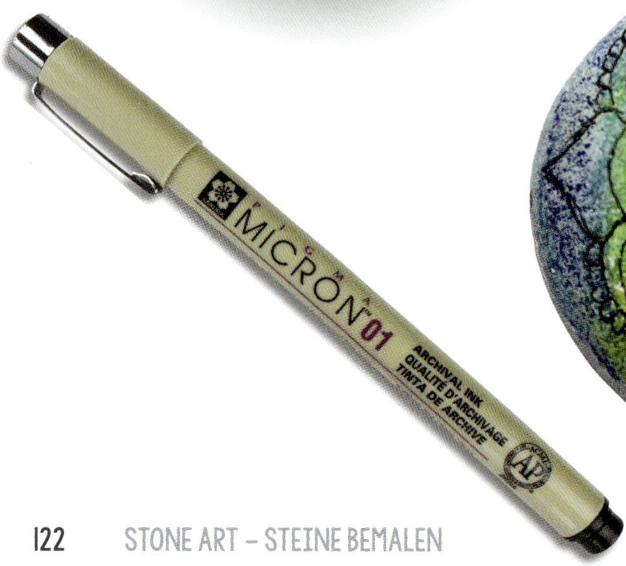

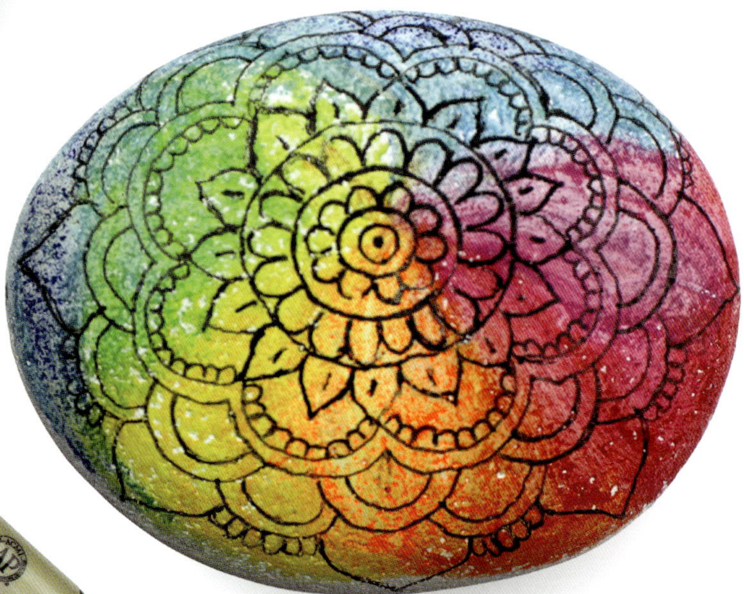

HERZMOTIV FÜR VERLIEBTE

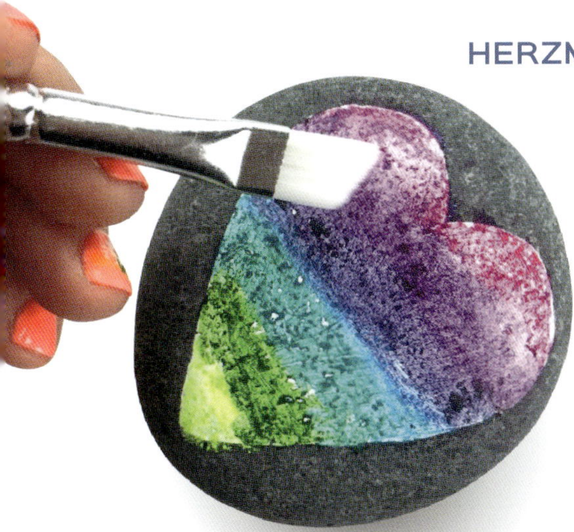

1. Eine weiße Herzsilhouette auf den Stein malen.

2. Mit Gelatos Streifen in Gelb, Grün, Türkis, Rosa und Violett malen.

3. Die Farben mit einem feuchten Pinsel verwischen.

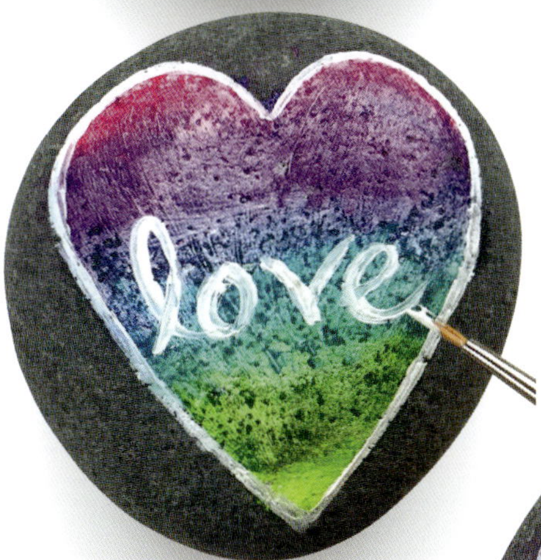

4. Die weiße Kontur und den Schriftzug mit Acrylfarbe und einem dünnen Pinsel malen.

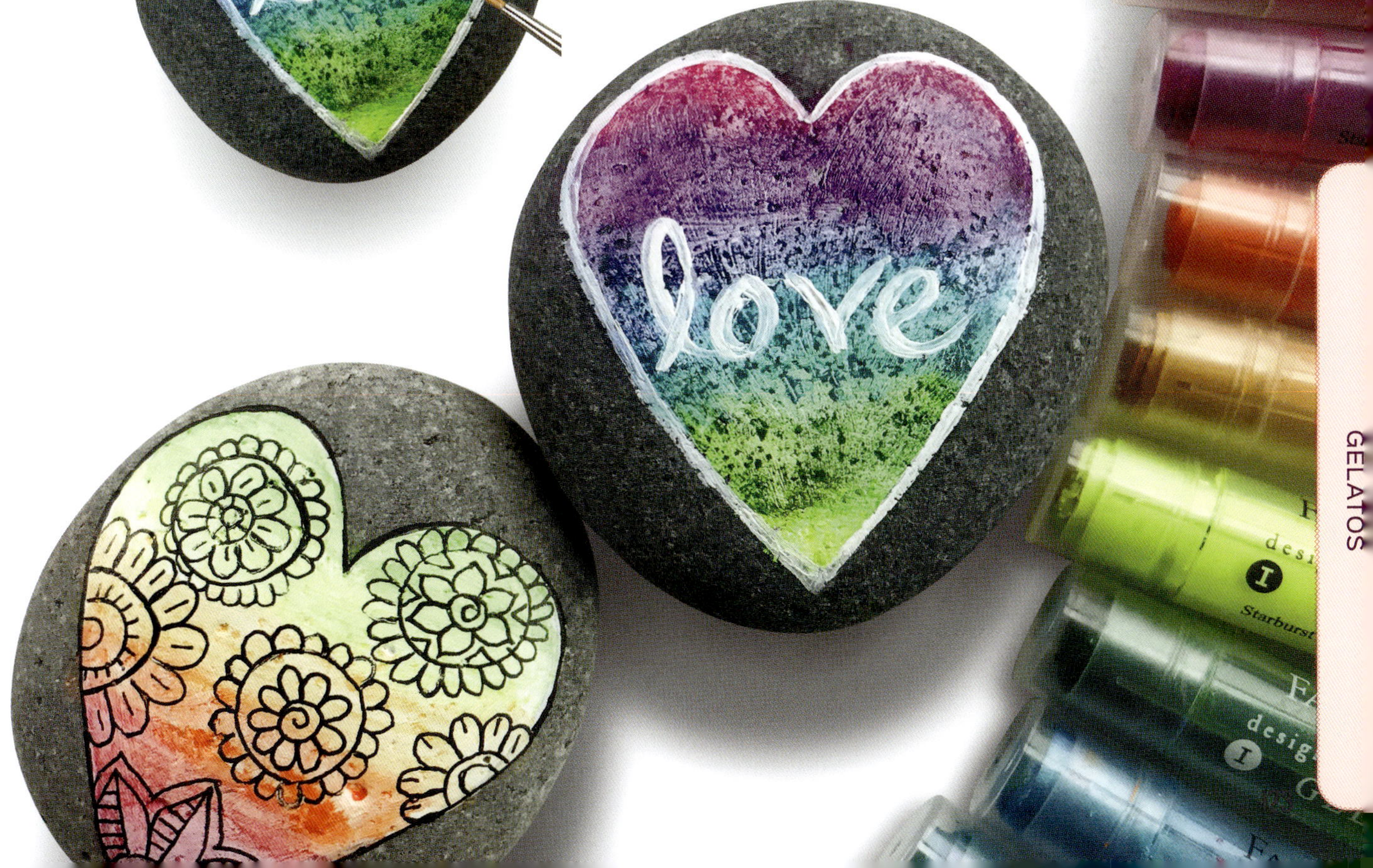

Metallicgrundierung

Metallicfarben gibt es zum Sprühen und zum Auftragen mit dem Pinsel.

SPRÜHFARBE

Meiner Erfahrung nach hat Metallicsprühfarbe einen schöneren Glanz als Farbe, die mit dem Pinsel aufgetragen wird.

Besonders gern arbeite ich mit den Metallicsprühfarben von Krylon, die es auch in Minidosen gibt. Wenn du solche Farben eher selten benutzt, sind kleine Dosen eine preisgünstige Lösung. In der Weihnachtszeit hat man die größte Auswahl an Gold- und Silberspray, sogar im Baumarkt.

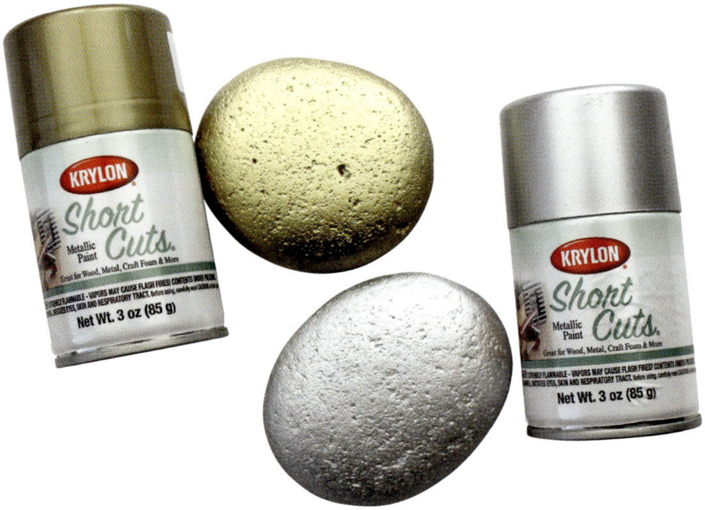

1. Den Stein direkt mit der Metallicfarbe einsprühen. Er muss vorher nicht grundiert werden.

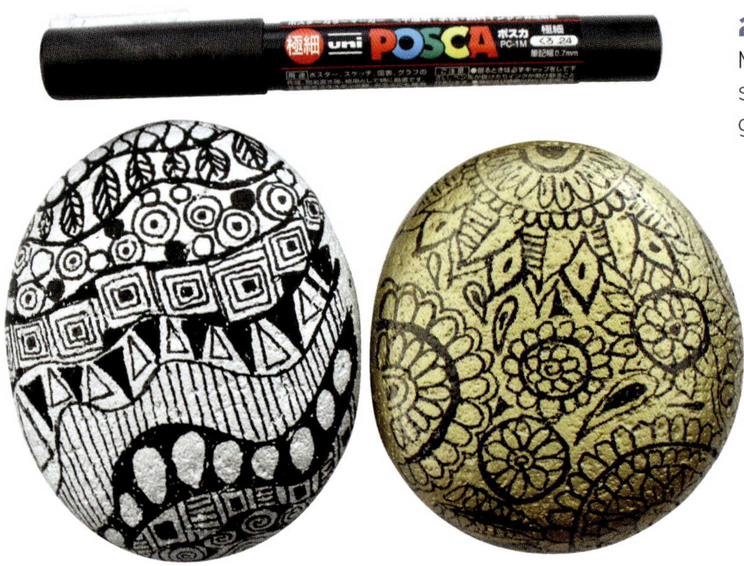

2. Trocknen lassen, dann mit anderen Medien bemalen. Ich verwende auf silbernem oder goldenem Hintergrund gern Acrystifte (siehe Seite 52).

METALLICFARBE ZUM AUFTRAGEN MIT DEM PINSEL

Diese Farben gibt es nicht nur in Gold und Silber, sondern in verschiedenen anderen interessanten Metallictönen, etwa von DecoArt, Nevskaya, Schmincke oder Kreul.

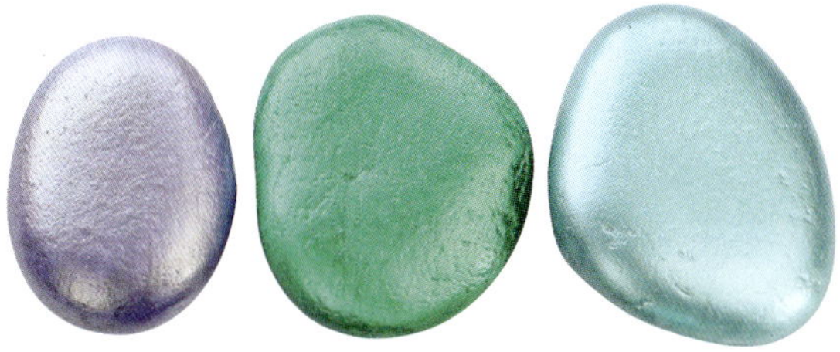

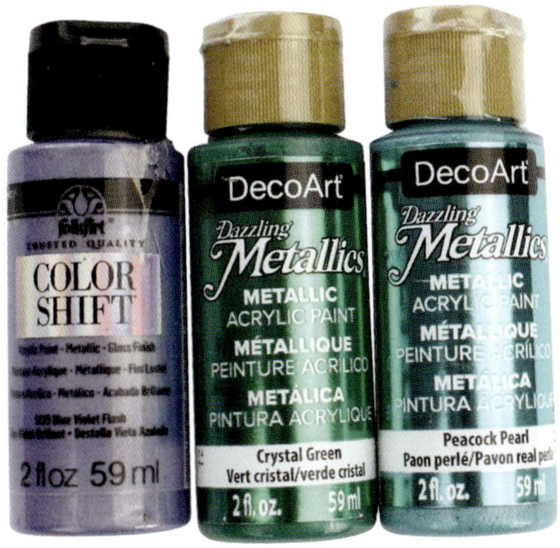

ANLEITUNG

1. Zuerst die Steine weiß grundieren (siehe Seite 13).

2. Metallicfarben sind oft recht dünnflüssig und müssen darum möglicherweise in mehreren Schichten aufgetragen werden, bis sie schön decken.

3. Anschließend kann der Stein mit Acrylstiften oder -farben weiter gestaltet werden.

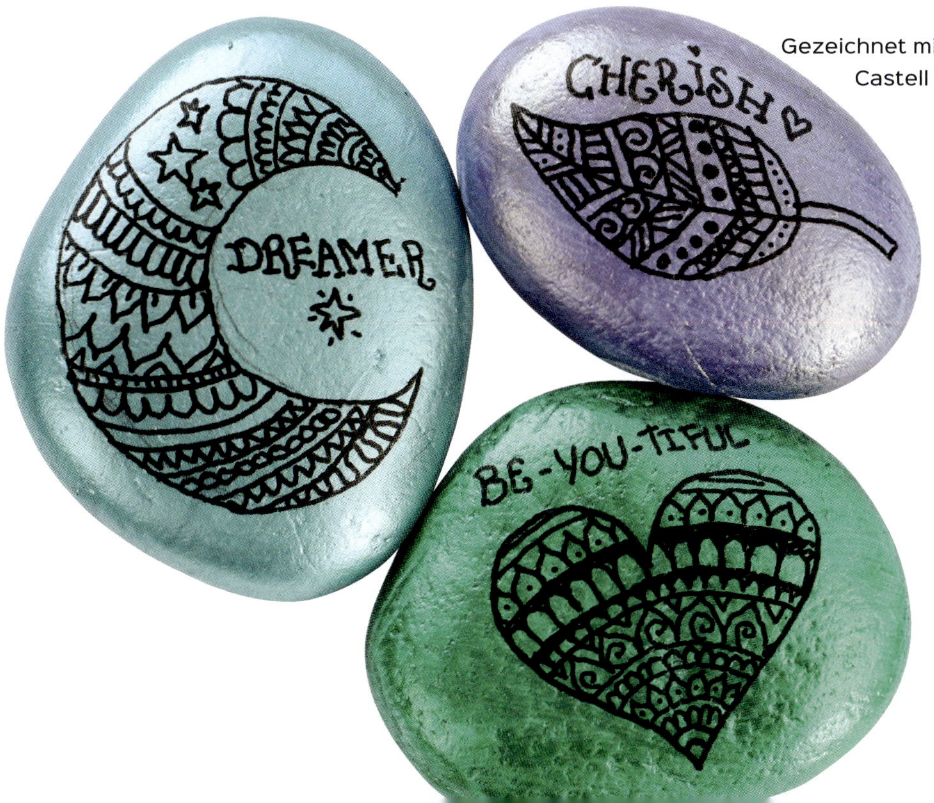

Gezeichnet mit einem Faber-Castell Pitt Artist Pen.

KAPITEL 10

VERZIERUNGEN UND TEXTUREN

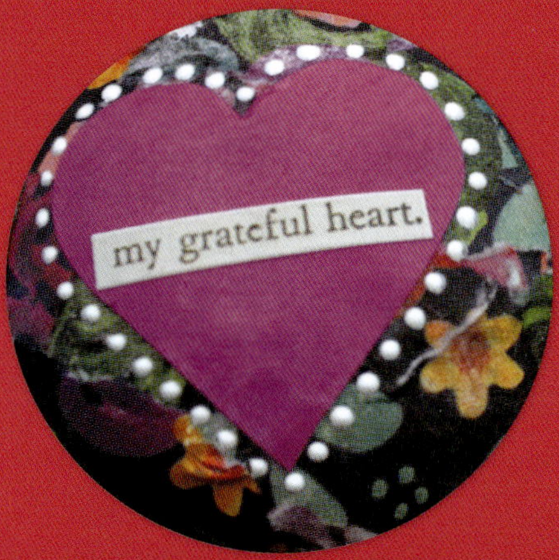

Manchmal braucht ein bemalter Stein noch ein kleines Extra. Die Verzierungen und Texturen, die in diesem Kapitel vorgestellt werden, eignen sich für Steinkunstwerke aller Art. Lass dich von den Vorschlägen anregen und probiere auch andere Variationen aus. Manche Verzierungen sind so schön, dass sie ganz für sich selbst stehen können.

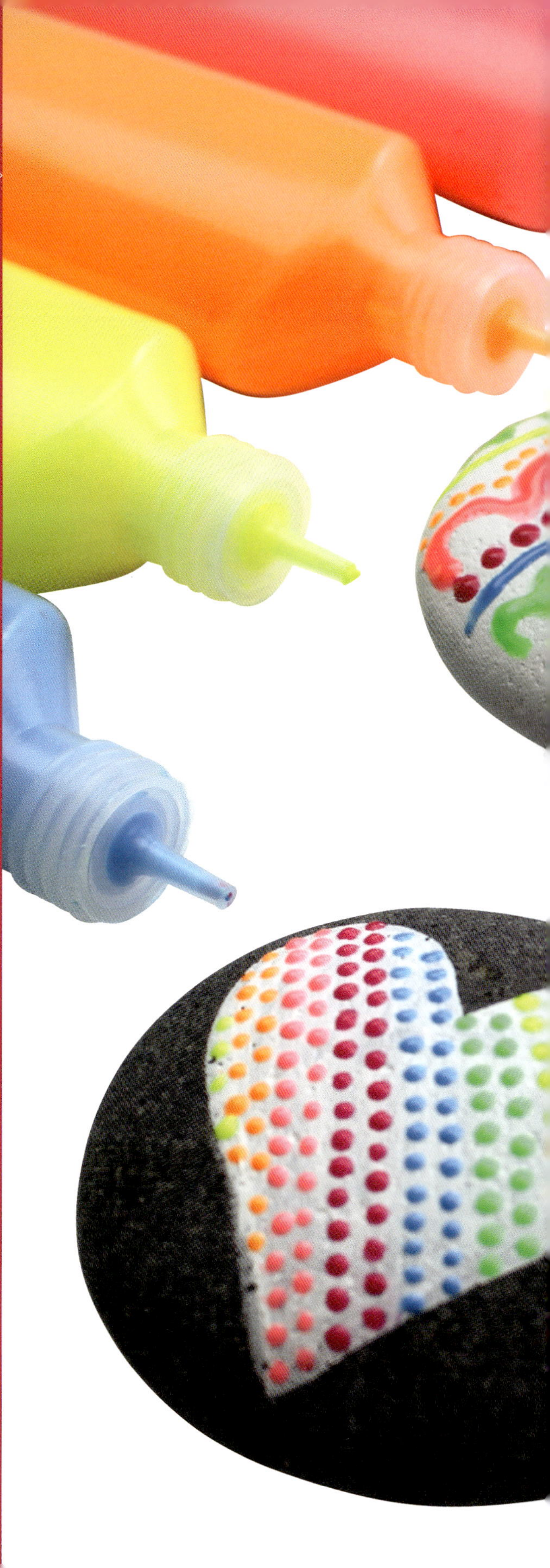

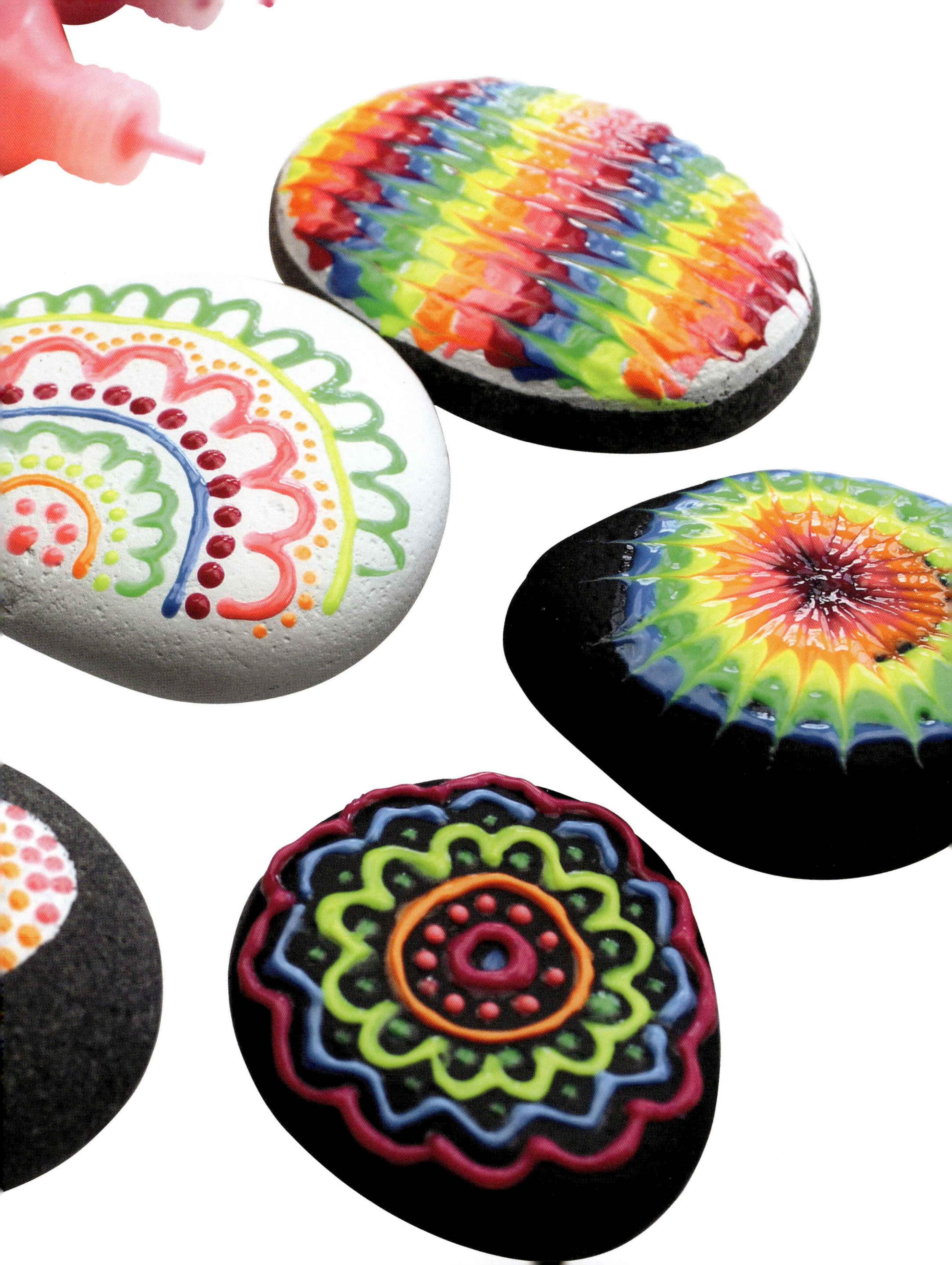

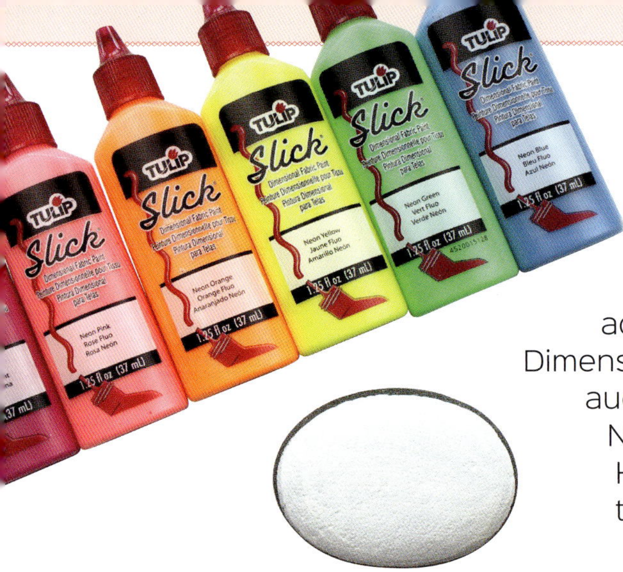

Plusterfarbe

Beim Kauf von Plusterfarbe ist es wichtig, auf die Größe der Applikatorspitze zu achten. Ich arbeite besonders gern mit Tulip Slick Dimensional Fabric Paint, weil mit der feinen Spitze auch filigrane Muster gut gelingen. Vor allem die Neonfarben besitzen auf schwarzem und weißem Hintergrund eine sehr gute Leuchtkraft. Alternativ den Pluster & LinerPen von Kreul oder andere.

Hier siehst du einige Beispiele für Verzierungen mit Plusterfarbe.

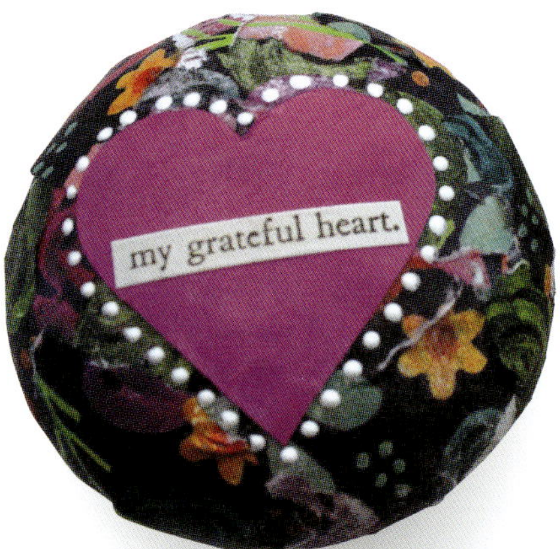

1. Mit Punkten aus Plusterfarbe Umrisse gestalten oder Flächen ausfüllen .

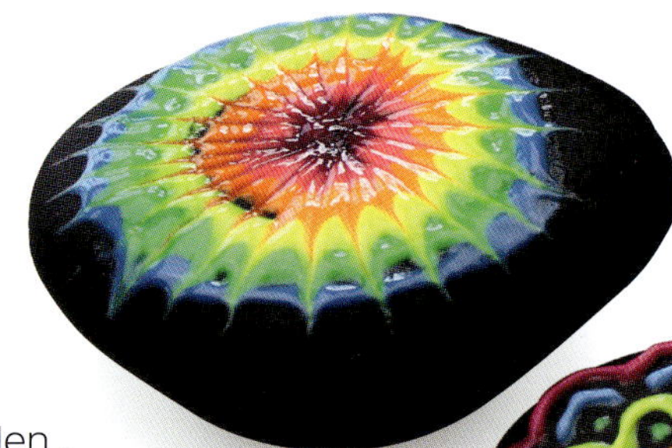

2. Mit der Farbe Muster malen.

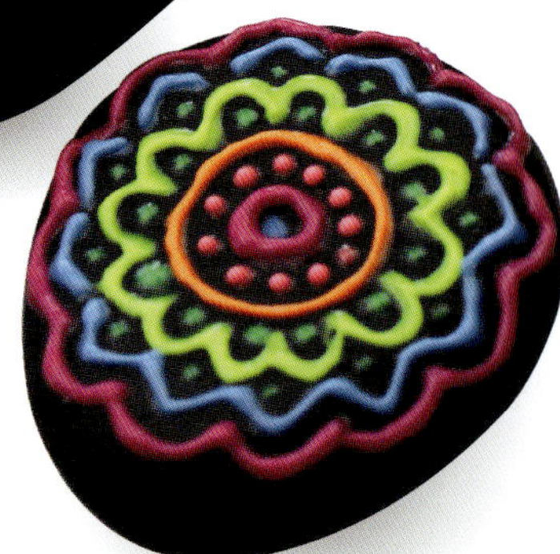

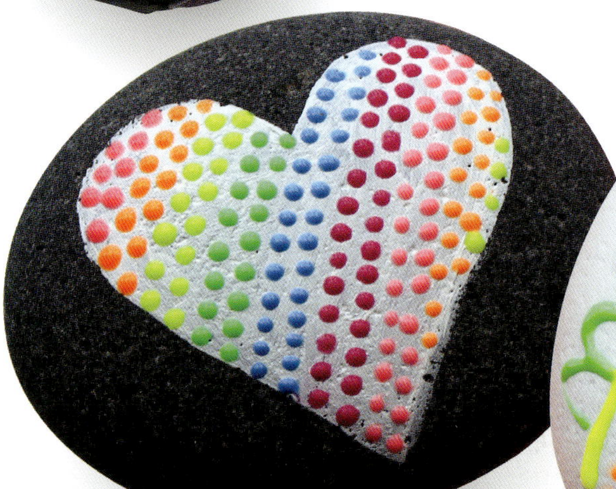

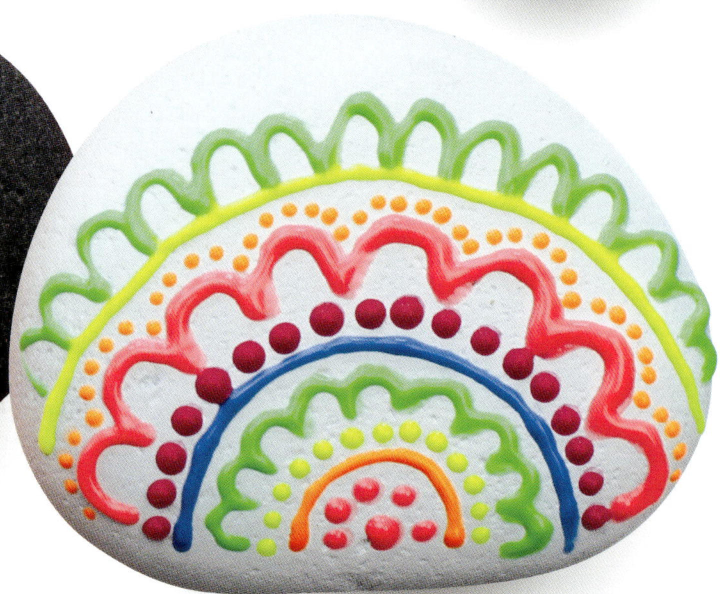

TEXTUREN GESTALTEN

Zickzacklinien

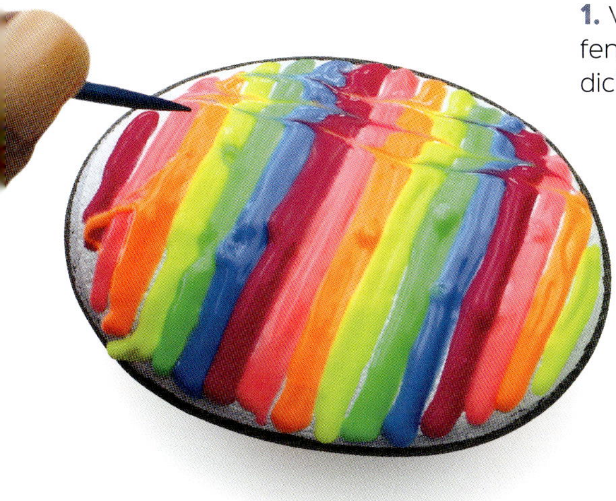

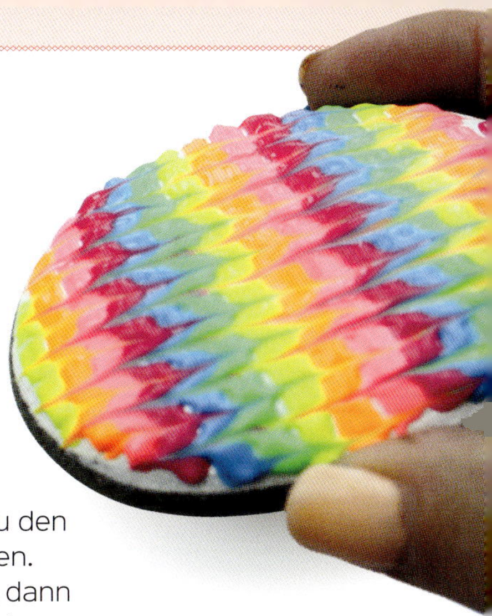

1. Verschiedenfarbige Streifen mit Plusterfarbe dicht an dicht auftragen.

2. Einen Zahnstocher quer zu den Streifen durch die Farbe ziehen. Den Zahnstocher abwischen, dann in der entgegengesetzten Richtung wiederholen.

Buntes Spinnennetz

1. Mit einem kleinen Kreis in der Mitte beginnen.

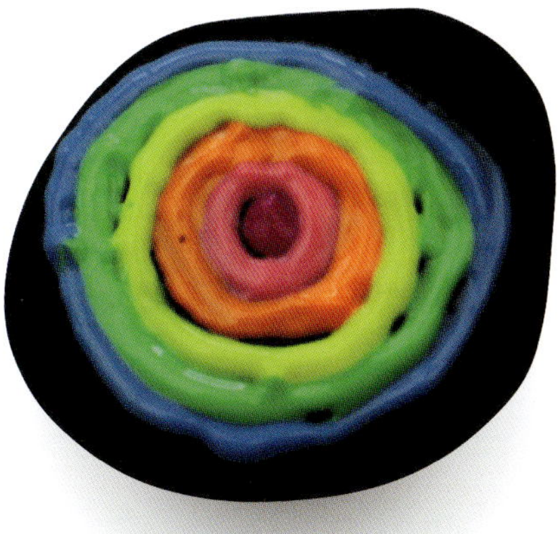

2. Weitere konzentrische Kreise in anderen Farben um den ersten Kreis malen.

3. Einen Zahnstocher von der Mitte zum Rand durch die Farbe ziehen. Rundum strahlenförmig wiederholen. Auch hierfür den Zahnstocher nach jeder Linie abwischen.

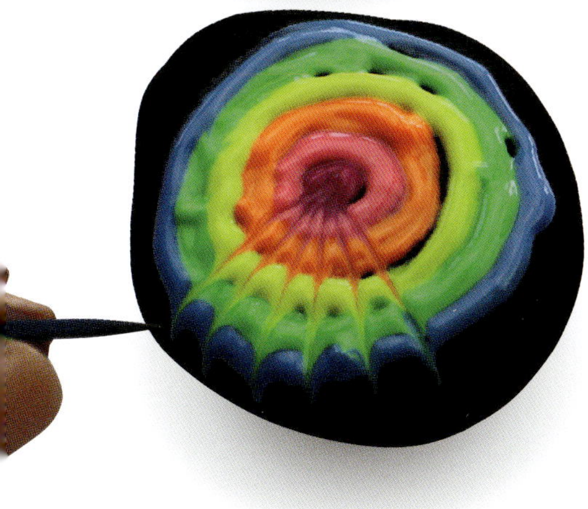

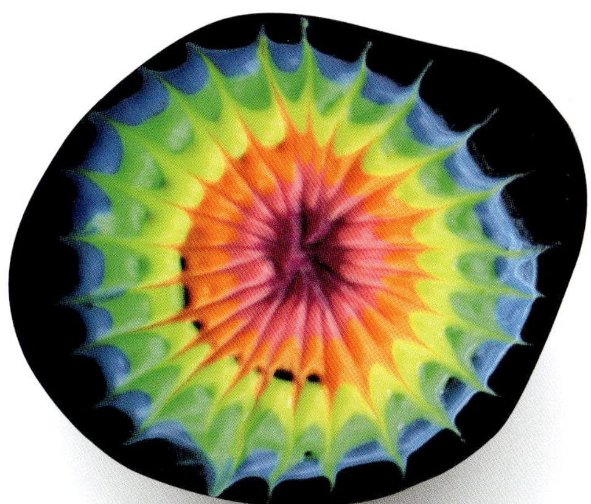

HINTERGRÜNDE

Auch farbige Hintergründe kannst du mit Plusterfarbe ausgestalten.

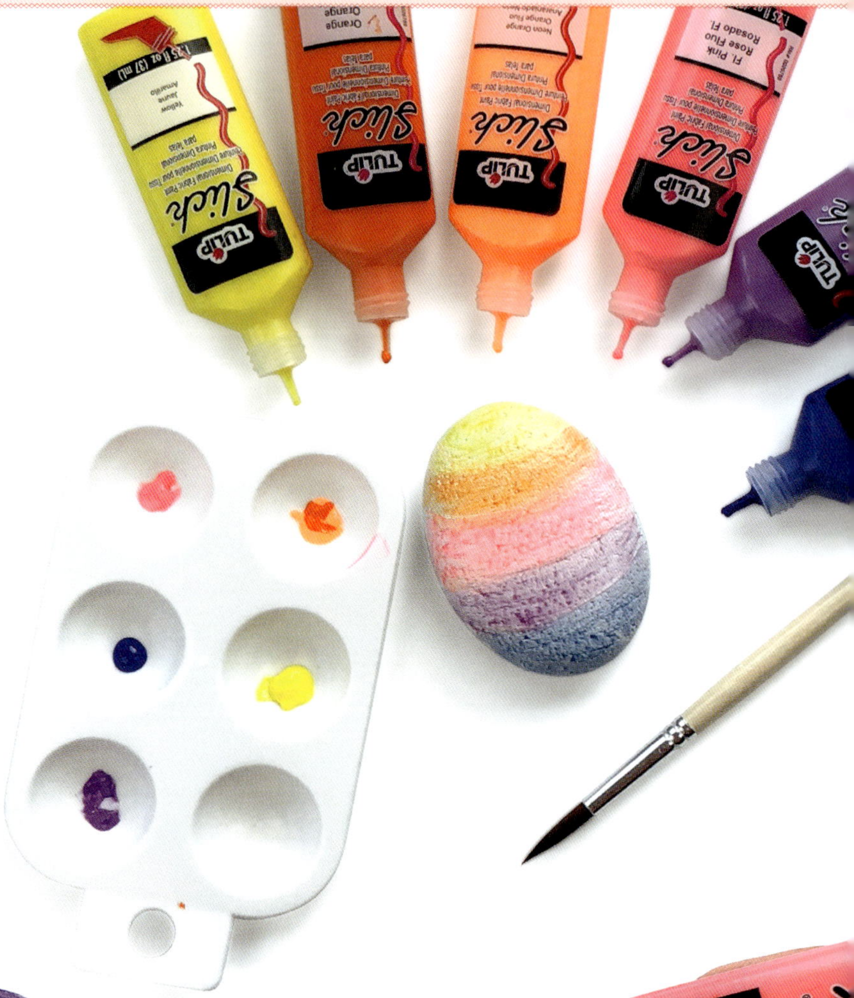

ANLEITUNG

1. Den Stein weiß grundieren.

2. Die Plusterfarbe mit einem Pinsel auftragen. Die erste Schicht ist transparent. Für stärkere Deckung die Farbe trocknen lassen und nochmals auftragen.

3. Plastische Muster können mit Plusterfarbe direkt aus der Flasche aufgetragen werden.

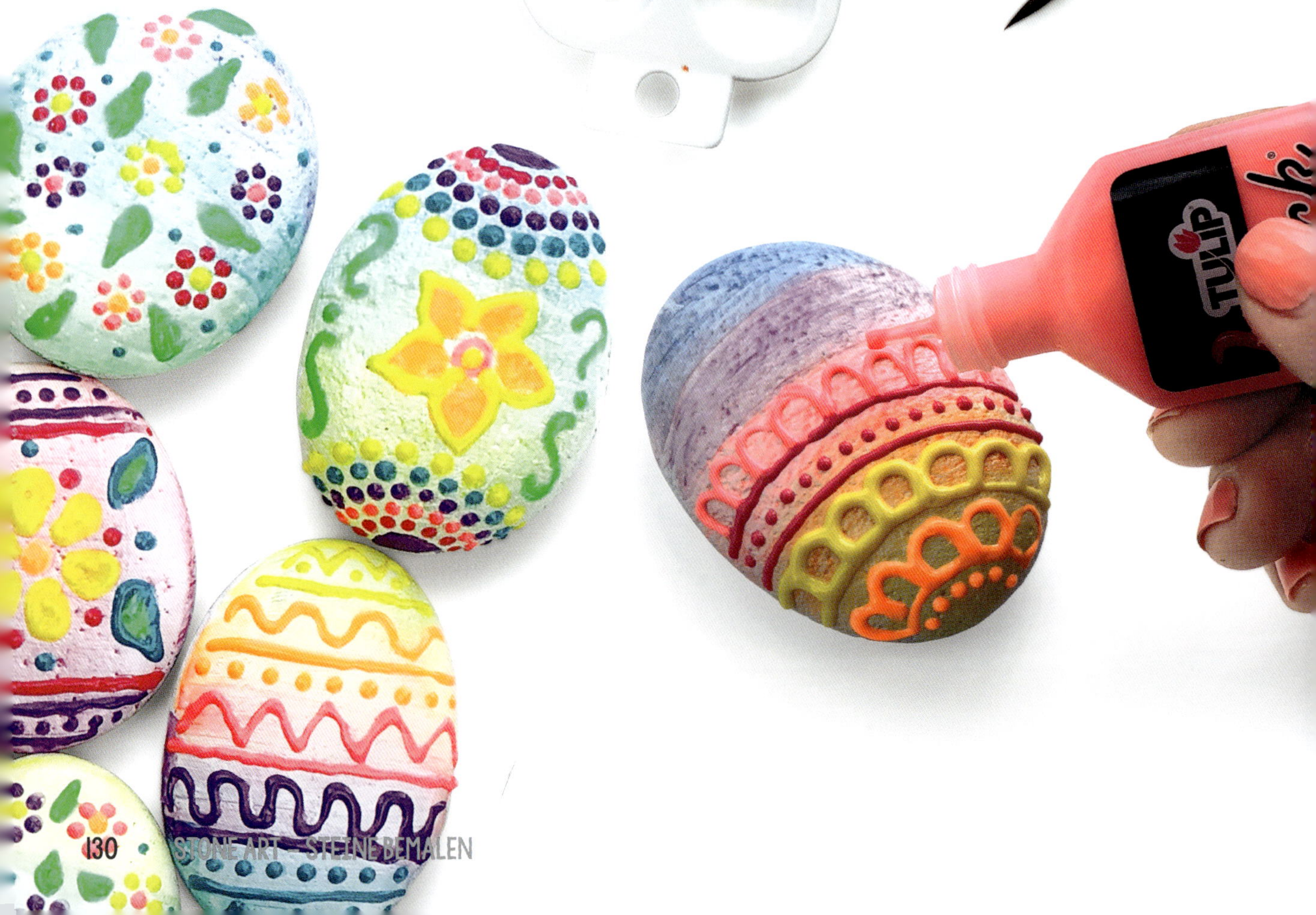

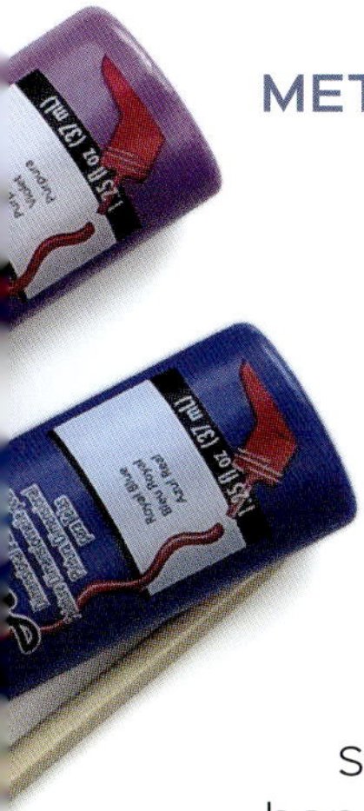

METALLICMUSTER

Muster mit Metallic-plusterfarbe sehen besonders edel aus.

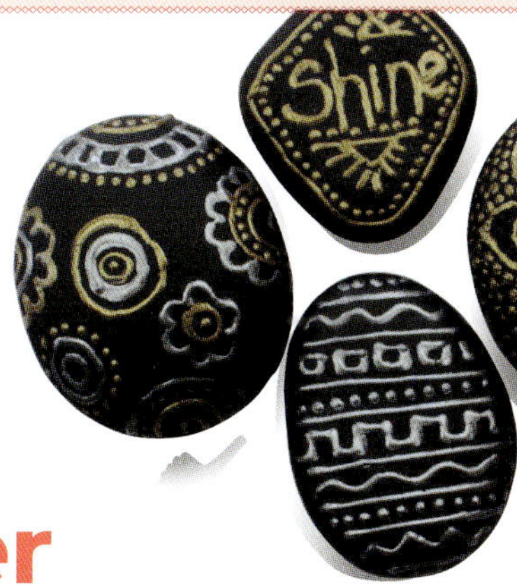

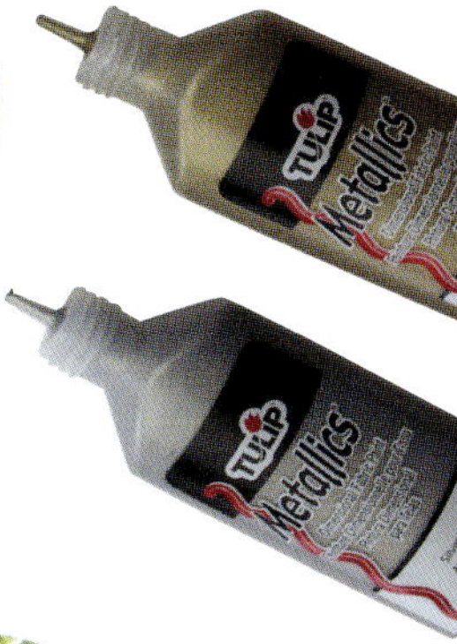

Aufkleber

Mit Stickern aller Art lassen sich Steine leicht und schnell verzieren. Der Schreibwaren- und Bastelhandel hält eine riesige Auswahl von Schriftzügen und Motiven bereit. Eine Anleitung für die Serviettentechnik (Foto rechts) als Basis findest du auf Seite 98.

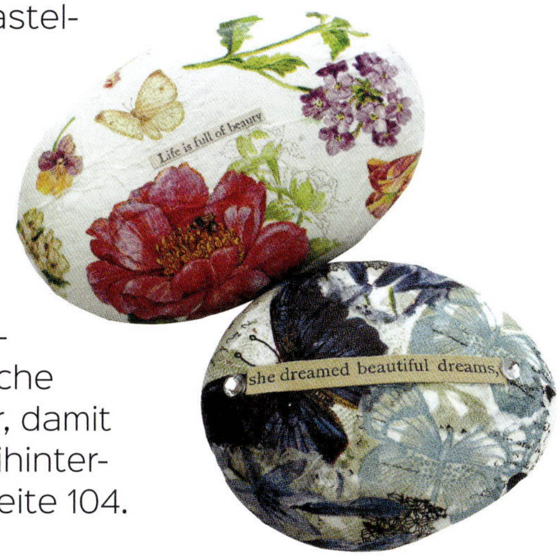

Ich habe gern eine Auswahl verspielter Aufkleber im Vorrat, um Steine zum Verschenken damit zu dekorieren. Schau dich einmal in der Scrapbook-Abteilung eines gut sortierten Bastelgeschäfts um! Plastische Aufkleber befestige ich meist mit etwas E6000-Kleber, damit sie zuverlässig halten. Eine Anleitung für den Konfettihintergrund aus Seidenpapier (Foto unten) findest du auf Seite 104.

VERSIEGELN

Steine mit normalen Stickern oder Schriftzügen werden zum Schluss versiegelt. Dreidimensionale Aufkleber dagegen werden erst nach dem Versiegeln angebracht. Mehr Infos zum Versiegeln in Kapitel 2.

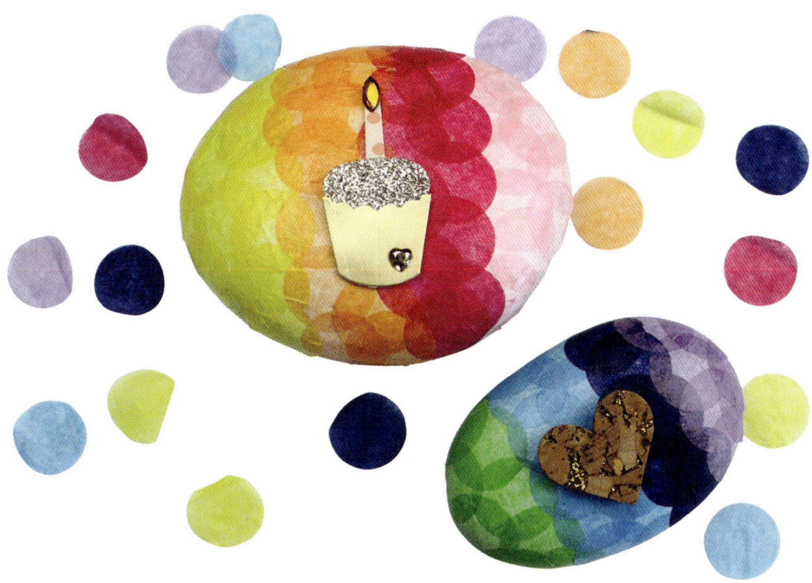

Glitzer

Es gibt zwei Möglichkeiten, Steine zum Glitzern zu bringen. Eine davon macht fast gar keinen Schmutz.

NAGELLACK

Glitzernagellack ist ausgesprochen praktisch. Er wird einfach auf die Steine gepinselt, und du brauchst nachher keine herumfliegenden Flitterteilchen aufzusaugen.

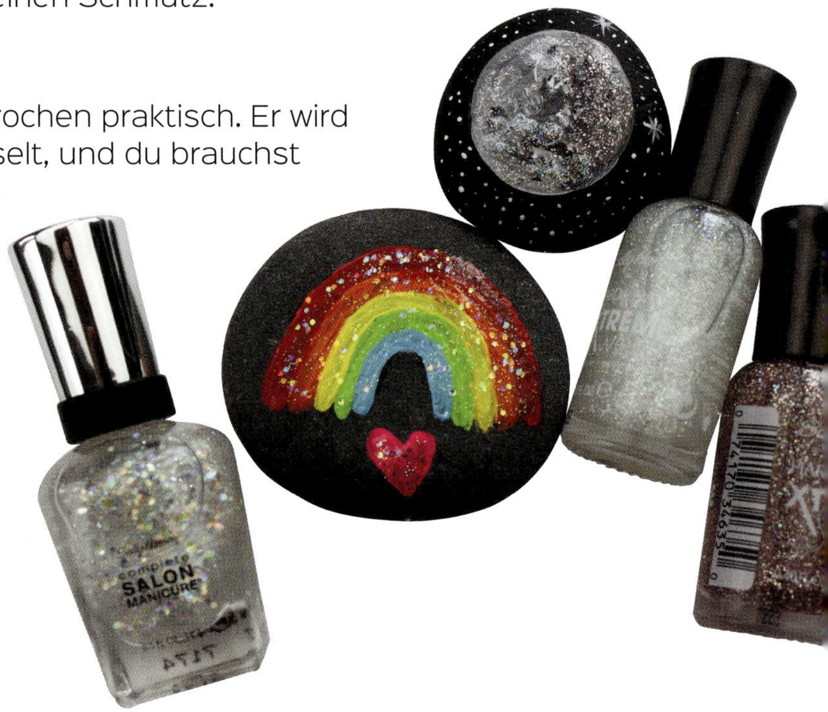

Mit Glitzernagellack kannst du nichts falsch machen, denn er sieht auf fast jedem Hintergrund gut aus. Hier wurde er über Acrylfarben aufgetragen. Schaffe dir mehrere Flaschen an – mit feinen und gröberen und bunten Glitzerpartikeln.

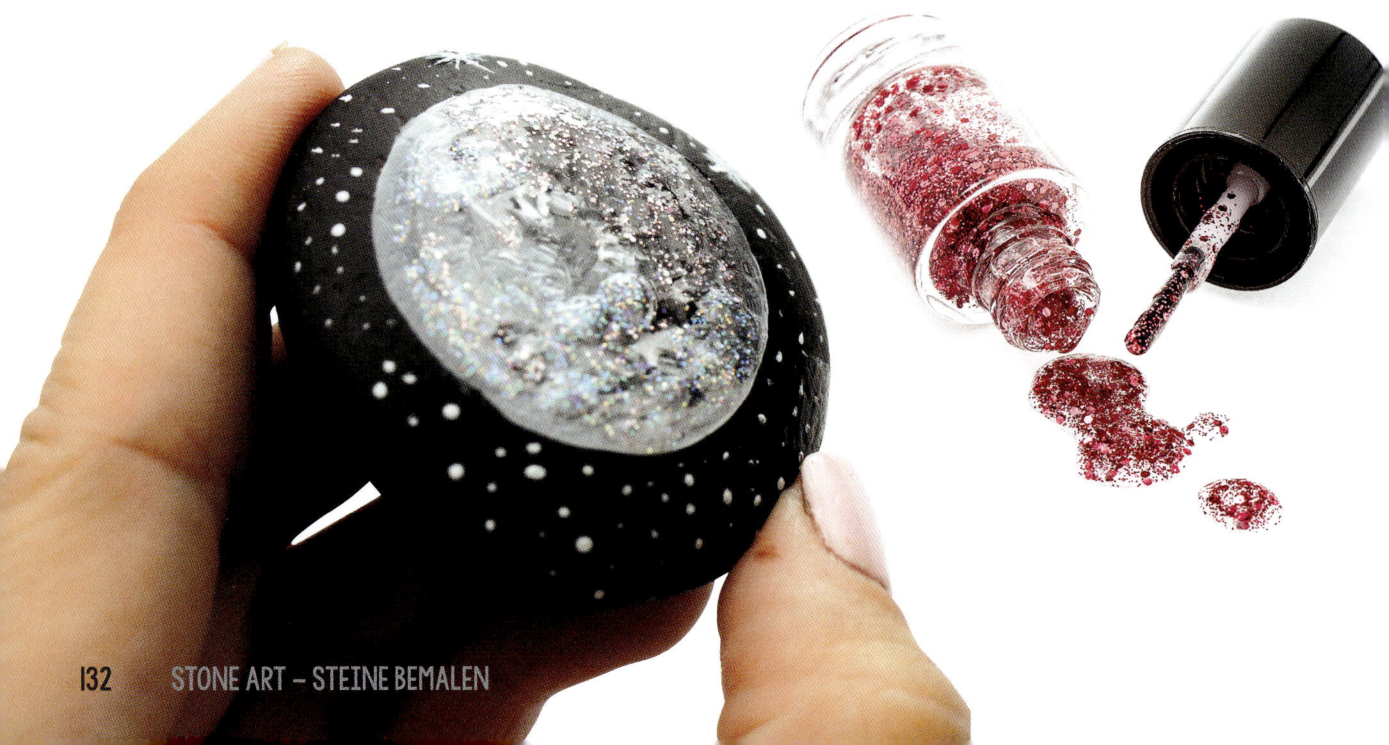

KLEBESTIFT FÜR LOSEN GLITZER

Für opulentere Effekte ist ein Klebestift die beste Wahl. Ich mag am liebsten den Quickie Glue Pen von Sakura of America, weil man mit seiner dünnen Spitze auch filigrane Muster schön sauber malen kann. Alternative: der Glue Pen von Tombow.

ANLEITUNG

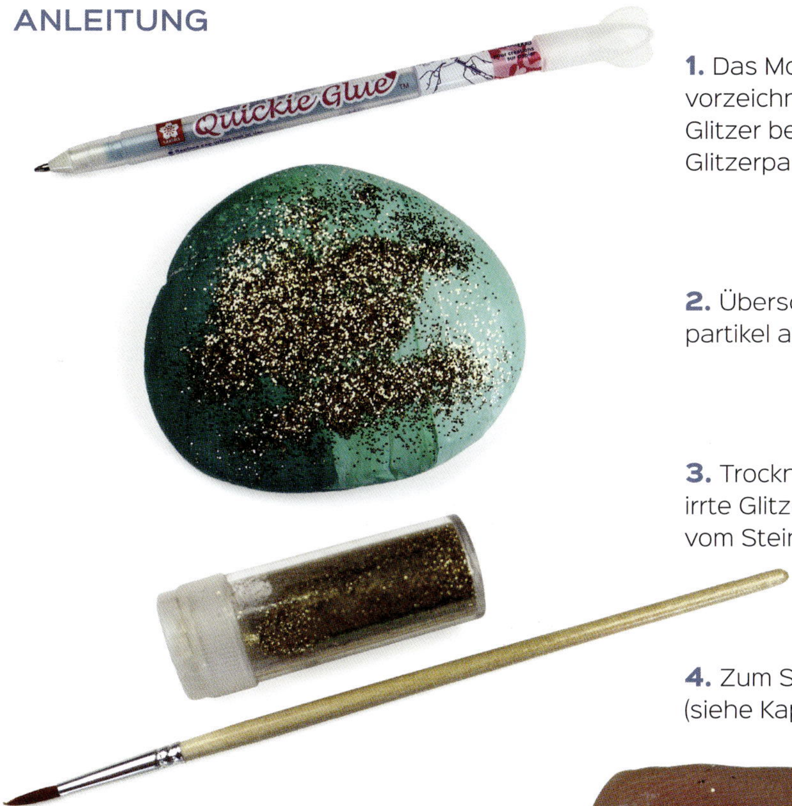

1. Das Motiv mit dem Glitzerklebestift vorzeichnen und großzügig mit losem Glitzer bestreuen. Mit gefallen kleine Glitzerpartikel am besten.

2. Überschüssige Glitzerpartikel abschütteln.

3. Trocknen lassen, dann lose und verirrte Glitzerteilchen mit einem Pinsel vom Stein entfernen.

4. Zum Schluss wie gewohnt versiegeln (siehe Kapitel 2).

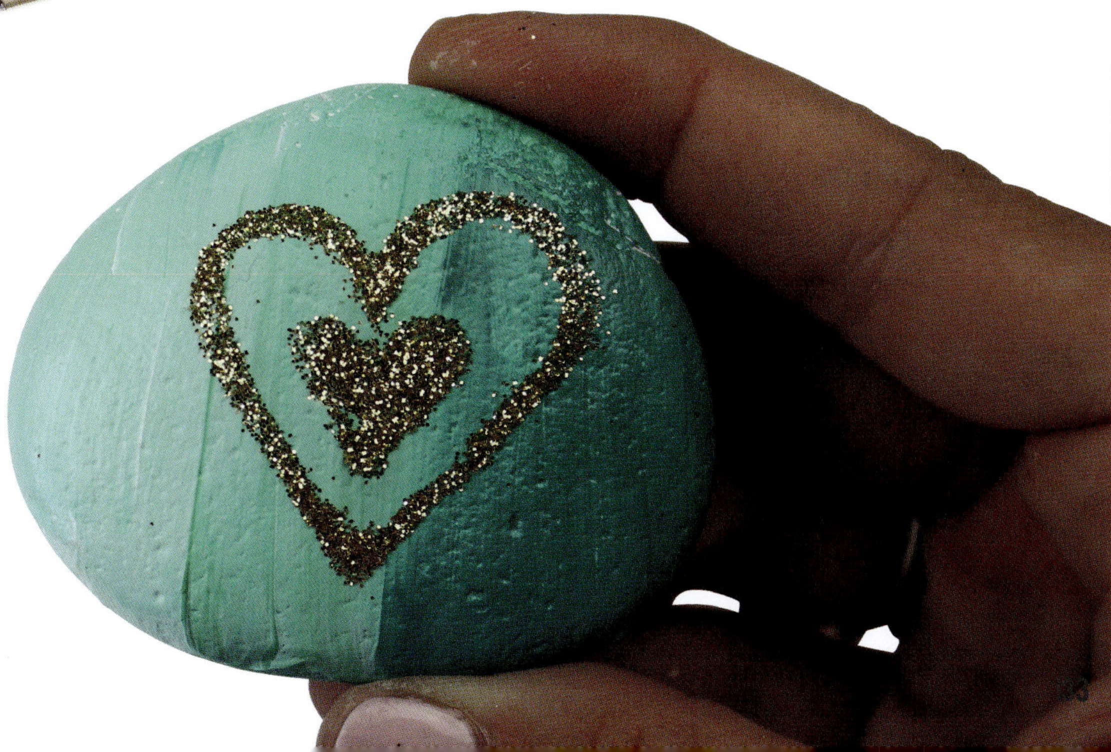

Perlen und Anhänger

Aus Perlen und Anhängern kann man nicht nur Schmuck machen, du kannst auch Steine damit verzieren. Befestige sie aber mit einem guten Kleber, damit sie zuverlässig halten. Ich bevorzuge E6000, der schnell und transparent trocknet, übermalbar ist und eine hohe Klebkraft hat.

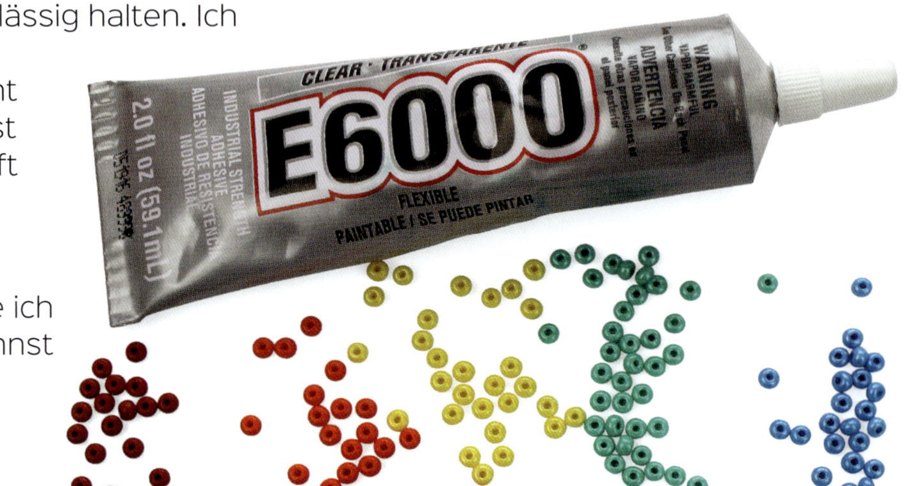

Steine mit Perlen versiegele ich normalerweise nicht. Du kannst einen Stein aber bemalen, versiegeln und erst danach mit Perlen verzieren.

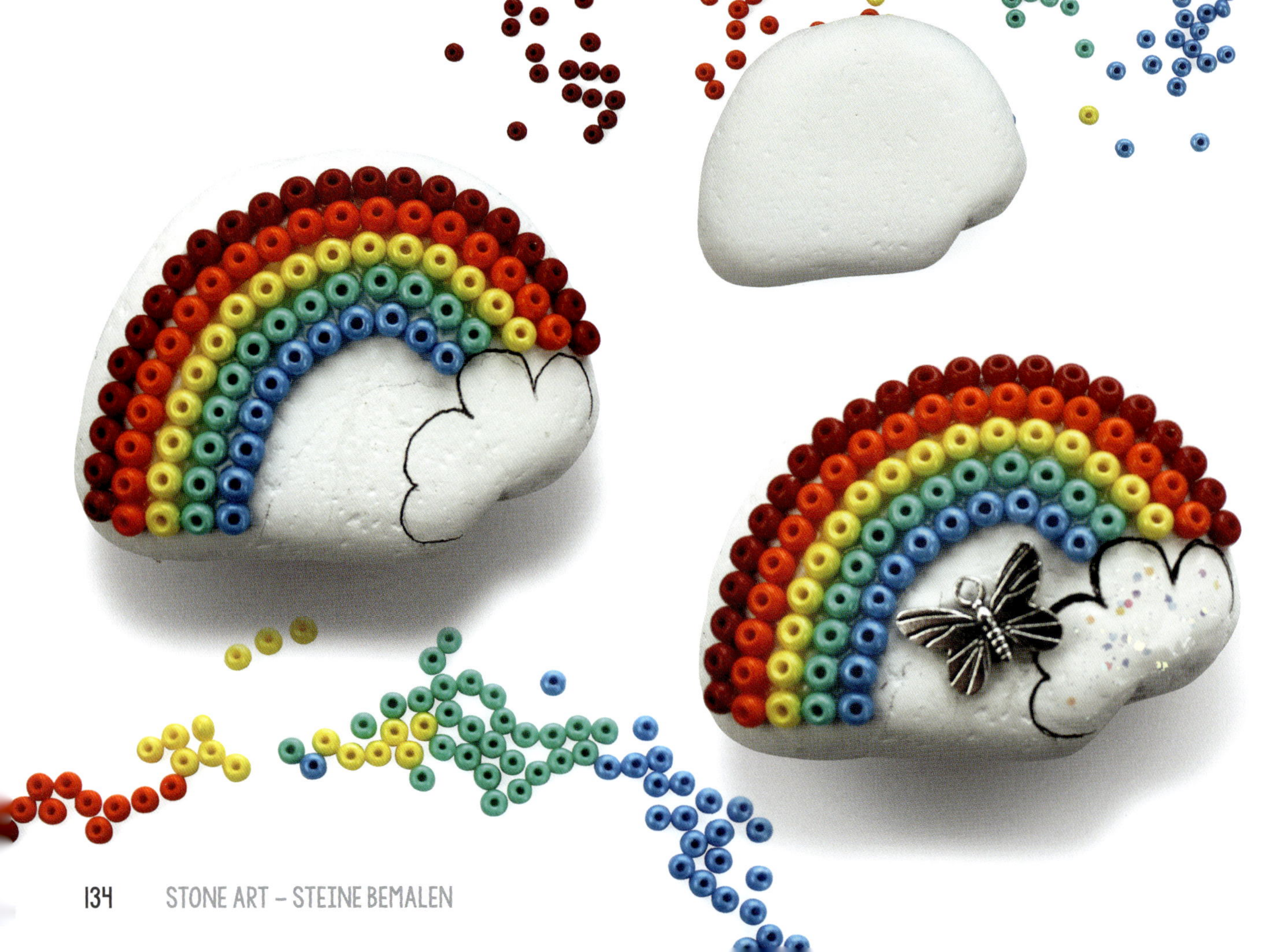

Glitzersteine

Für Steine mit Wow-Faktor sind Glitzersteine ideal. Du kannst preiswerte Steine aus Acrylglas verwenden oder in noble Swarowskikristalle investieren. Wichtig ist, dass die Rückseite flach ist. Glitzersteine werden grundsätzlich erst nach dem Versiegeln aufgeklebt. Durch einen Überzug mit Klarlack würde die Lichtbrechung leiden.

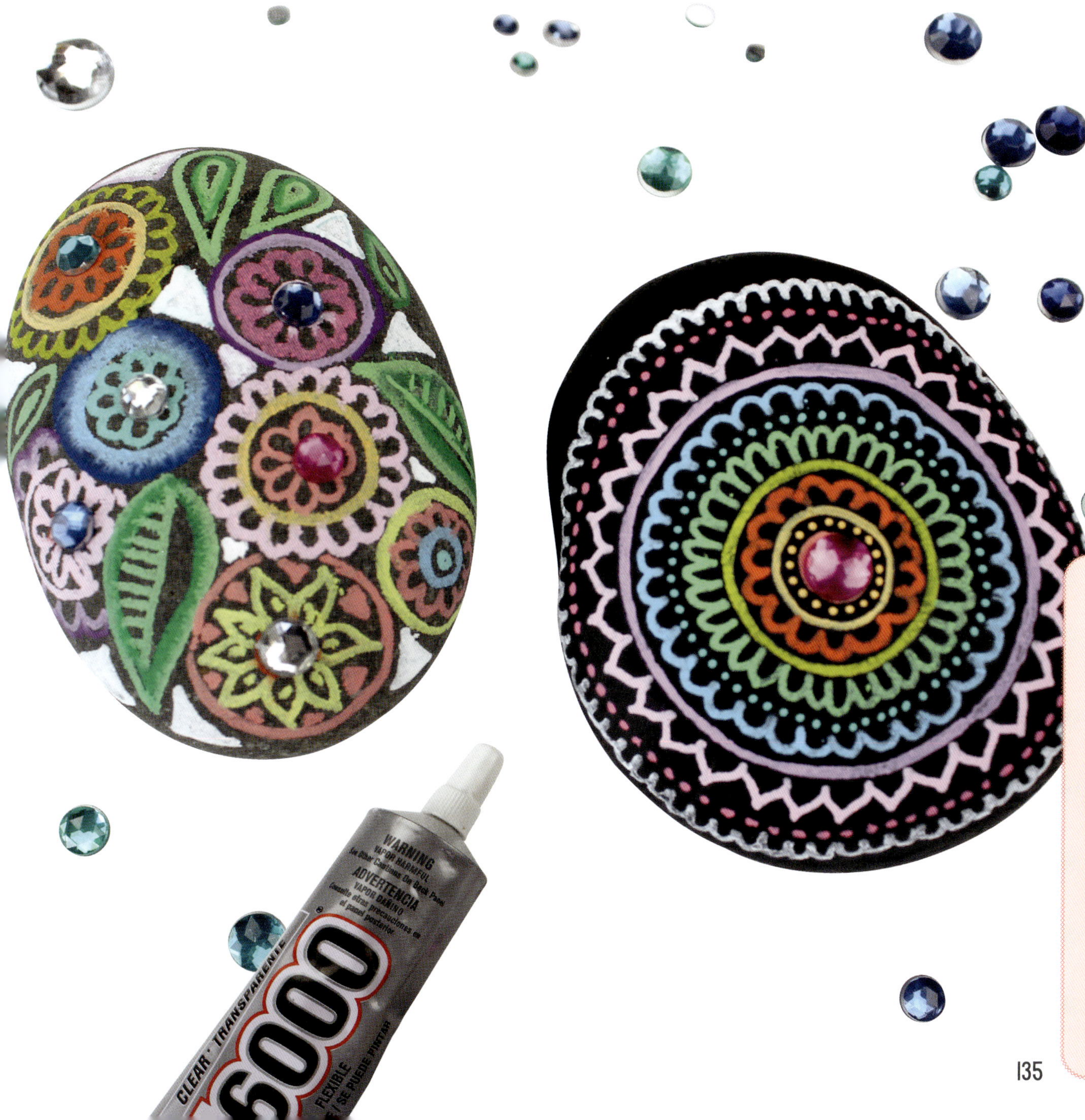

KAPITEL 11

STEINE UND KINDER

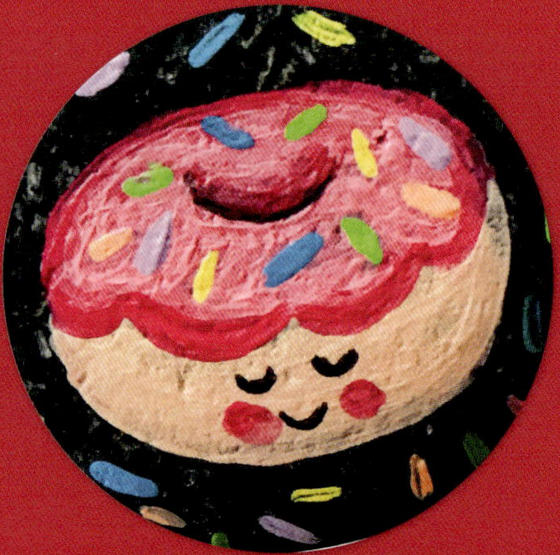

Lass dich von der Überschrift nicht täuschen: Im folgenden Kapitel geht es zwar um Kinder, aber viele der Ideen eignen sich ebenso gut für Erwachsene. Allerdings weiß ich aus Erfahrung, woran Kinder besonderen Spaß haben. Mein kleiner Sohn malt und bastelt nämlich sehr gern. Er hat alle Vorschläge im folgenden Kapitel getestet und für gut befunden.

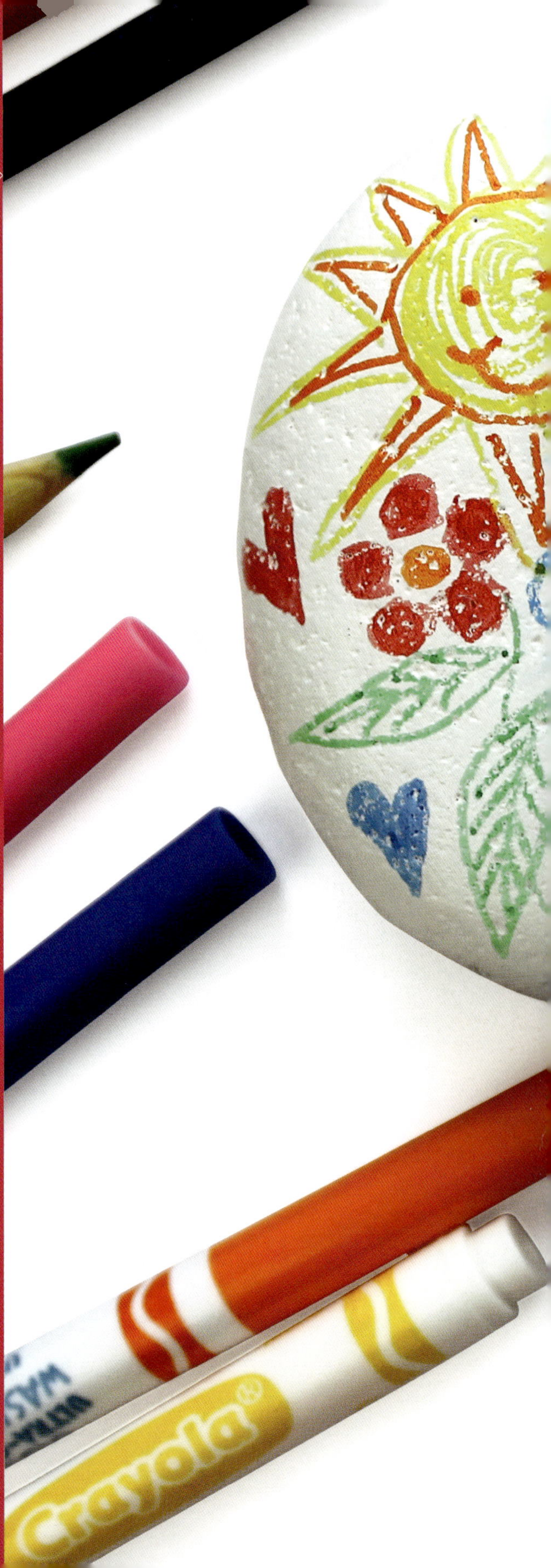

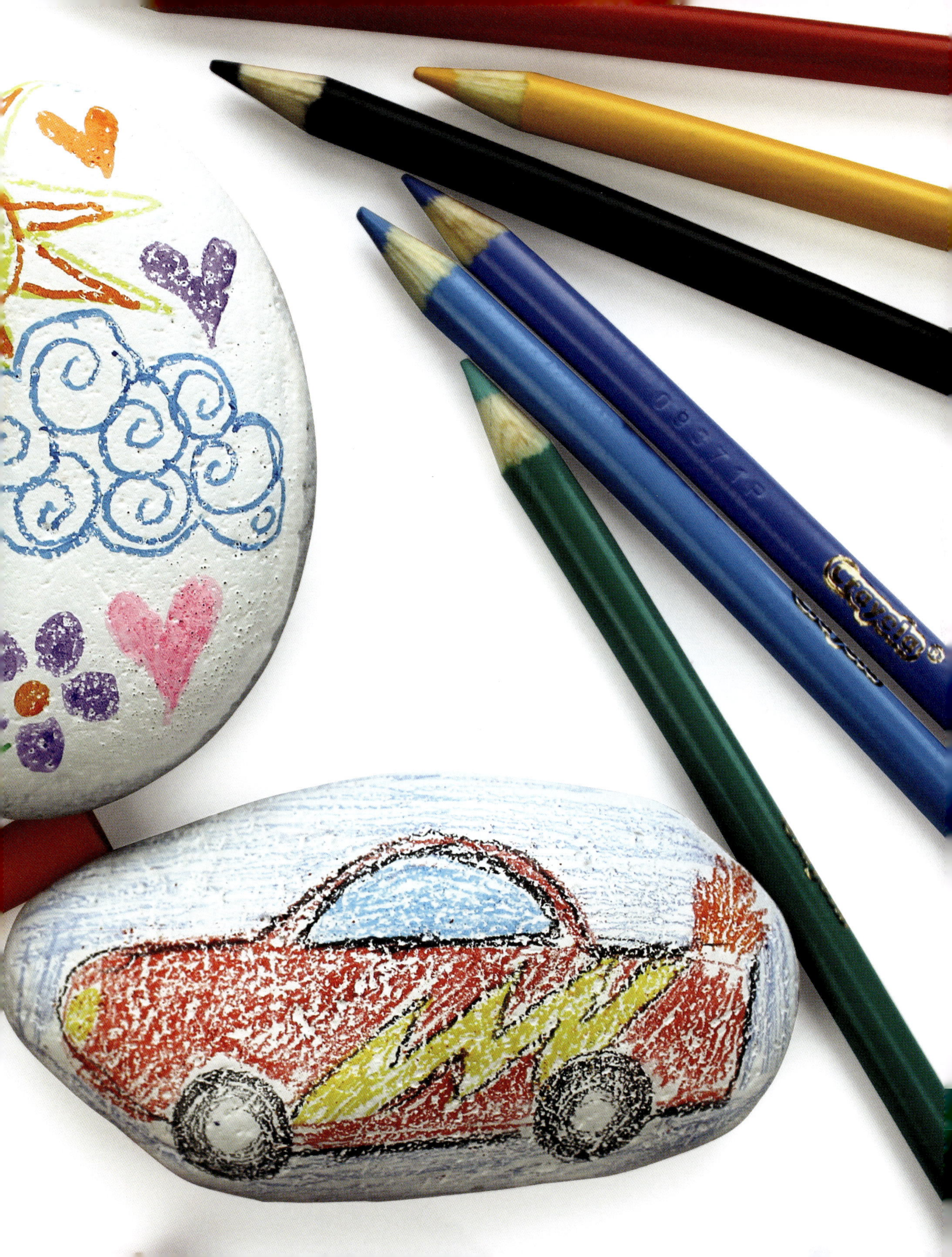

Steine zum Lernen

Meine ersten Steine habe ich bemalt, um mit meinen Sohn Farben, Buchstaben und Zahlen zu üben. Später haben wir Steine zum Geschichtenerzählen und für allerlei lustige Spiele bemalt. Für die Beispiele in diesem Kapitel habe ich Acrylfarben verwendet, andere Medien eignen sich aber ebenso, beispielsweise Aufkleber, ausgeschnittene Motive, Farb- und Acrylstifte.

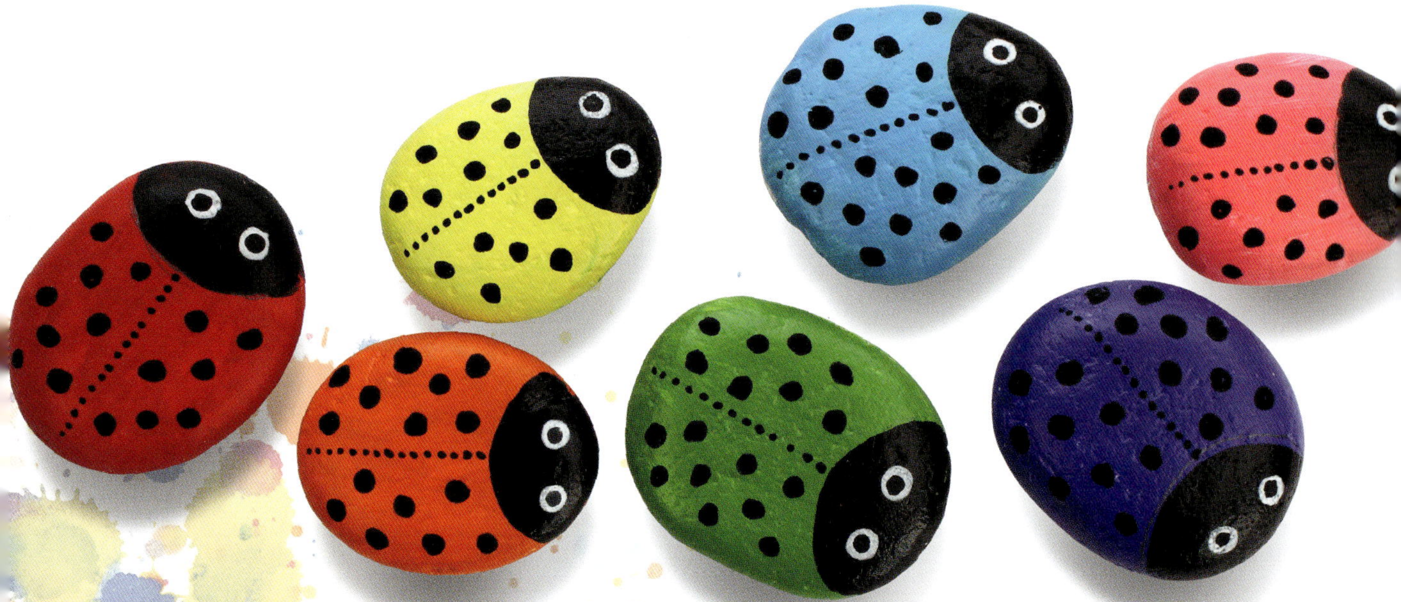

FARBSTEINE

Um Farben zu üben, solltest du für alle Steine ein einheitliches Motiv wählen. Mein Sohn war ein großer Fan von Eisenbahnen, darum haben wir aus Steinen einen Zug mit Waggons in verschiedenen Farben gemacht. Dazu habe ich ihm Schienen gemalt, auf denen er den Zug »fahren« lassen konnte. Wichtig ist, dass das Motiv die Kinder anspricht. Diese Marienkäfer sind so einfach zu malen, dass das Kind bei der Gestaltung mithelfen kann.

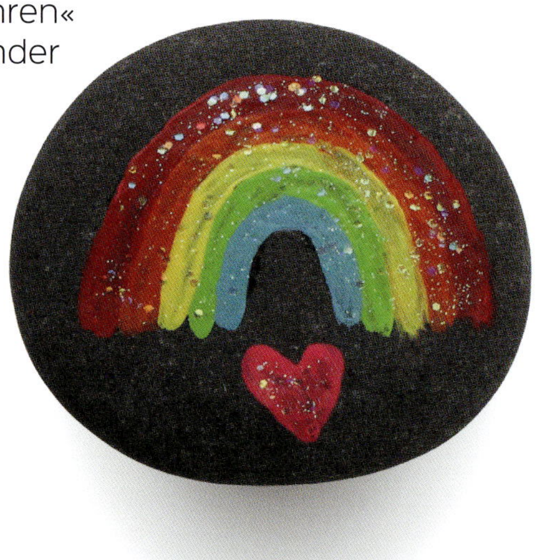

Bemalt man die Steine mit geometrischen Formen wie Kreis, Quadrat, Dreieck, Stern usw. in allen Regenbogenfarben, kann man sie gleichzeitig zum Üben der Farben und der Formen benutzen.

STEIN-ABC

Mit einem Alphabet aus Steinen können Kinder prima Buchstaben lernen. Ich empfehle, beide Seiten der Steine zu bemalen: Großbuchstaben auf der einen Seite, Kleinbuchstaben auf der anderen. Wenn das Kind die Buchstaben schon gut kennt, kann es versuchen, mit den Steinen Wörter zu legen.

Wer wenig Zeit hat, kann Buchstaben-Sticker verwenden und sich nur noch um die Verzierung kümmern.

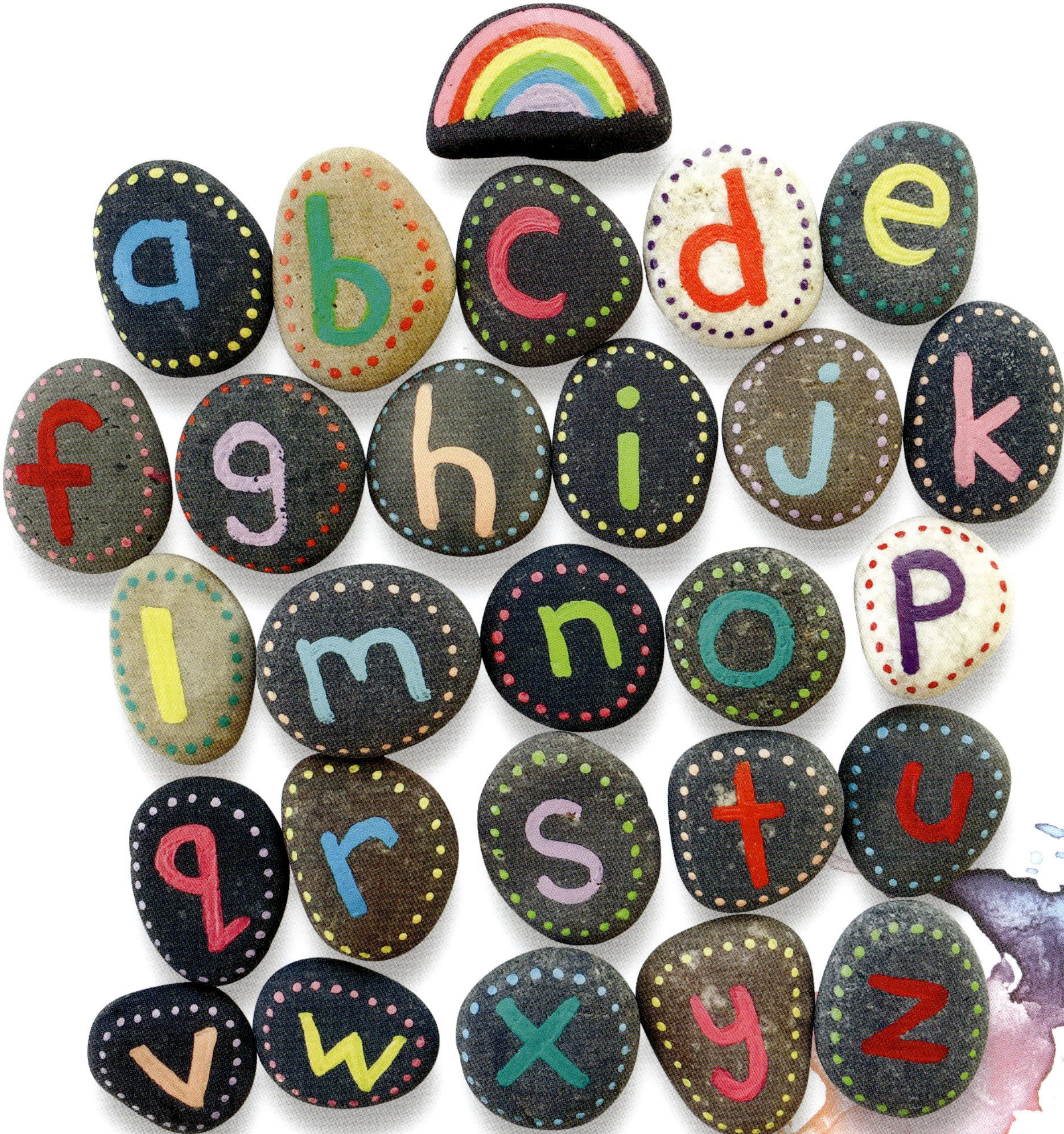

STEINE MIT ZAHLEN

Mit diesen Steinen können kleine Kinder die Zahlen kennenlernen und das Zählen üben. Gib dem Kind einige Murmeln oder Legosteine, dann soll es den Stein mit der passenden Anzahl herauslegen. Wenn du auch Rechenzeichen auf Steine malst, können nach dem Zählen die Grundrechenarten geübt werden.

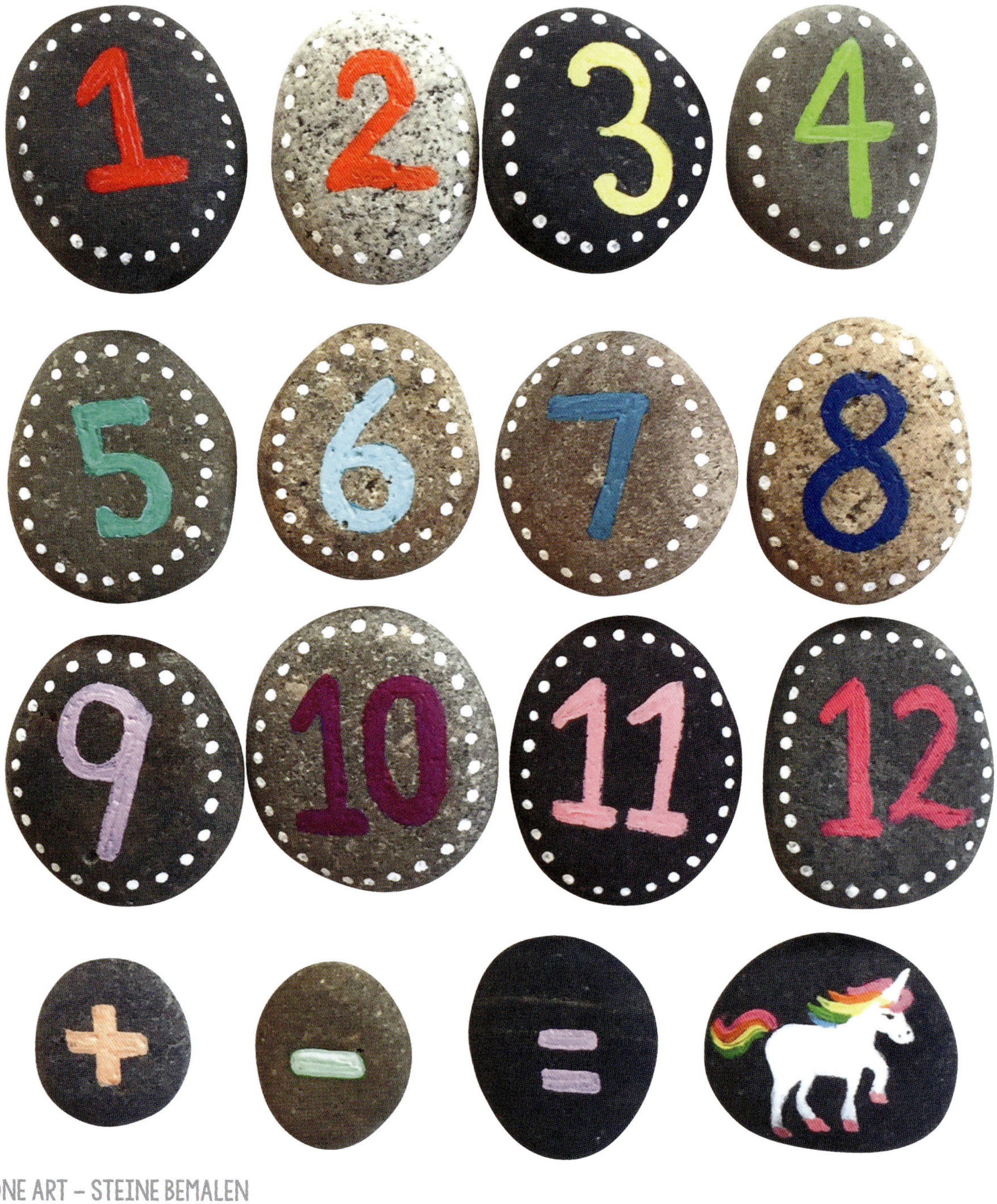

GESCHICHTENSTEINE

Diese Steine mag ich besonders gern. Die Motive dienen als »Stichworte«, anhand derer eine Geschichte erfunden und erzählt werden soll. Lass das Kind bei der Auswahl der Motive mitentscheiden. Ältere Kinder können selbst Geschichtensteine bemalen oder mithilfe der Steine kleine Geschichten erzählen oder schreiben. Wer meint, nicht so gut zeichnen zu können, schneidet Motive aus und klebt sie auf die Steine. Die Techniken werden ab Seite 92 vorgestellt.

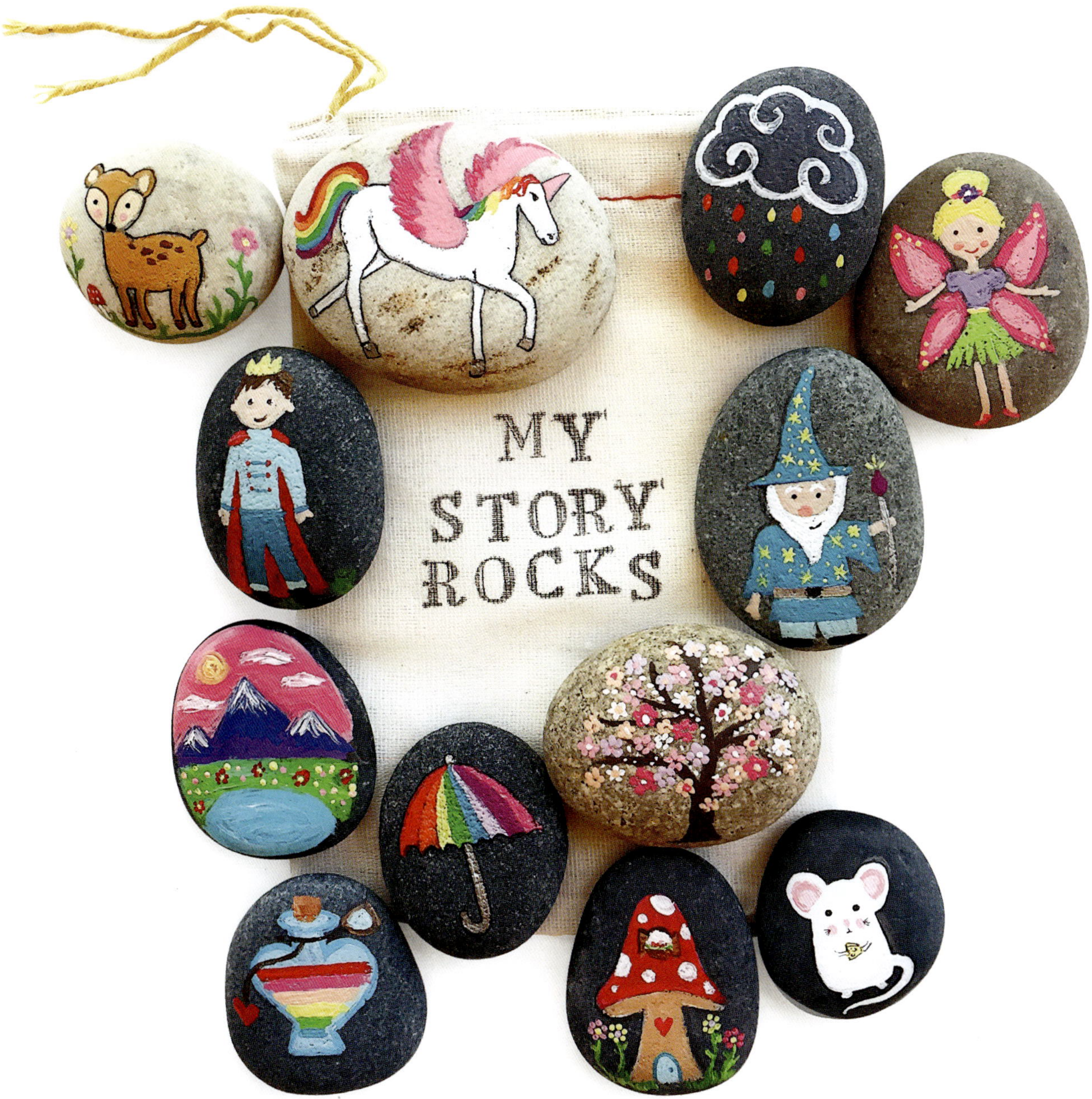

Steine bieten viele Möglichkeiten zum spielerischen Lernen. Kindern macht es großen Spaß, wenn sie auch beim Bemalen der Steine mitwirken dürfen.

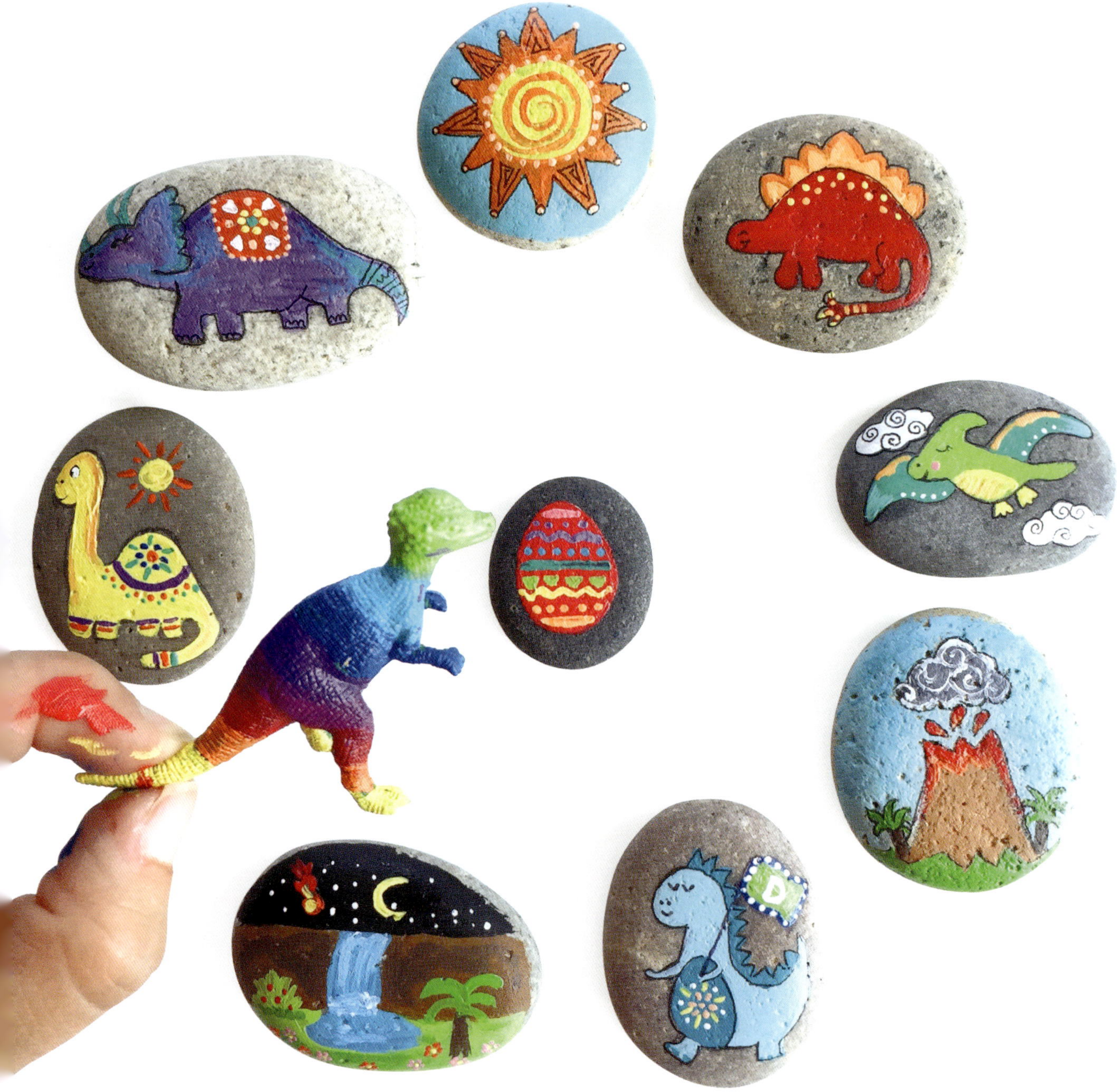

Techniken für Kinder

Wenn Kinder Steine bemalen, gehen sie meist mit großer Kreativität ans Werk. Ein bisschen Anleitung ist allerdings notwendig. Wichtig ist jedoch, Kinder bei kreativen Beschäftigungen nicht zu sehr einzuengen. Nur dann können sie sich frei entfalten und unverwechselbare Stücke gestalten.

Die folgenden Materialien und Ideen eignen sich am besten für die Steinmalerei mit Kindern. Wenn der Nachwuchs etwas größer ist oder schon mehr Übung hat, können auch andere Medien wie Plusterfarbe (siehe Seite 128), temporäre Tattoos (siehe Seite 106) oder Découpage mit Seidenpapier (siehe Seite 104) dazukommen.

FARBEN

Für Kinder empfehlen sich diese Farben:

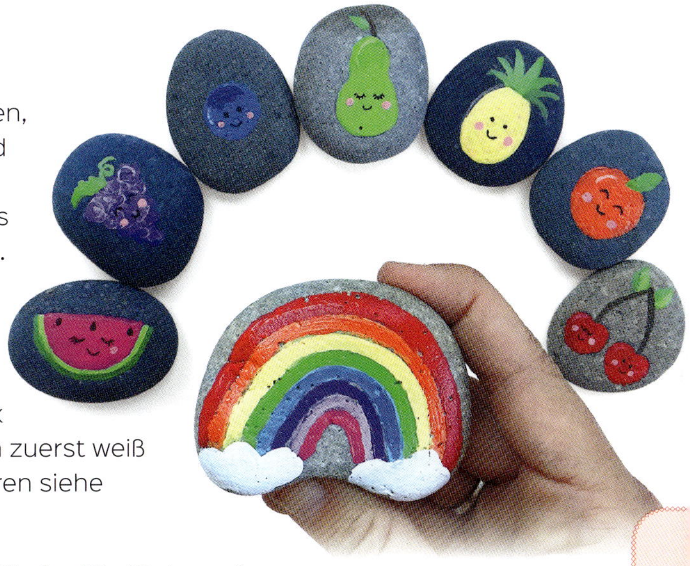

1. Acrylfarben – Mein kleiner Sohn malt mit Acrylfarben, seit er alt genug ist, um einen Pinsel zu halten. Mir (und ihm) gefällt die intensive Leuchtkraft der Farben. Ein großer Nachteil ist allerdings, dass sich Acrylfarben aus Kleidung, Teppichen usw. kaum mehr entfernen lassen. Darum malen wir meist im Freien oder decken den Arbeitsbereich großzügig ab. Weitere Informationen zu Acrylfarben gibt es ab Seite 24.

2. Tempera – Temperafarben sind ebenso leuchtstark wie Acrylfarben, aber auswaschbar. Die Steine müssen zuerst weiß grundiert werden. Weitere Informationen zum Grundieren siehe Seite 13.

3. Wasserfarben – Auch sie eignen sich sehr gut für Kinder. Die Steine müssen vorher weiß grundiert werden. Weitere Informationen zu Wasserfarben auf Seite 110.

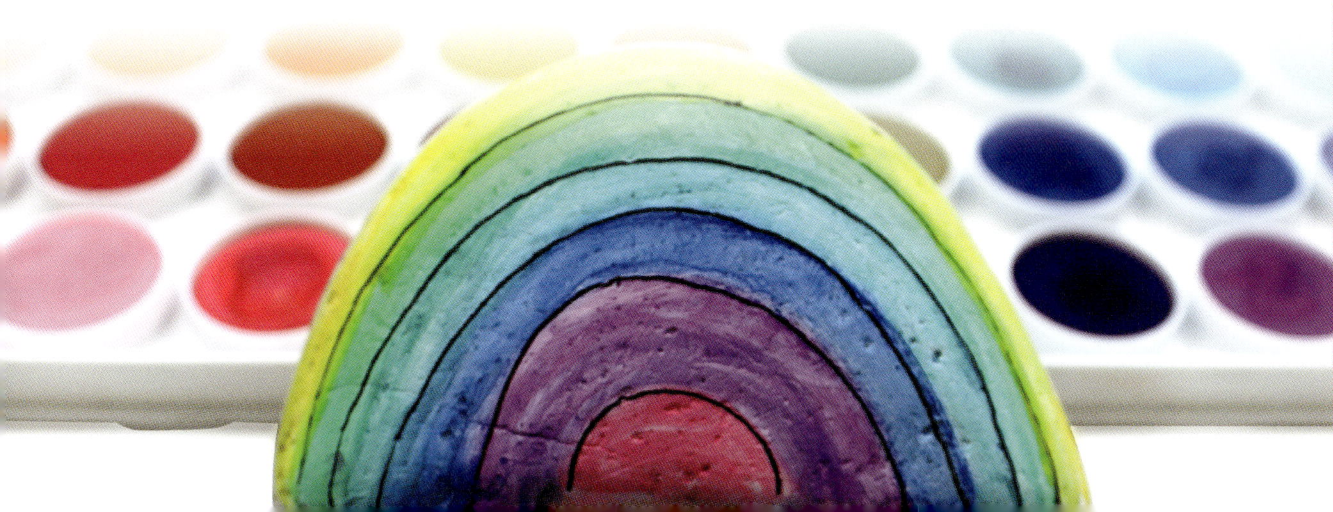

An der Spritztechnik haben Kinder besonders viel Spaß. Die Steine müssen zuerst weiß grundiert werden. Am besten arbeitet man im Freien oder legt den Arbeitsbereich großzügig mit alten Zeitungen aus. Die Sprenkeltechnik nutze ich auch für meine Galaxie-Effekte (siehe Seite 38). Bereite am besten mehrere Steine vor, denn wenn Kinder mit dem Bespritzen anfangen, wollen sie nicht so schnell wieder aufhören.

Material:

- Acryl- oder Temperafarbe
- Alte Zahnbürste

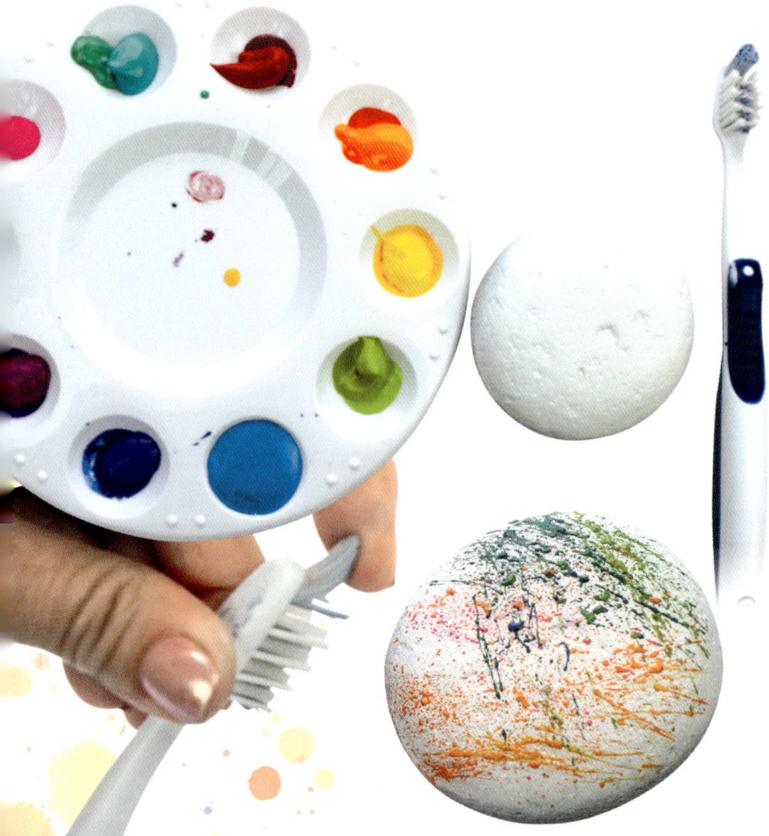

ANLEITUNG

1. Den Stein weiß grundieren.

2. Eine Zahnbürste in die Farbe tauchen. Nicht zu viel Farbe aufnehmen, eventuell die Bürste auf Küchenpapier abtupfen.

3. Die Borsten zum Stein drehen und mit dem Finger darüberstreichen, sodass die Farbe auf den Stein spritzt. Wegen der Spritzermenge und Richtung am besten vorher auf einem Stück Papier üben.

Das Versiegeln sollte ein Erwachsener übernehmen. Alle im Buch genannten Lacke sind geeignet (siehe Seite 20).

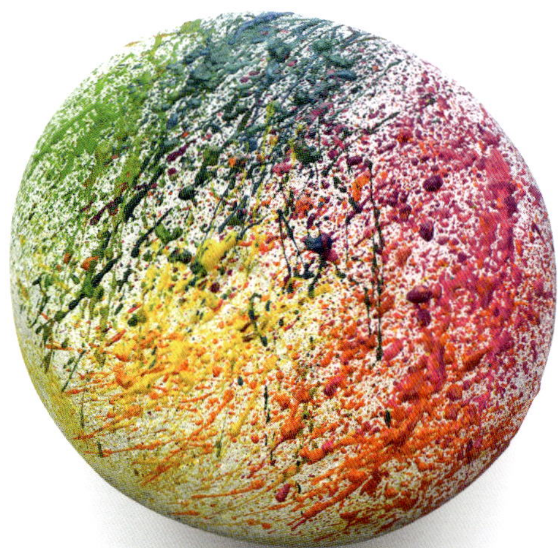

TAFELKREIDE

Um Steine mit Kreide immer wieder neu zu bemalen, grundiert man sie am besten mit spezieller Tafelfarbe, von der sich die Kreide leicht abwischen lässt.

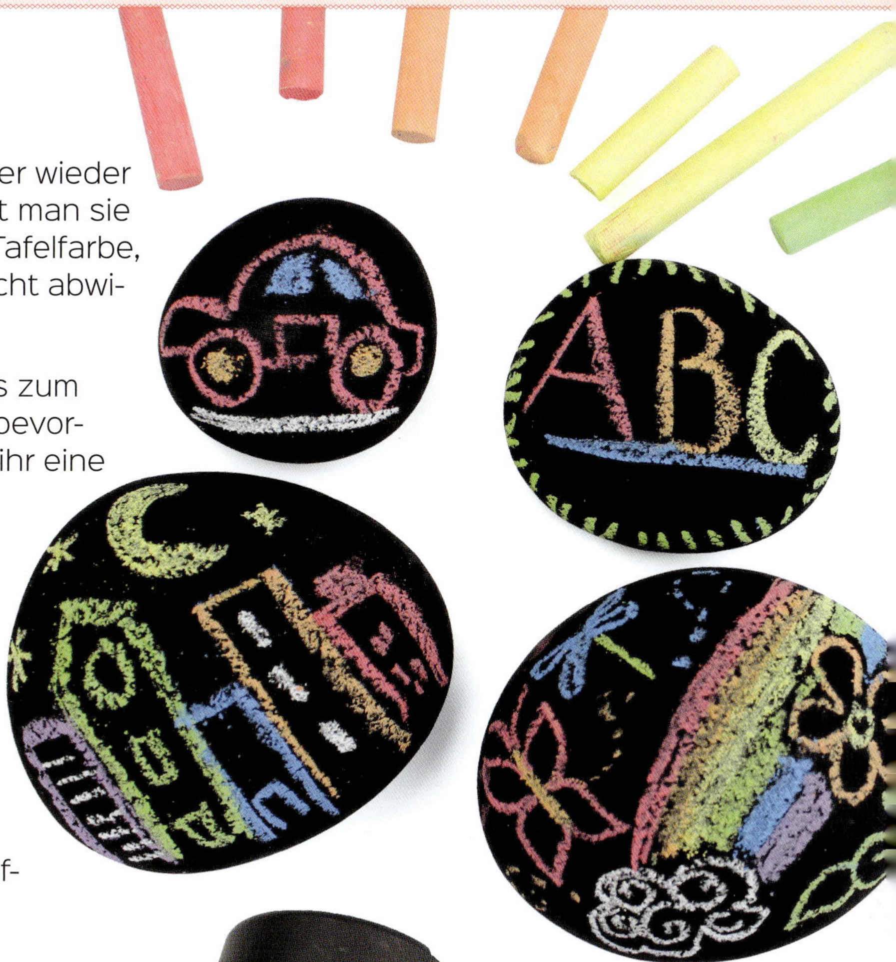

Tafelfarbe oder Tafellack gibt es zum Pinseln und zum Sprühen. Ich bevorzuge Sprühfarbe, weil man mit ihr eine größere Anzahl Steine schnell und gleichmäßig grundieren kann, etwa von Rust-Oleum, Marabu oder Rayher. Lies dir die Gebrauchshinweise des Herstellers genau durch. Meist sind zwei Anstriche oder Sprayschichten nötig. Nachdem die Steine vorbereitet sind, können sie mit bunter Tafelkreide bemalt oder beschriftet werden.

Mit Kreide bemalte Steine können nicht versiegelt werden. Der Lack würde die Kreide anlösen und verlaufen lassen.

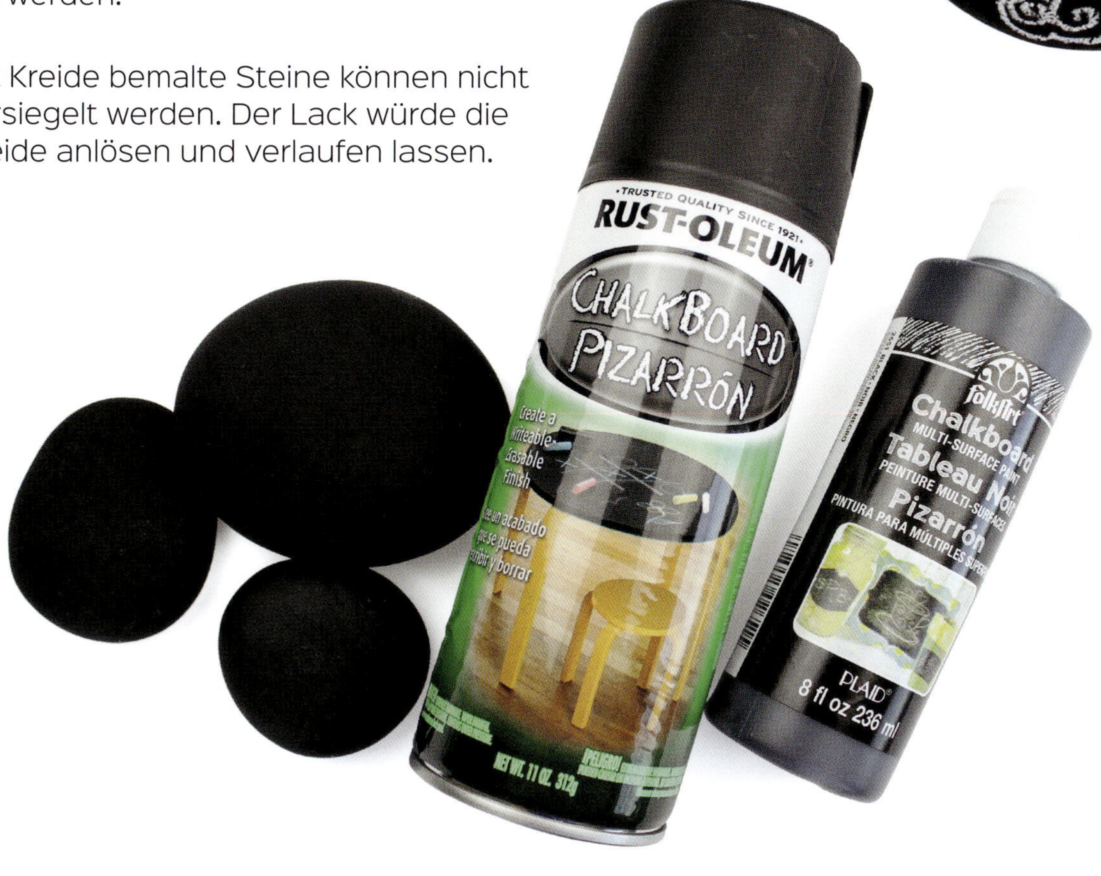

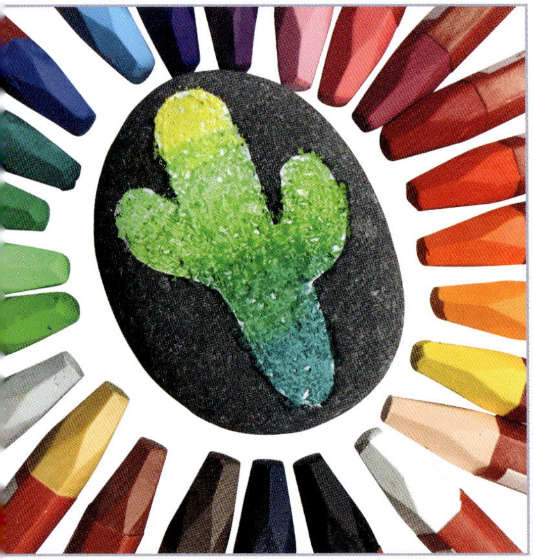

ÖLPASTELLKREIDEN

Kinder lieben die kräftigen Farben und den weichen Strich von Ölpastellkreiden.

Zuerst die Steine weiß grundieren oder eine weiße Silhouette aufmalen (siehe Seite 13). Dann kann mit den Kreiden direkt auf dem Stein gemalt werden. Die Farben decken gleichmäßiger, wenn man sie in mehreren Schichten aufträgt. Für einen Verlauf beginnst du mit der hellsten Farbe und arbeitest dich langsam bis zur dunkelsten vor.

Beispiele wurden gemalt mit Ölpastellen von Faber-Castell.

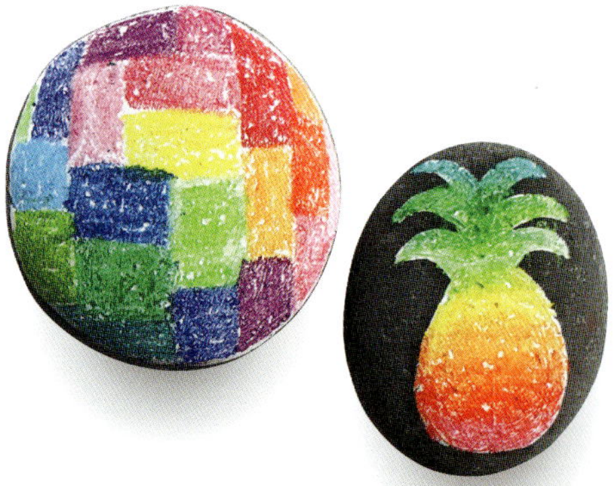

Mit Ölpastellkreiden bemalte Steine können mit Klarlack versiegelt werden (siehe Seite 20). Normalerweise sind mindestens zwei Schichten notwendig.

Achtung: Das Versiegeln sollte immer ein Erwachsener übernehmen.

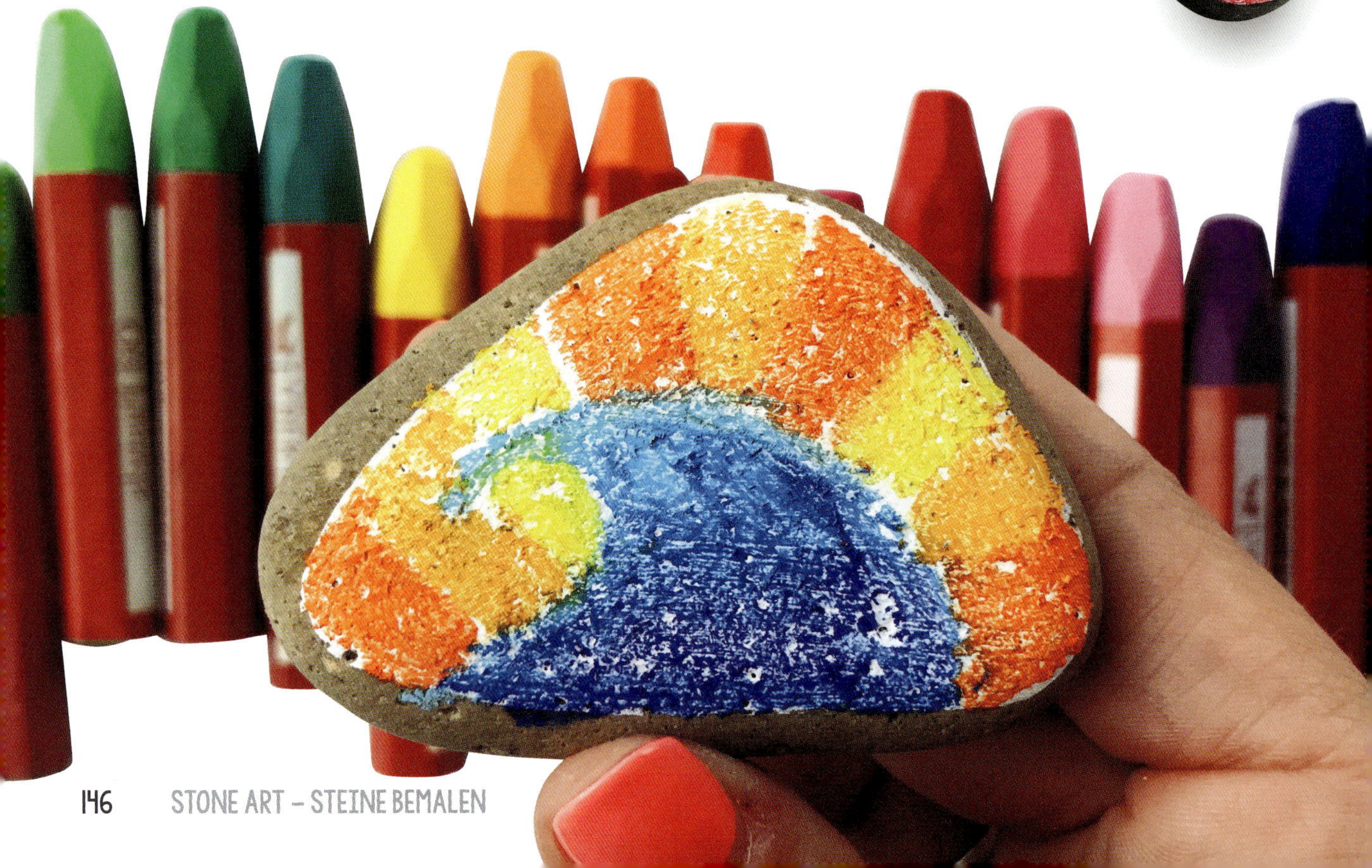

FILZ- UND FARBSTIFTE

Farbstifte und kindertaugliche Filzstifte hast du wahrscheinlich im Haus. Die meisten können auch zum Bemalen von Steinen verwendet werden, allerdings nur auf einer weißen Grundierung (siehe Seite 13). Im Zweifel ausprobieren!

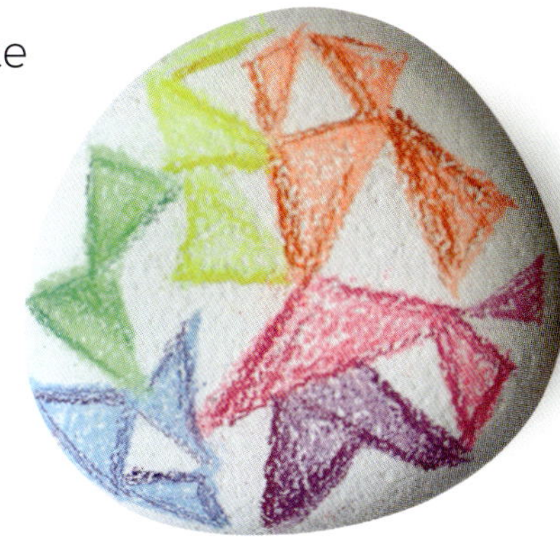

Ältere Kinder können Steine auch mit Sharpies bemalen.

Werke mit den meisten für Kinder geeigneten Stiften können mit Klarlack versiegelt werden (siehe Seite 20). Problematisch sind nur Sharpies, die durch viele Klarlacke angelöst werden und dann verlaufen. Bei Motiven mit Sharpies verzichte ich meist auf das Versiegeln und benutze sie nur im Haus. Selbst wenn sie versiegelt werden, verblassen sie im Außenbereich nach einer Weile.

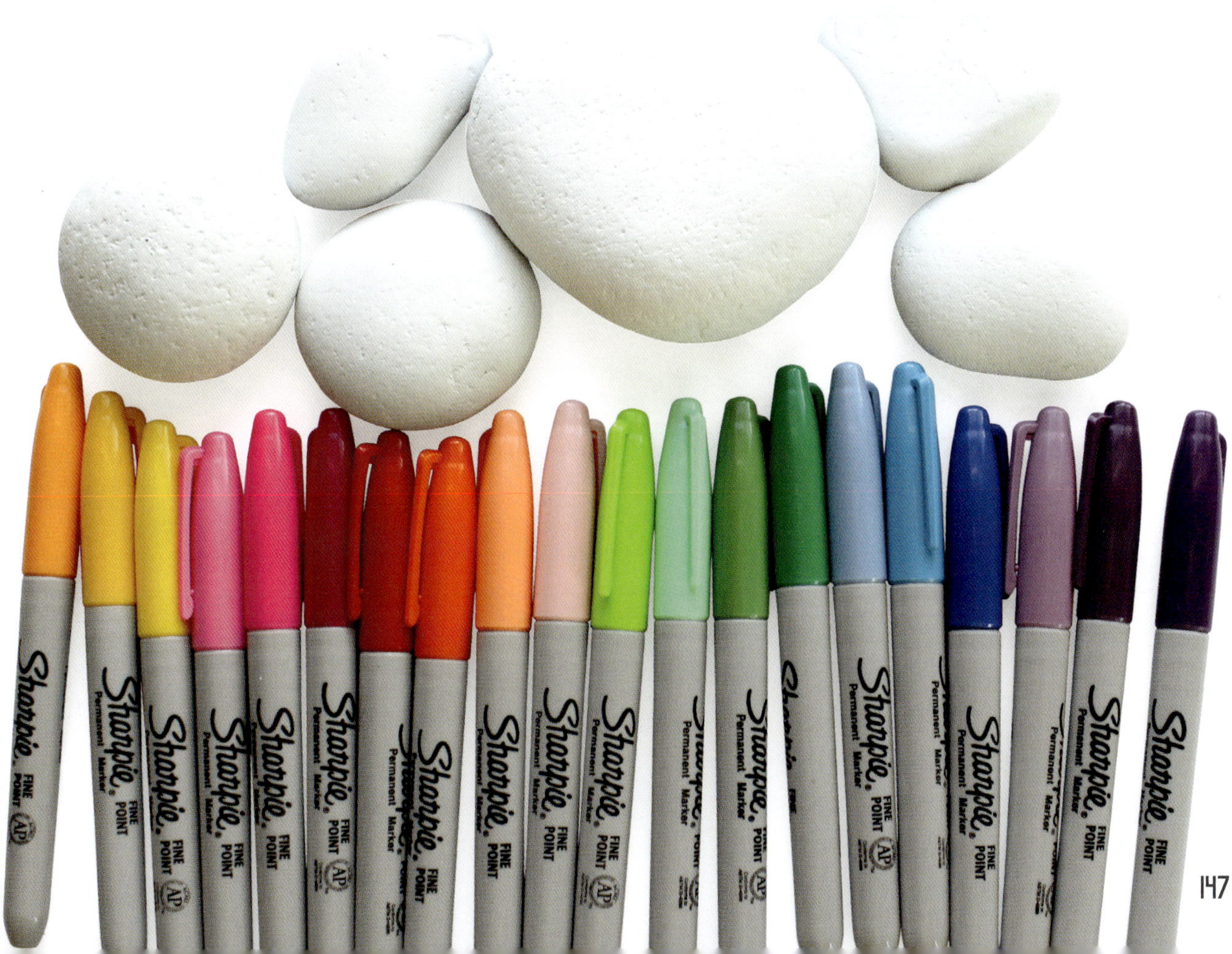

AUFKLEBER

Alle Kinder lieben Aufkleber. Sie sind vor allem eine sehr gute Wahl, wenn mehrere Kinder gemeinsam Steine dekorieren. Aufkleber können auf naturbelassene oder bemalte Steine geklebt werden. Aus Erfahrung weiß ich, dass Glitzersteine zum Aufkleben besonders hoch im Kurs stehen.

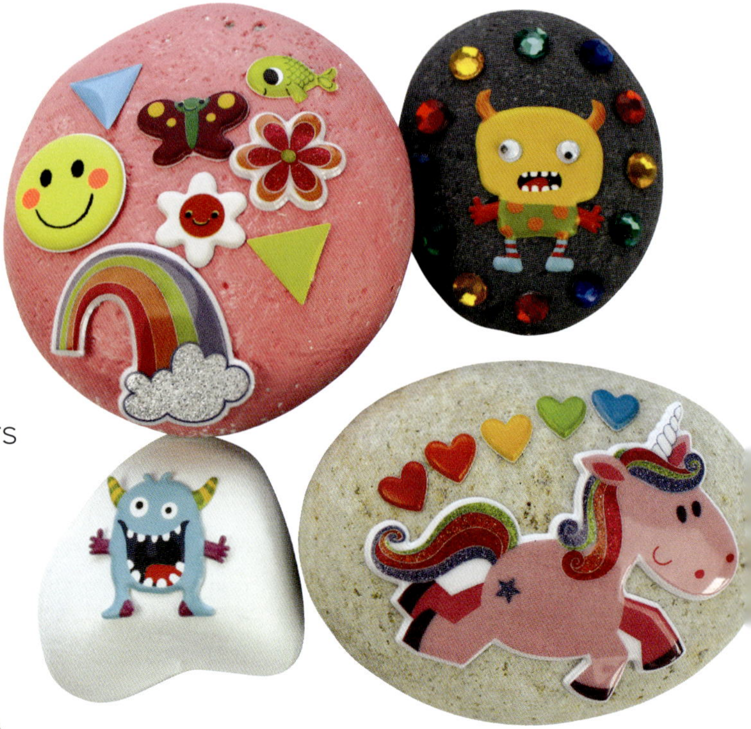

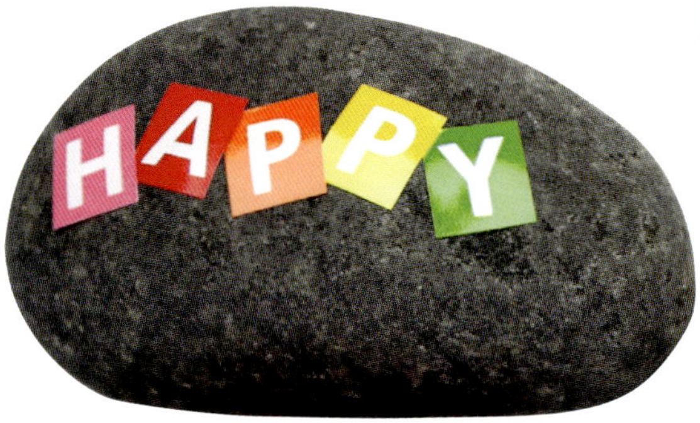

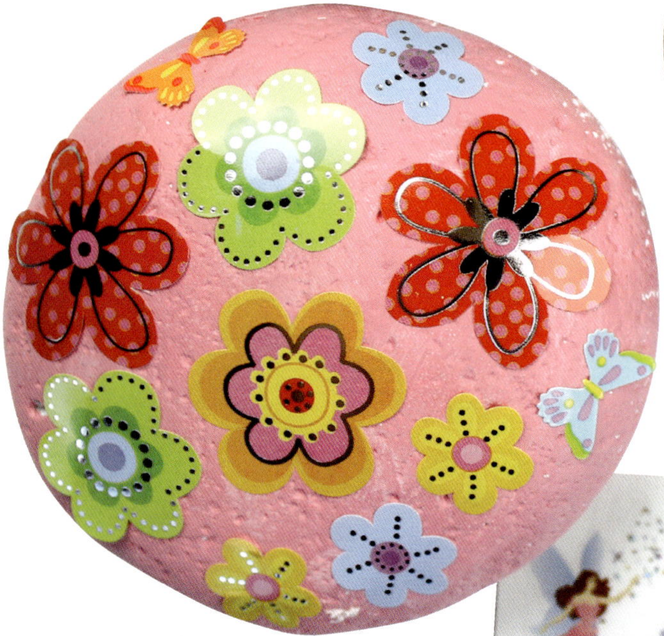

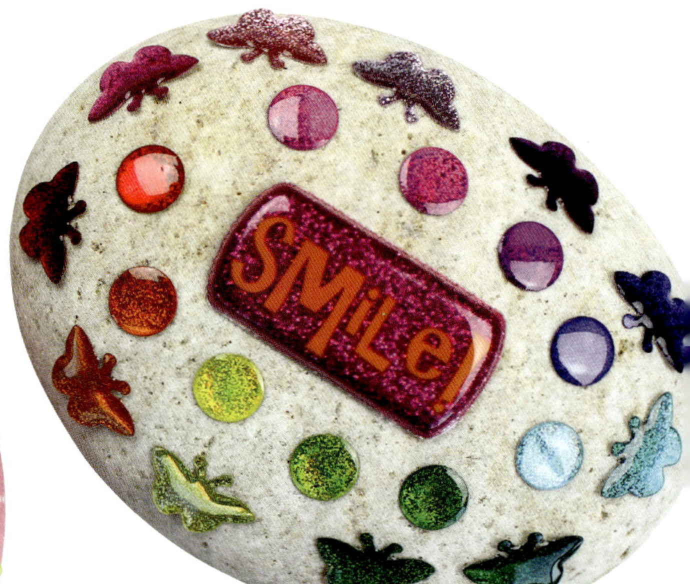

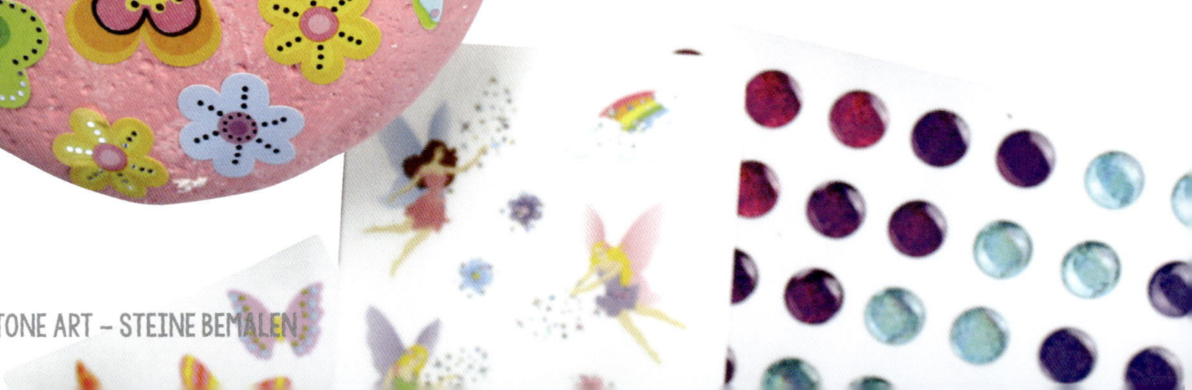

WASHI-TAPE

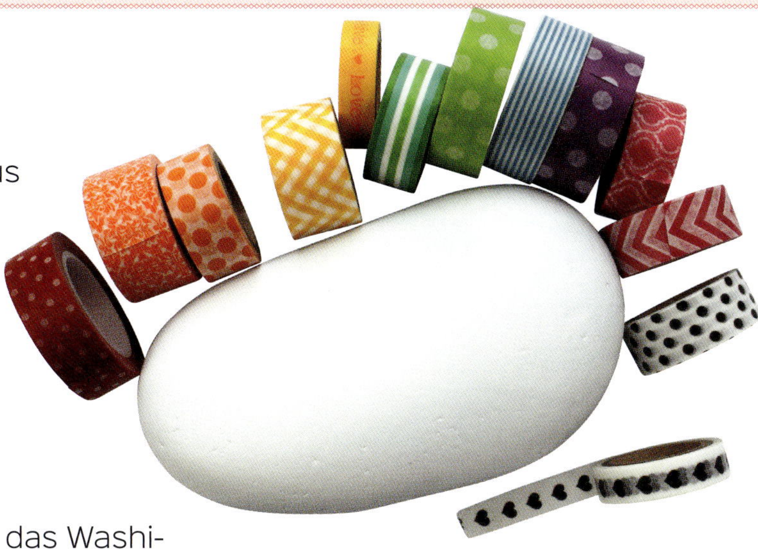

Wenn du kein Washi-Tape im Haus hast, solltest du unbedingt welches kaufen. Das dekorative, papierartige Band kann für viele Bastelarbeiten verwendet werden. Es sieht auf Steinen hübsch aus und eignet sich sehr gut für Kinder.

Für kleinere Kinder empfehle ich, das Washi-Tape vorab in Stücke zu schneiden. Davon können die Kinder wiederum Stücke abreißen und auf die Steine kleben. Anschließend können die Steine noch mit Aufklebern verziert werden. Die kreativen Möglichkeiten sind nahezu unbegrenzt.

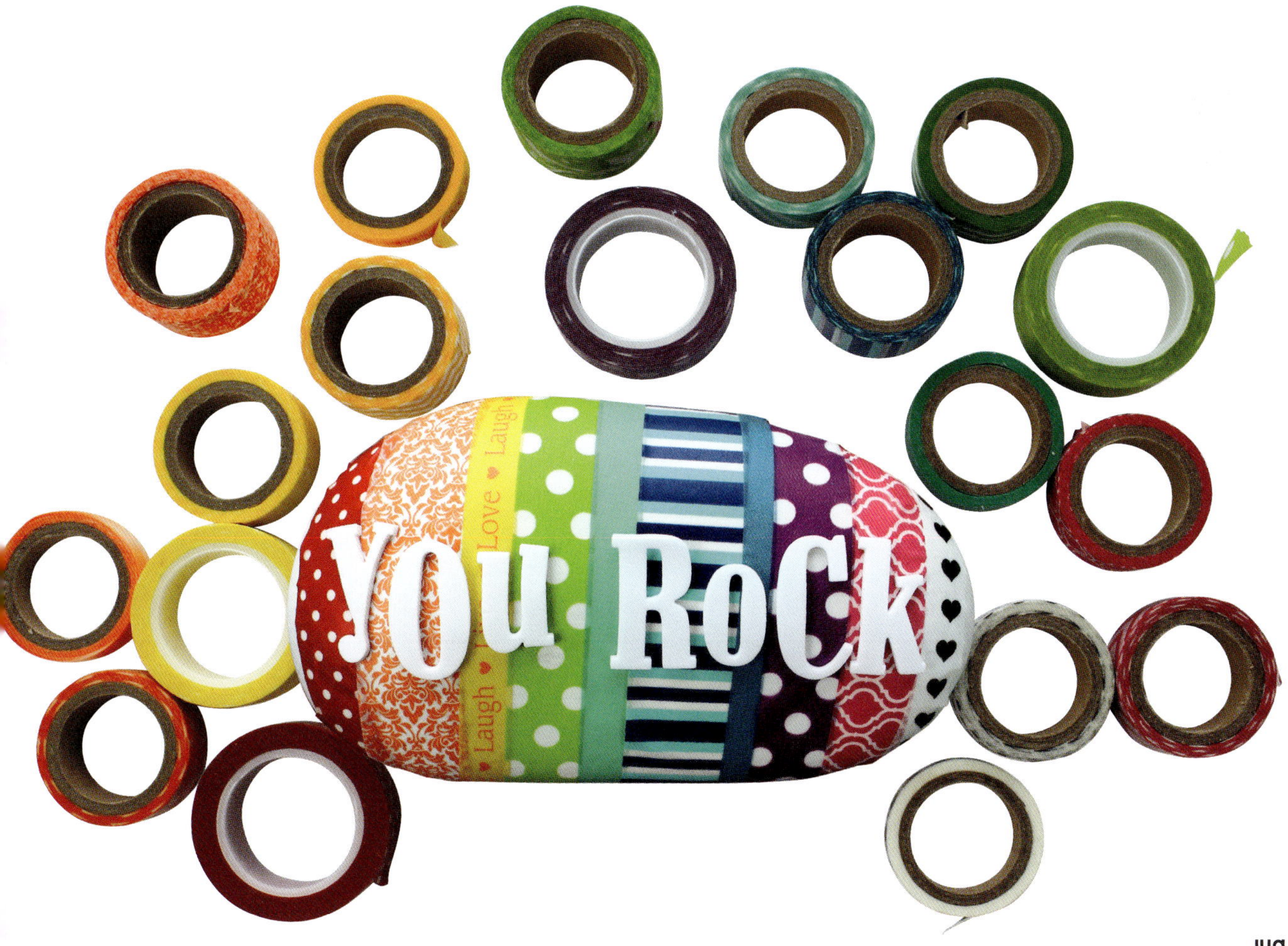

TECHNIKEN FÜR KINDER

GLITZERKLEBSTOFF

Wenn du ein Kind glücklich machen willst, gib ihm bunten Glitzerklebstoff. Man kann ihn direkt auf rohe Steine auftragen, aber auch auf bemalte. Das Schwierigste ist die Wartezeit, bis er trocken ist. Das Warten kann gerade die Geduld von Kindern arg strapazieren, aber es lohnt sich!

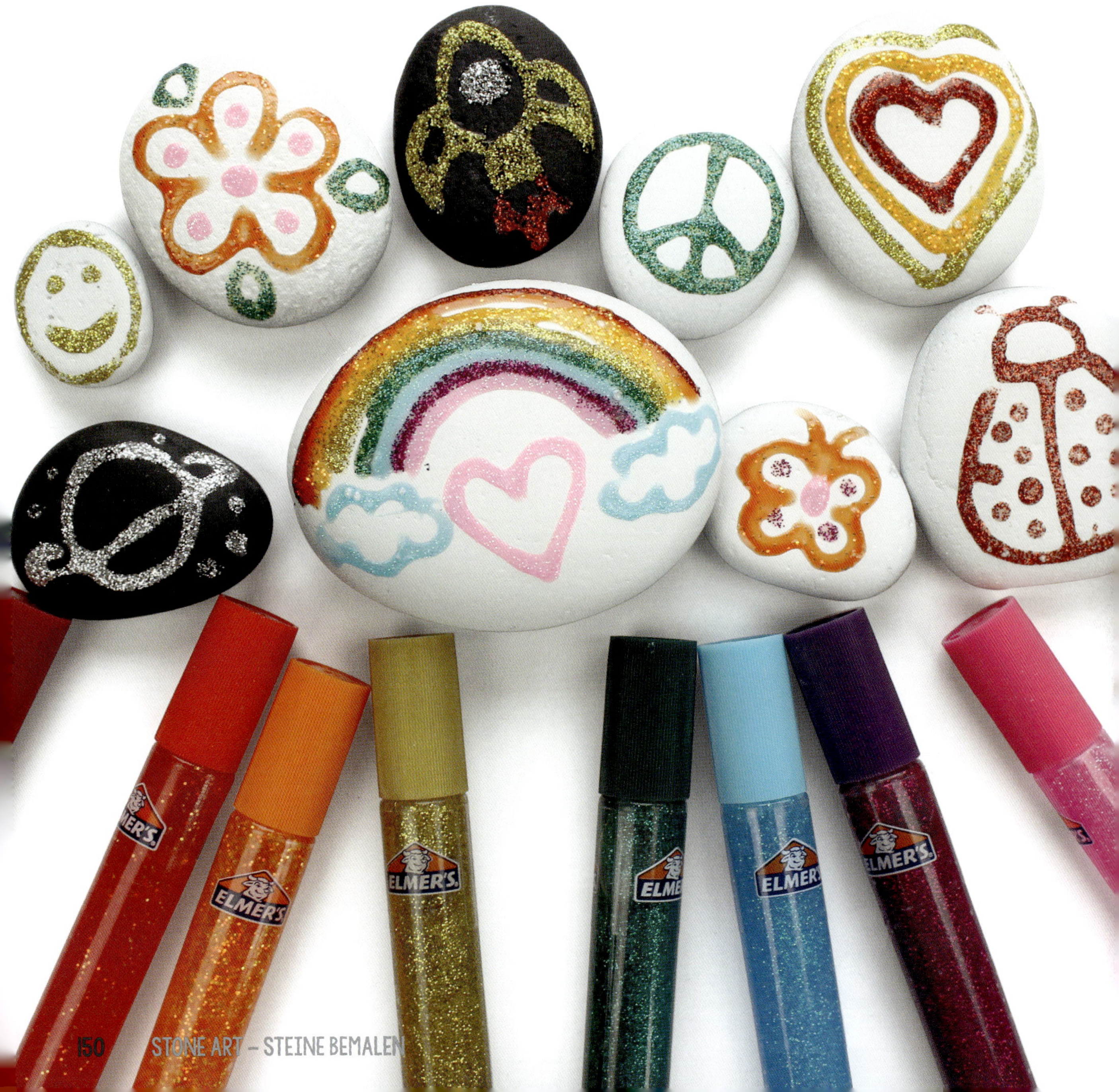

STEINSTEMPEL

Wie wäre es, wenn die Steine selbst zum Bastelmedium würden? Kinder können fertige Formen aus Schaumstoff auf flache Steine kleben oder solche Formen sogar selbst vorzeichnen und aus dünnem Schaumstoff oder Moosgummi ausschneiden.

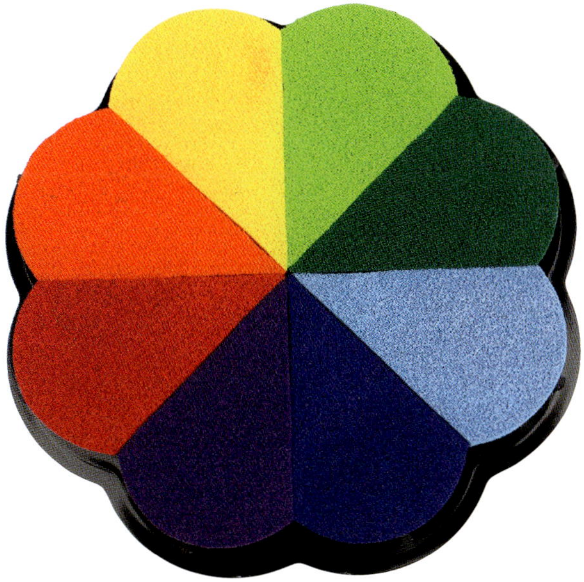

Zum Stempeln wird ein normales einfarbiges oder ein raffinierteres buntes Stempelkissen verwendet. Mir gefallen die Stempelkissen von ColorBox, weil es sie in so vielen verschiedenen Farben gibt.

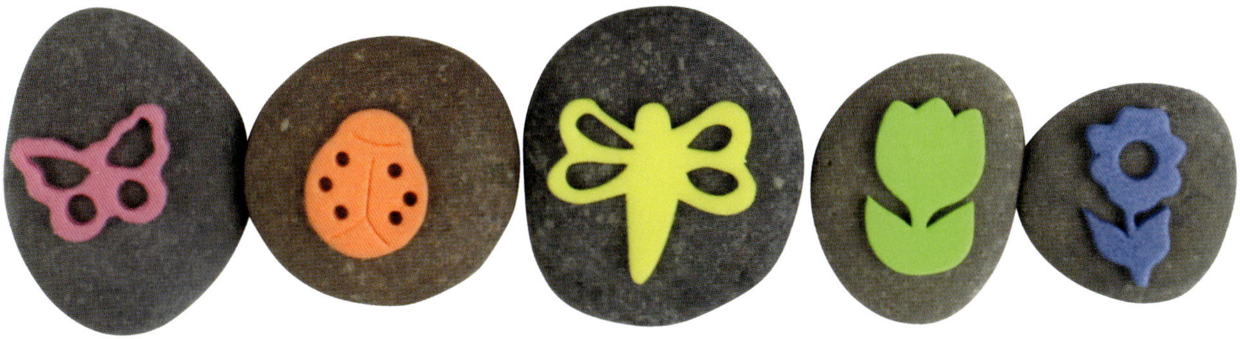

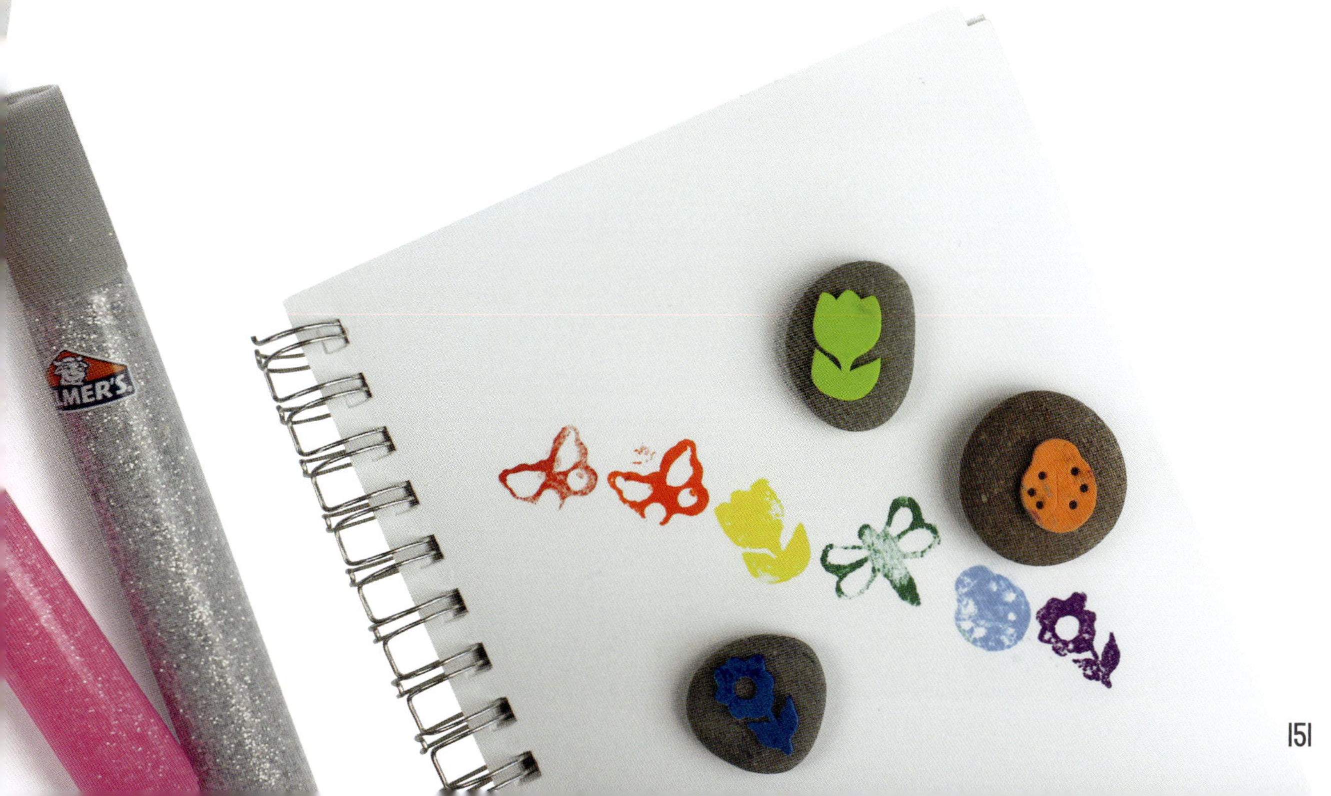

Was tun mit den Steinen?

Nachdem du nun so viele kreative Techniken kennengelernt hast, fragst du dich vielleicht, was du mit all den bemalten Steinen anfangen sollst. Ich hätte da einige Vorschläge, und bei weiterem Nachdenken fällt dir sicherlich noch mehr ein.

Tipp

Für alle Ideen wird Klebstoff benötigt. Ich bevorzuge den transparenten Kleber E6000. Er trocknet schnell, hat eine hohe Klebkraft und eignet sich gut, um Steine auf den verschiedensten Untergründen zu befestigen.

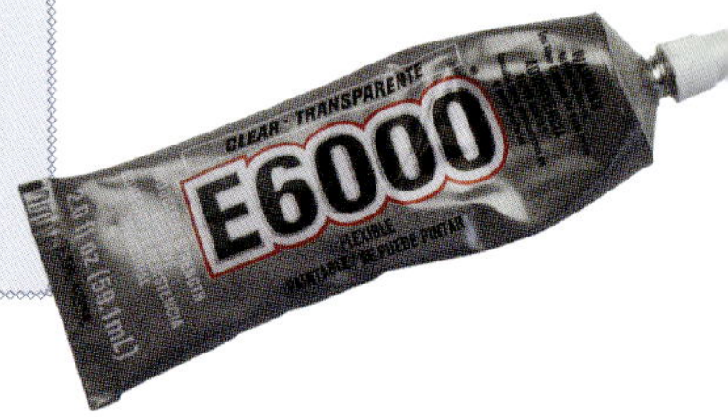

Eine schöne Idee ist es beispielsweise, Steine in deiner Stadt, im Urlaub oder an einem speziellen Platz zu verstecken, damit jemand anders sie findet. Du deponierst einen kleinen Schatz, um einem anderen Menschen eine Freude zu machen. Inzwischen gibt es sogar Gruppen, die Steine verzieren und verstecken (z.B. findstone.de). Schau auf Facebook nach Gruppen in deiner Nähe oder in Regionen, die dich interessieren, etwa #wandersteine, #pottsteine, #sauerlandsteine ...

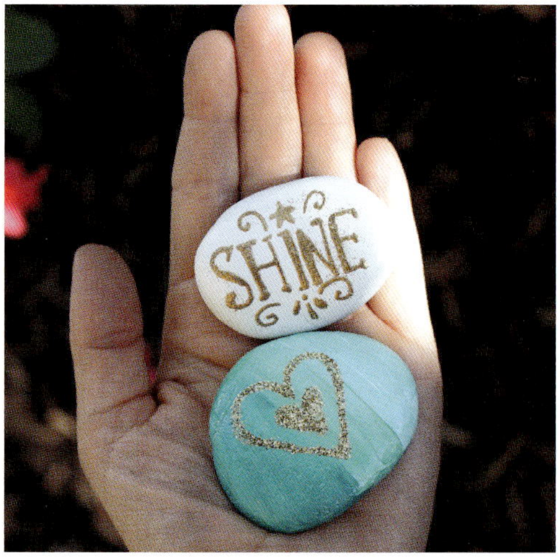

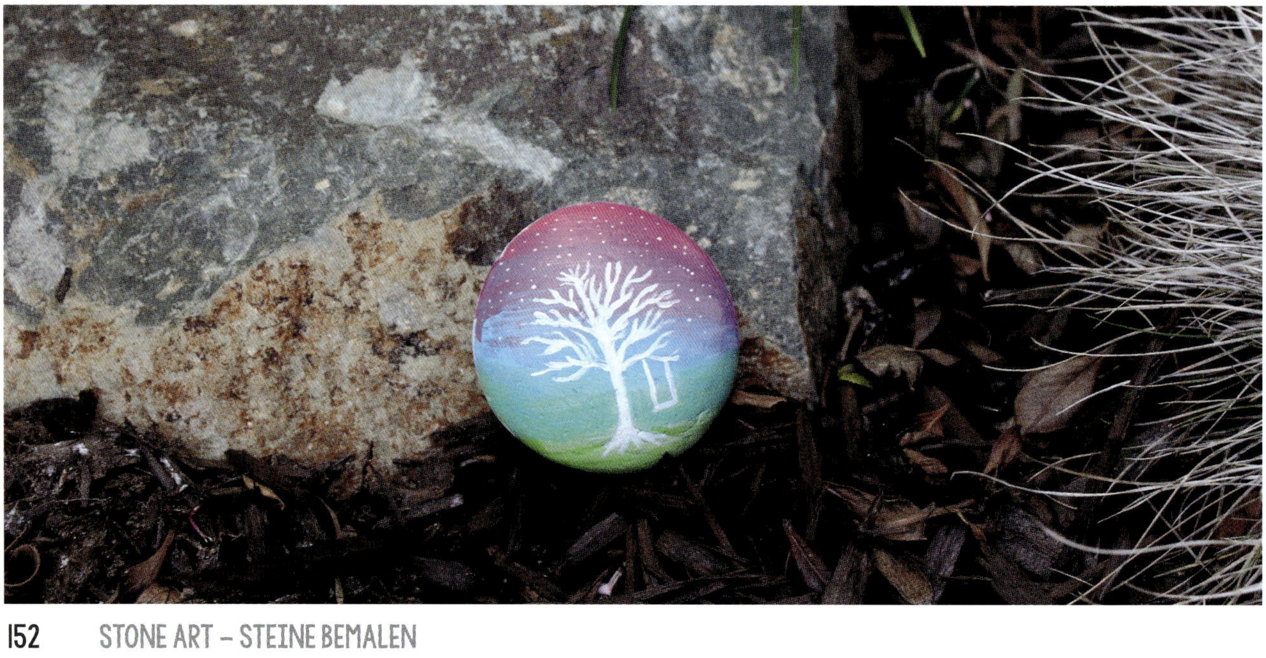

Verpacke Steine zum Verschenken in einen Stoffbeutel oder eine kleine Schachtel. Du kannst auch die Verpackung individuell verzieren.

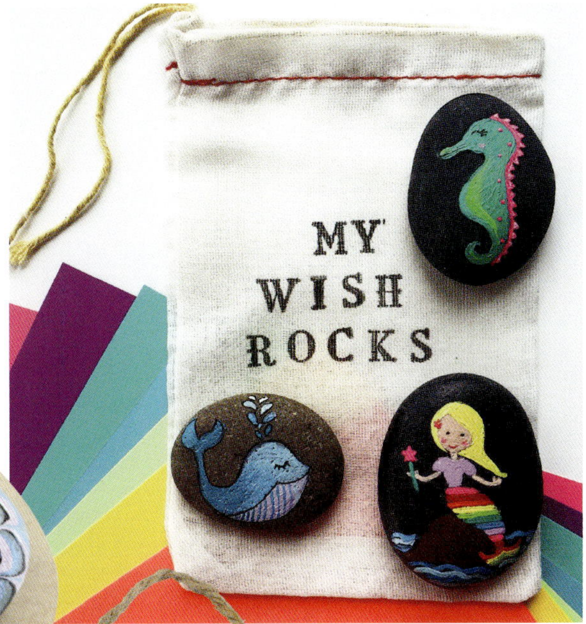

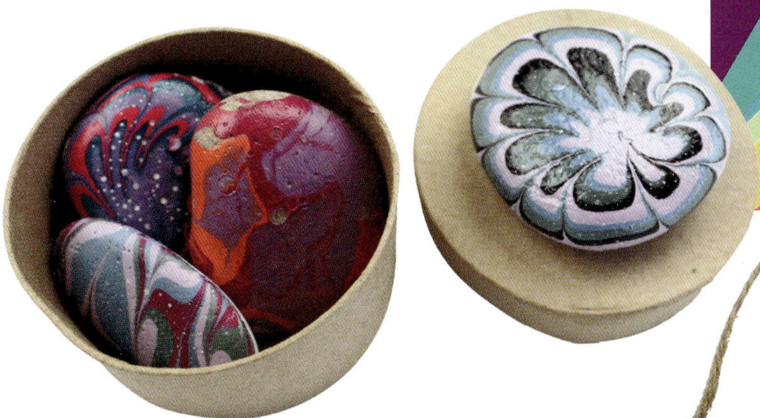

Aufgeklebte Steine auf einem Brett oder einem Stück Schiefer sind eine hübsche Wanddekoration oder ein Namens- oder Willkommensschild für die Haustür.

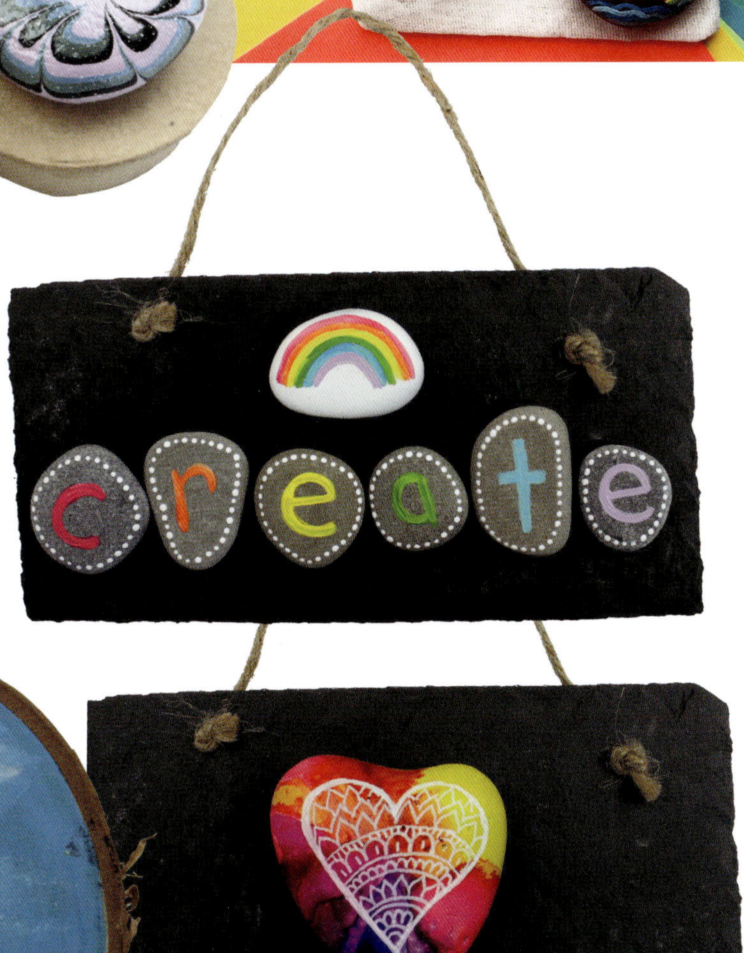

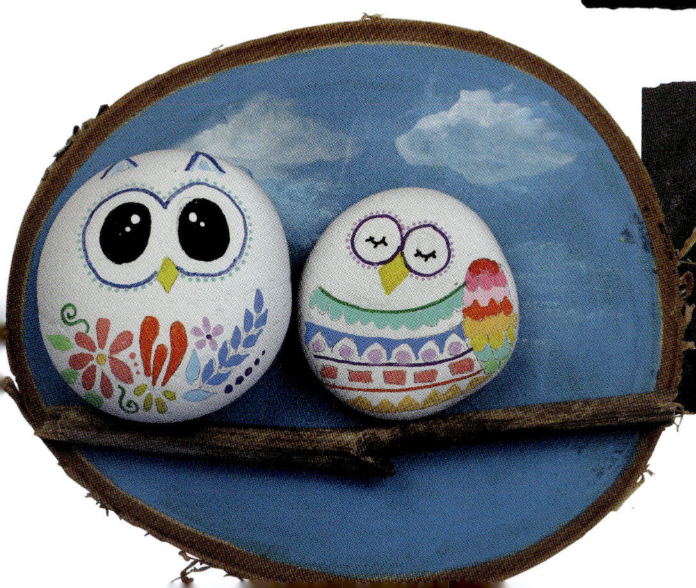

Wie wäre es mit einem Setzkasten für besonders schöne Exemplare?

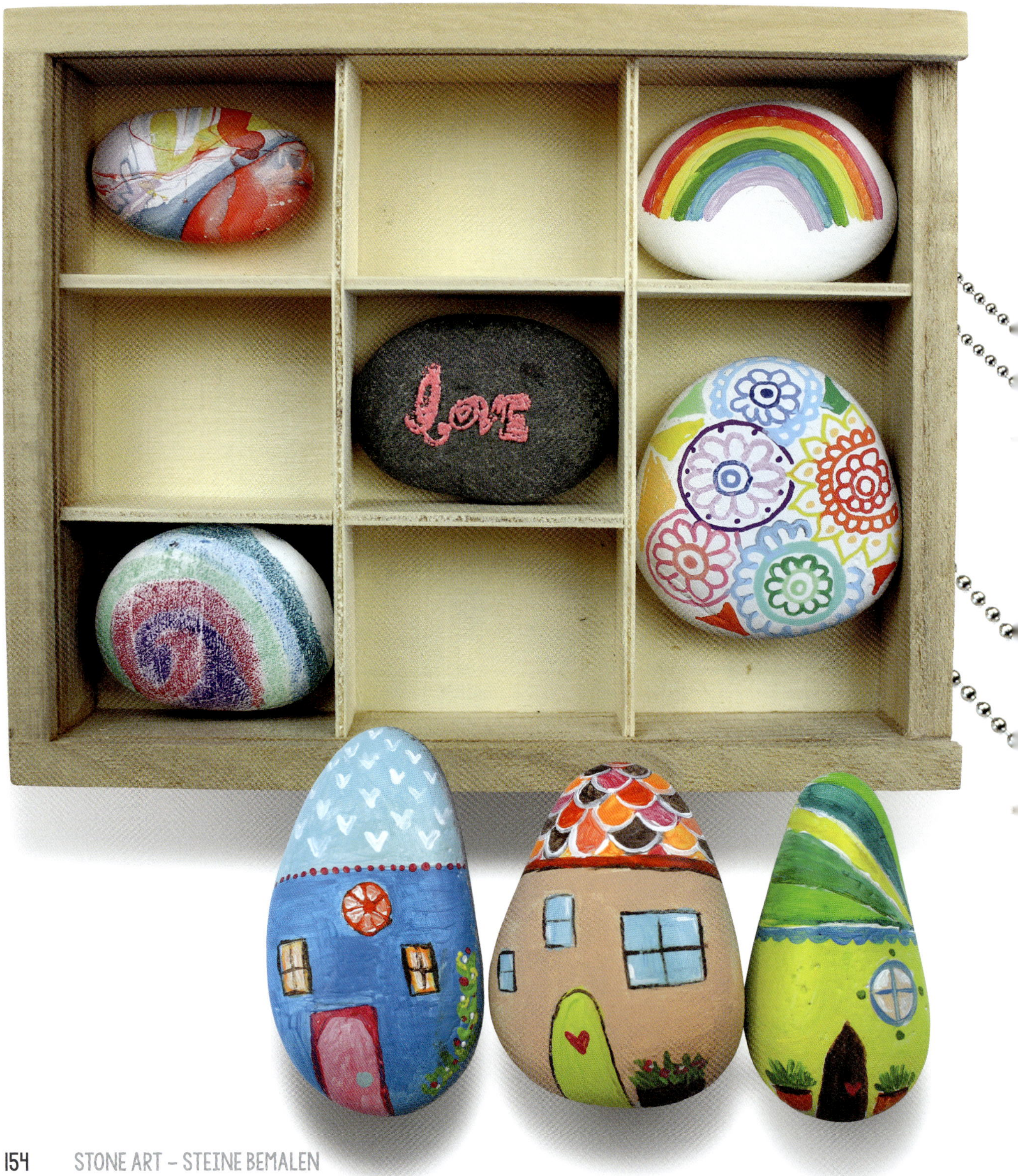

Aus kleinen Steinen kannst du Schmuck oder Schlüsselanhänger basteln. Rohlinge und geeigneten Klebstoff kann man im Fachhandel und online kaufen.

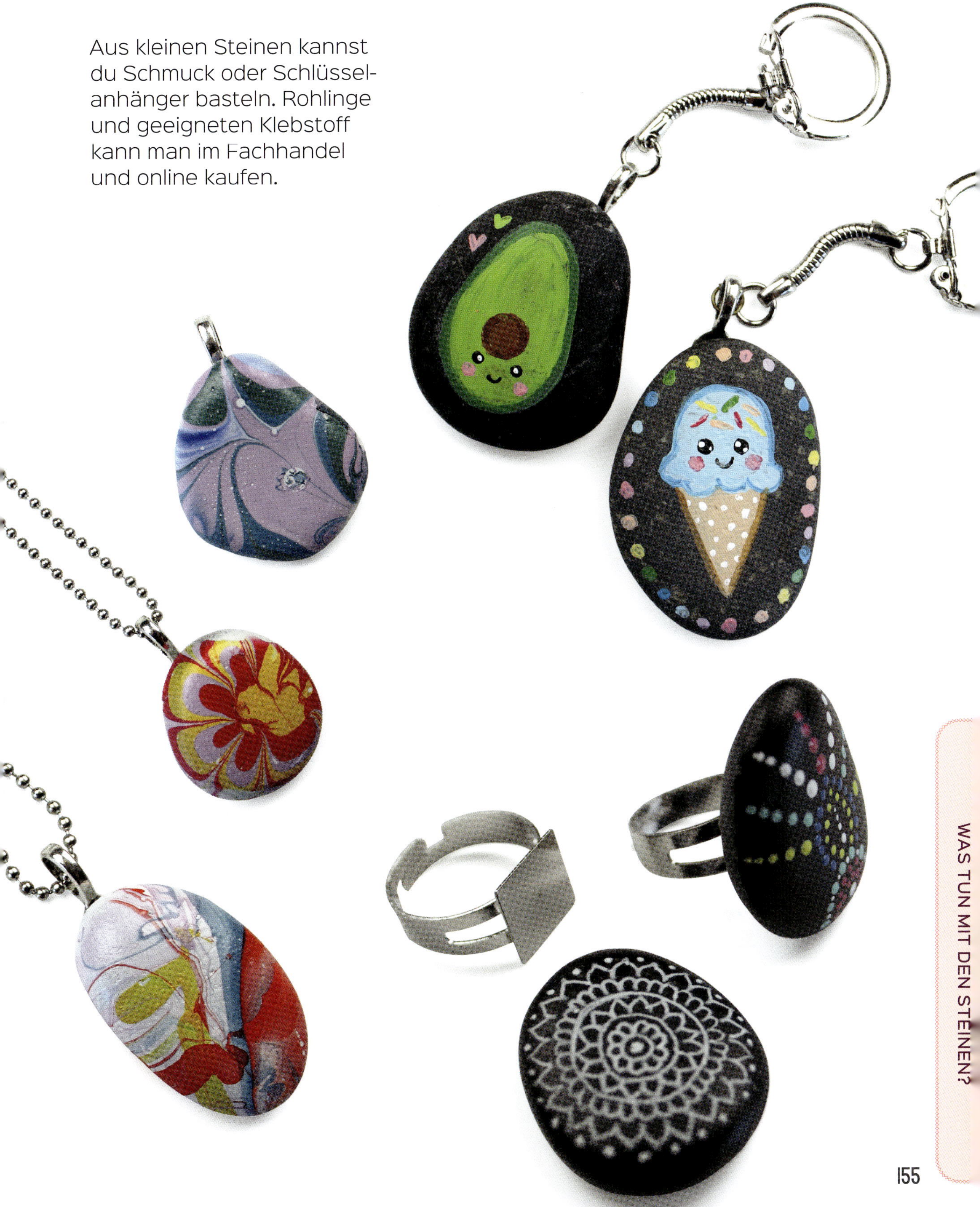

Im Garten können Steine als Dekoration dienen, beispielsweise am Vogelhaus. Um sie als Pflanzenschilder zu verwenden, lege sie ins Beet oder klebe sie an einen Stab, den du in die Erde steckst.

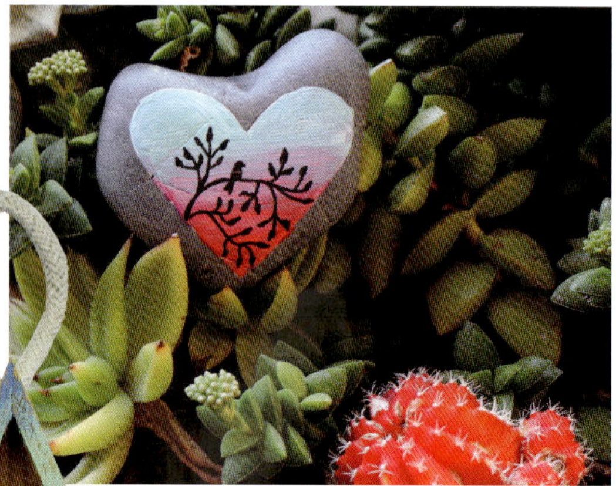

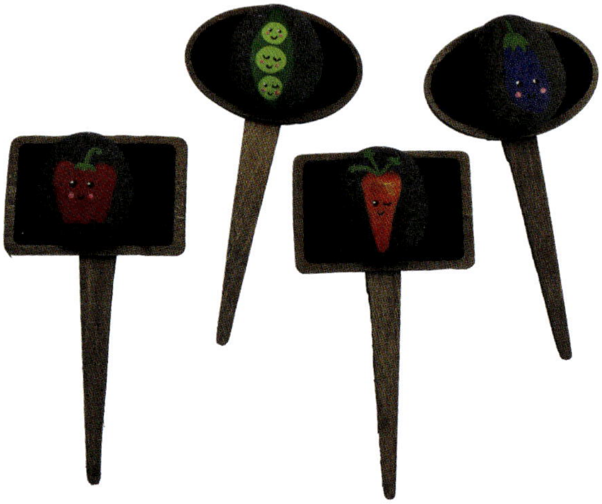

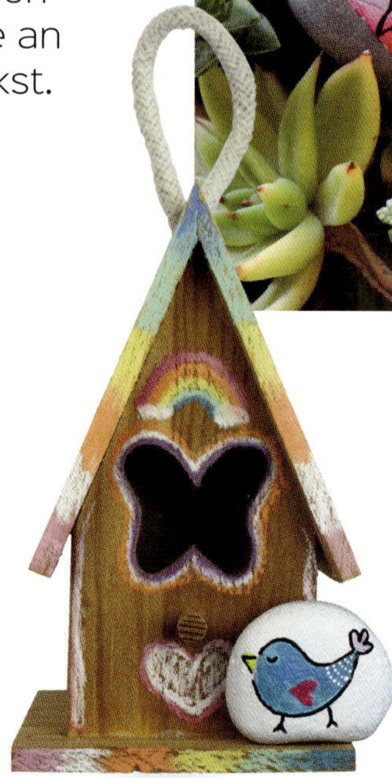

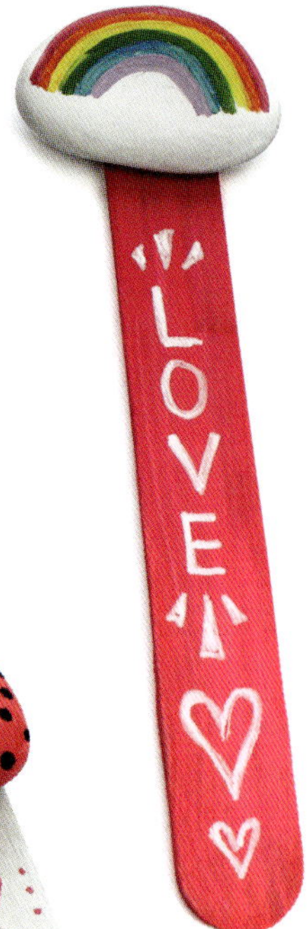

Kinder haben Spaß daran, aus Steinen Lesezeichen, Pinnwandnadeln oder Magnete zu basteln.

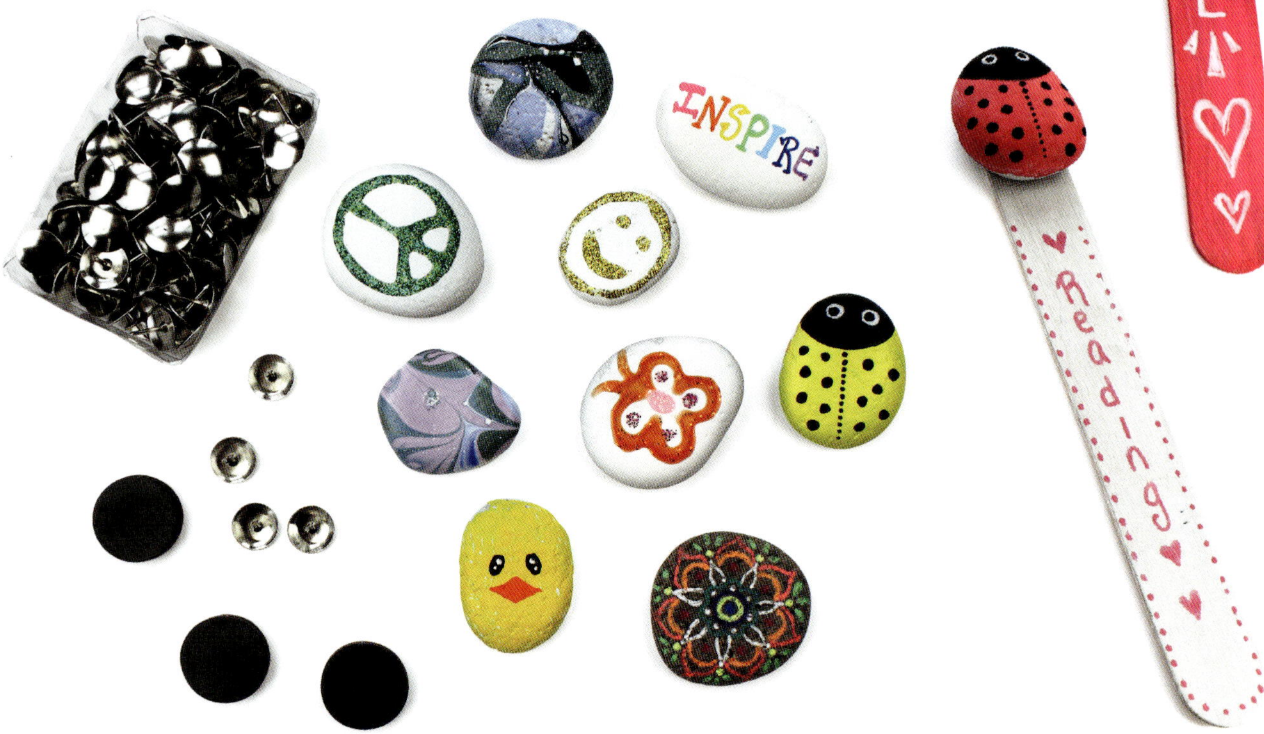

Ein Stein mit Namenszug kann als Platzkarte auf einer festlichen Tafel dienen. Danach dürfen die Gäste ihre Namenssteine zur Erinnerung mitnehmen.

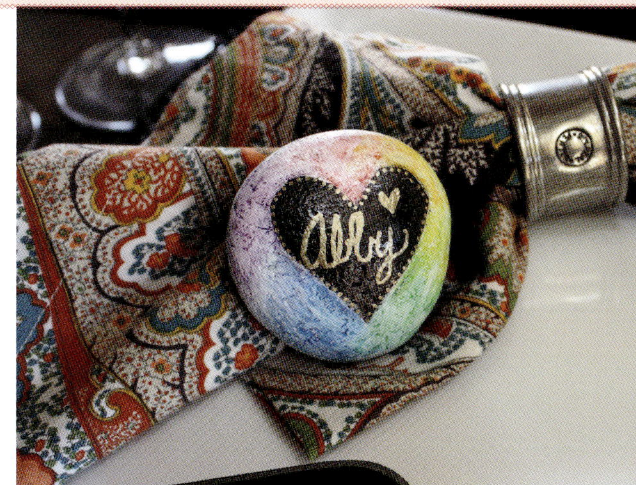

In der Wohnung schmücken bemalte Steine Regale, Tabletts, Beistelltische, Körbe, Blumentöpfe und, und, und.

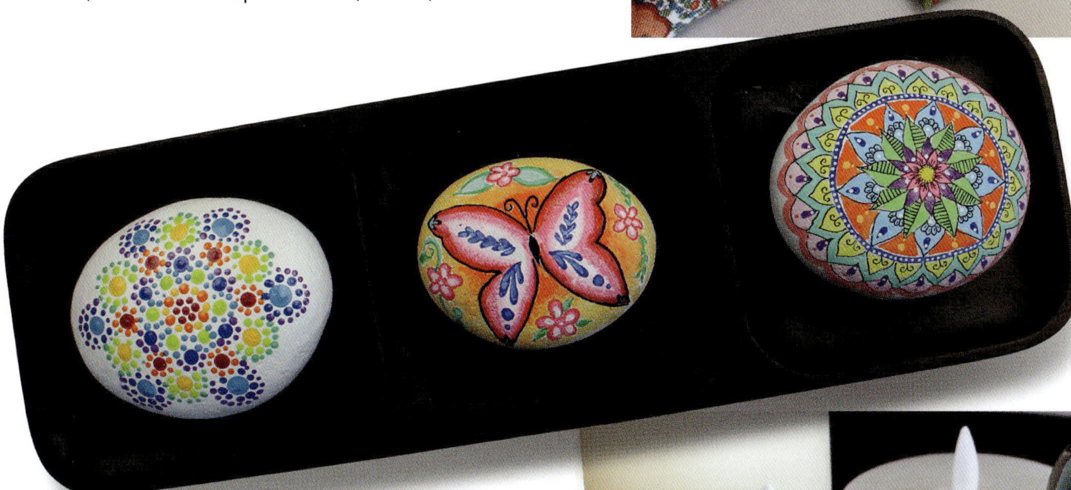

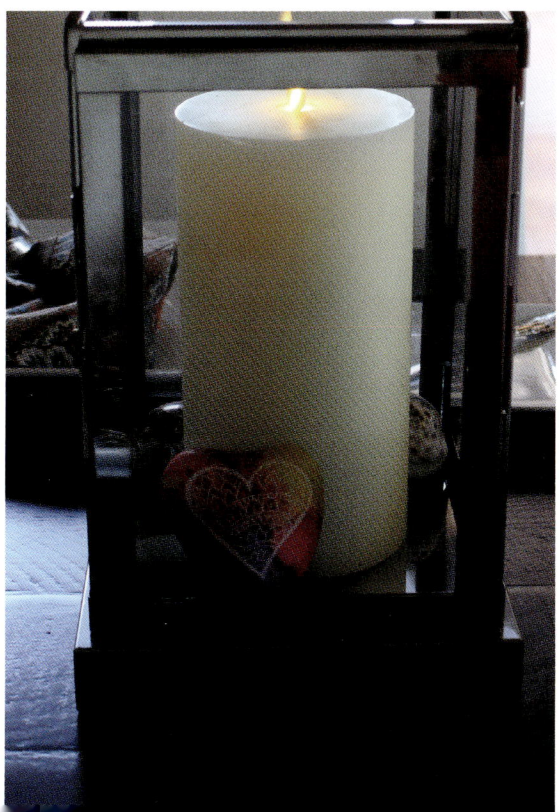

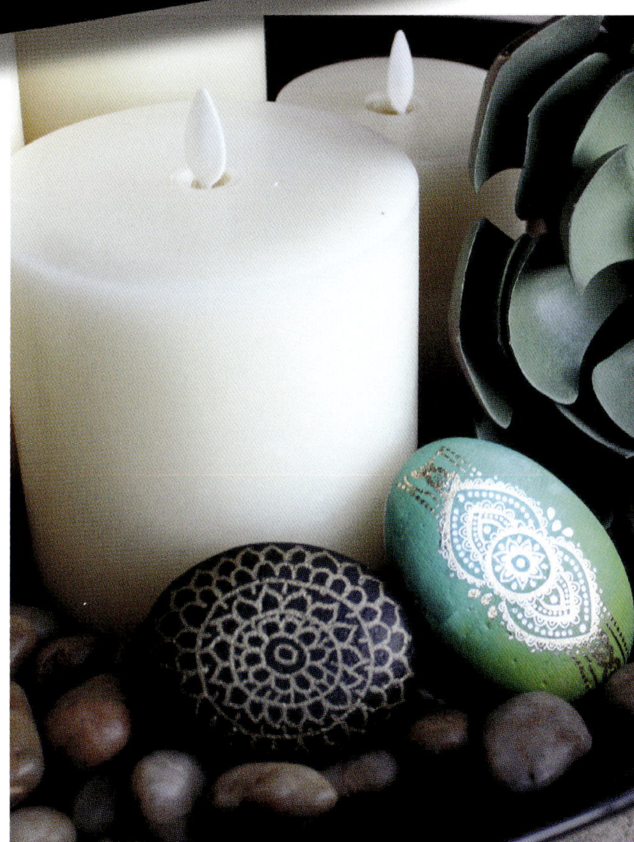

Lass dich von deinen Steinen inspirieren und genieße die kreative Beschäftigung, denn sie steht an erster Stelle. Wie du die Steine verzierst und was du am Ende mit ihnen anstellst, ist gar nicht so wichtig.

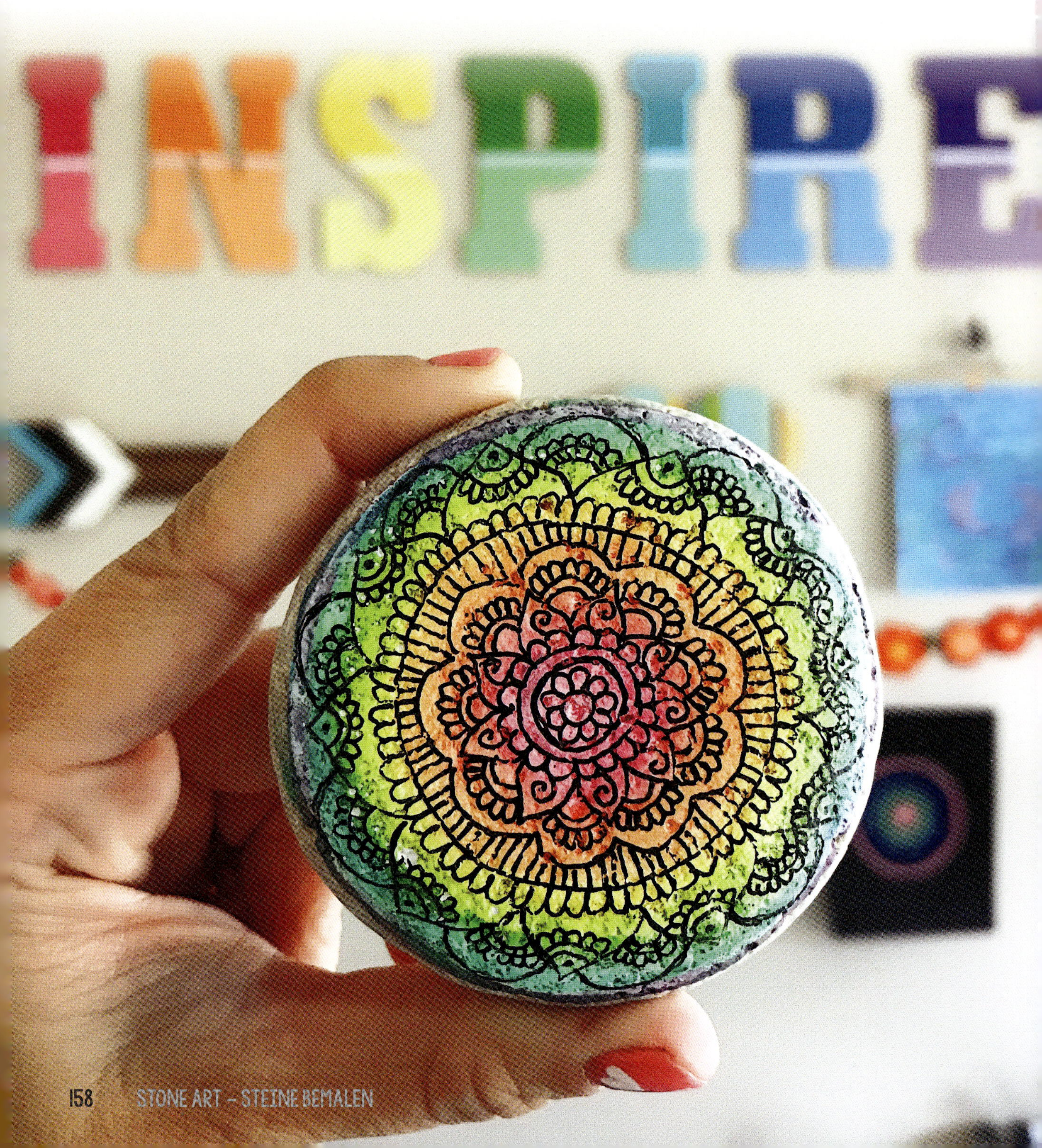

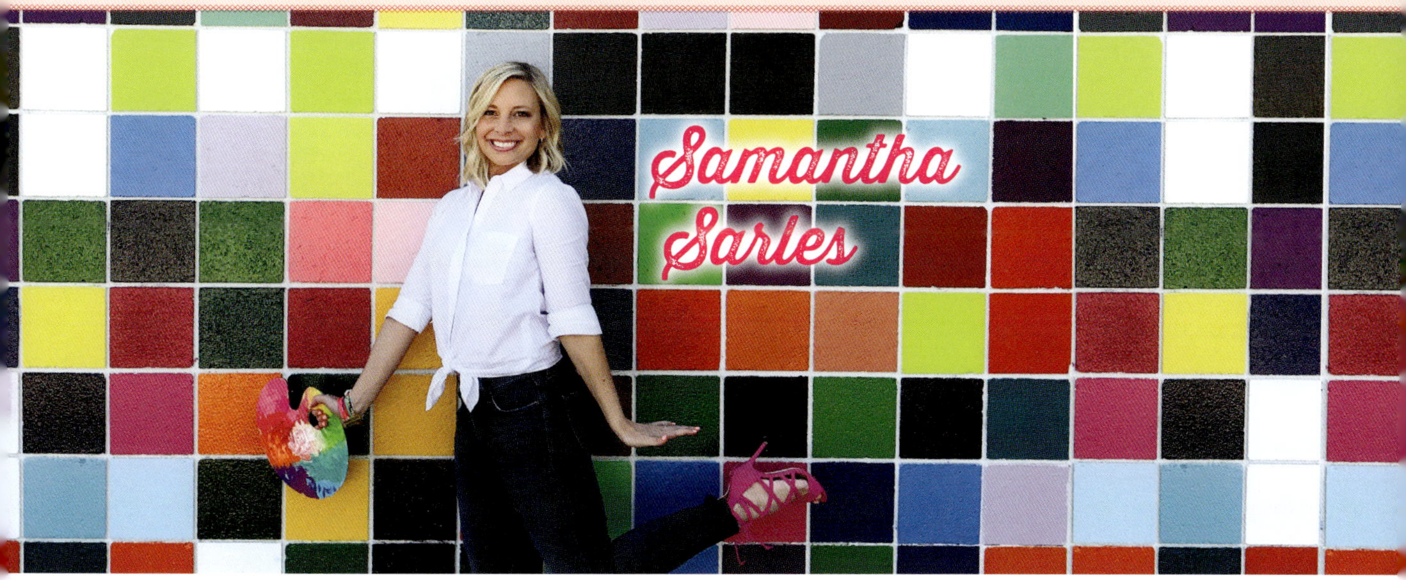

Die Autorin

Nachdem du dieses Buch durchgeblättert hast, weißt du nun, dass Steine mein Lieblingsmalgrund sind. Erst als ich anfing, Steine zu bemalen, habe ich mein künstlerisches Talent entdeckt. Jeder hat künstlerische Neigungen und Fähigkeiten. Man muss nur erkennen, dass Kunst nicht kompliziert sein muss, um schön zu sein.

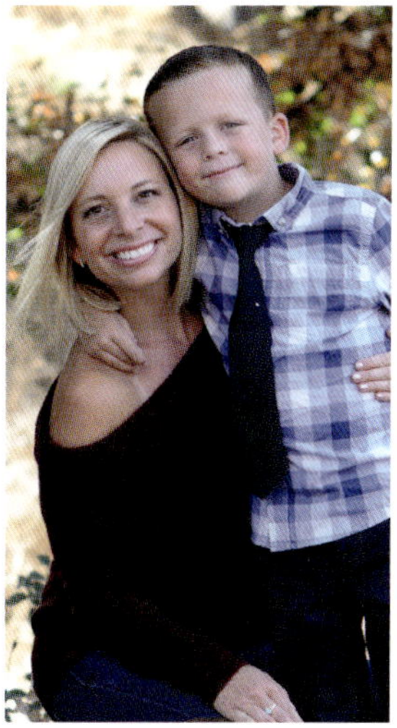

So fing alles an: Bevor mein Sohn Jake 2011 geboren wurde, hatte ich zehn Jahre lang im Marketing gearbeitet. Jake war von Steinen fasziniert, darum begann ich, für ihn einige zu bemalen. Als er laufen konnte, haben wir jede Woche einen Ausflug an den Strand unternommen. Selbst wenn er einen schlechten Tag hatte, besserte sich am Strand seine Laune. Er war begeistert von den Tausenden und Abertausenden schönen glatten Steinen, die es da zu entdecken gab. Jeden Stein, den er aufhob, betrachtete er wie einen wertvollen Schatz. Von Stein zu Stein tappte er vorwärts. Beim Zuschauen habe ich mich an meine eigene Kindheit erinnert. Kinder besitzen die Fähigkeit, auch über kleine, einfache Dinge zu staunen.

Als Jake die Farben lernte, nahm ich seine geliebten Steine zur Hilfe. Jeder Stein wurde ein Waggon in einer anderen Farbe. Jake war begeistert. Danach habe ich für ihn Steine mit Buchstaben und Zahlen bemalt. Dann kamen die Geschichtensteine zum Erfinden und Erzählen. Immer neue Ideen mit Steinen kamen mir in den Kopf, meine Kreativität wuchs und wuchs.

Die Freude, die mir das Bemalen von Steinen macht, möchte ich gern weitergeben. Ich hoffe, meine Leser mit meinem Buch zu eigenen Ideen und Kreationen anzuregen.

Ich würde mich sehr freuen, eure fertigen Werke zu sehen. Hier könnt ihr sie teilen:

COLOR made happy!

www.colormadehappy.com, Facebook.com/colormadehappy, Instagram.com/colormadehappy

Weitere Ideen findet ihr in meiner privaten Rock-Art-Gruppe auf Facebook:

www.facebook.com/groups/rockpaintinganddecorating/

REGISTER